Karlheinz Gaertner

Sie kennen keine Grenzen mehr

Dieses Buch ist den Menschen gewidmet, die Opfer von Gewalt wurden.

Karlheinz Gaertner

Sie kennen keine Grenzen mehr

Die verrohte Gesellschaft
Erfahrungen eines Polizisten

orell füssli Verlag

Umschlaggestaltung: Hauptmann & Kompanie Werbeagentur, Zürich
Druck und Bindung: CPI books GmbH, Leck

ISBN 978-3-280-05642-4

Die Deutsche Nationalbibliothek verzeichnet diese Publikation in der Deutschen Nationalbibliografie; detaillierte bibliografische Daten sind im Internet unter www.dnb.de abrufbar.

FSC www.fsc.org
MIX
Papier aus verantwortungsvollen Quellen
FSC® C083411

Denn sie wissen, was sie tun!

Inhaltsverzeichnis

1 Statt eines Vorwortes

An diesem Frühsommerabend befuhren Achim und ich als Zivilstreife die parallel zur S-Bahnlinie 41 verlaufende Saalestraße im Berliner Stadtteil Neukölln. Wir waren schon seit etwa sieben Stunden unterwegs, ohne dass es zu nennenswerten Einsätzen gekommen war, und langsam dachte ich an den Feierabend. Meine Gedanken schwebten in Richtung meines gemütlichen Heims, und mir lief das Wasser im Mund zusammen, als ich an die Spaghetti mit Meeresfrüchten dachte, die meine Frau Angelika mir für heute Abend angekündigt hatte.

Meine Vorfreude wurde durch Achims aufgeregte Stimme jäh unterbrochen: »Kalle, schau mal unauffällig nach rechts vorn. Laufen die drei Jugendlichen dem älteren Mann hinterher, der gerade das Pissoir kurz vor der Ecke zur Sonnenallee betritt?«

Tatsächlich, es sah genauso aus. Unmittelbar nachdem der ausgesprochen elegant gekleidete, geschätzt sechzig Jahre alte Mann dieses Alt-Berliner Toilettenhäuschen betreten hatte, folgten ihm die drei jungen Burschen. Dabei sahen sie sich vorher noch mal auffällig nach allen Seiten um.

»Die wollen den Alten überfallen!«, platzte es aus mir heraus, während Achim unser Auto an den Fahrbahnrand lenkte. Rasch verließen wir das Fahrzeug und näherten uns dem heruntergekommenen, mit rostigen grünen Eisenplatten verkleideten Urinal, einem Relikt aus Kaiserzeiten.

Wir hatten die Eingangstür fast erreicht, da wurde sie von innen geöffnet. Zwei der zuvor von uns beobachteten Jugendlichen verließen das Häuschen. »Die übernehme ich, geh du mal rein und schau, was dort los ist«, verkündete Achim entschlossen.

So soll es sein, dachte ich und öffnete leise die Tür, die inzwischen schon wieder zugefallen war. Ein beißender Uringeruch schlug mir entgegen und raubte mir fast den Atem. Auf Zehenspitzen schlich ich in den abgedunkelten Vorraum und von dort in die Örtlichkeit, in der sich die abgetrennten Holzkabinen befanden. Hier waren undefinierbare, schmatzende Geräusche zu hören. Im dämmrigen Licht dieses nicht sehr großen Raums sah ich etwas, das mir bis heute unvergesslich ist. Vor einer der vier Kabinen hockte der dritte Jüngling am Boden und hielt seinen Kopf ganz nahe an der mit Graffiti verunzierten Holztür. Geräuschlos trat ich näher, um besser sehen zu können. Sein Kopf befand sich, nein, er bewegte sich vor einem etwa dreißig Zentimeter großen Loch, das in das untere Drittel der Tür geschlagen worden war, immer vor und zurück. Ich wollte es nicht glauben, ich musste mich zusammenreißen, um nicht laut loszuschreien. Dieser hockende Junge hatte doch tatsächlich das Geschlechtsteil eines Mannes im Mund, der offenbar hinter der geschlossenen Kabinentür vor dem Toilettenbecken stand oder hockte.

Ich bin an einiges gewöhnt, aber dieser Anblick verursachte bei mir doch einen leichten Schock. Einen Brechreiz unterdrückend zog ich mich mucksmäuschenstill zurück, um Achim zu holen. Er sollte diesen ersichtlichen sexuellen Missbrauch zur späteren Beweissicherung ebenfalls sehen. Die Personalien der beiden anderen Jugendlichen waren von ihm inzwischen aufgenommen worden, sodass wir sie auf der Straße stehen lassen konnten.

Gemeinsam betraten Achim und ich leise das Häuschen. Wir fanden die beschriebene Situation immer noch vor und beendeten sie abrupt. Zunächst forderte Achim den Jungen barsch auf, sich von der Tür zu entfernen und sich ruhig zu verhalten. Ich wiederum befahl dem in der Kabine befindlichen Kerl, sofort herauszukommen. Durch das relativ große Loch in der Tür konnte ich erkennen, wie er umständlich an seiner Hose herumnestelte, sie hochzog und anschließend die Tür entriegelte. Als er heraustrat, erkannte ich den älteren Mann, den wir vorhin in das Pissoir gehen sehen hatten. Während er mir auf meine Aufforderung hin halbwegs schamhaft seinen Personalausweis übergab, beleidigte der Junge meinen Kollegen Achim mit unflätigsten Ausdrücken und zeigte insgesamt ein extrem anmaßendes Verhalten. Erschreckt stellten wir kurz darauf anhand einer Personalienüberprüfung fest, dass dieser Rotzbengel gerade mal dreizehn Jahre alt war, also dem Gesetz nach noch ein Kind.

Während der Fahrt zum Polizeiabschnitt und auch bei der Anhörung war der Dreizehnjährige nicht dazu zu bringen, ein vernünftiges Wort mit uns zu wechseln. Nur einen Satz wiederholte er ständig: »Das ist doch normal!«

Wir nahmen den 56 Jahre alten Pädophilen fest und führten ihn einem Haftrichter vor. Obwohl er bereits mehrfach ähnlich in Erscheinung getreten war, wurde er kurz danach wieder entlassen, da ein Haftgrund nicht vorlag.

Sexueller Missbrauch von Kindern und Jugendlichen ist ein Deliktsfeld, das mich während meiner Dienstzeit häufig beschäftigte und mich besonders berührte. Es mag schwer begreiflich sein, dass ich immer wieder von den häufig mit mangelndem Selbstbewusstsein ausgestatteten und meist auch seelisch angeschlagenen Missbrauchten den Satz entgegengeschleudert bekam: »Das ist doch normal!«

Offensichtlich versuchen sie damit ihr Tun zu entschuldigen, da ihnen im Unterbewusstsein durchaus klar zu sein scheint, dass das, was mit ihnen gemacht wurde, überhaupt nicht normal ist. Da es ihnen aber von den Missbrauchern gebetsmühlenartig als ein vollkommen normales Verhalten eingetrichtert wird und sie weder die vermeintliche emotionale Zuneigung noch die materiellen Zuwendungen verlieren möchten, befinden sie sich in einer ständigen seelischen Zwangslage.

Was als normal angesehen werden kann oder muss und was nicht, das ist eine Frage, mit der wir als Polizisten und Polizistinnen heute in vieler Hinsicht täglich konfrontiert sind. Manchmal stellt diese Frage unsere Toleranz auf eine harte Probe, manchmal führt sie uns auch an die Grenzen unserer psychischen Belastbarkeit. Und nicht immer ist sofort ersichtlich, wo die Grenzen zur strafbaren Handlung überschritten sind.

2 Kindesmissbrauch I

Ein ausgesprochen abscheulicher Fall von Kindesmissbrauch, mit dem ich immer wieder zu tun hatte und der mir auch besonders naheging, zog sich über mehrere Jahre hin. Am Anfang stand die Beobachtung einer kurzen Straßenszene, die in mir sofort einen vagen Verdacht erweckte.

Er stand mitten auf dem Gehweg der Hermannstraße: ein großer, breitschultriger und recht korpulenter Mann mit Glatze, der seine besten Jahre augenscheinlich schon hinter sich gelassen hatte. Eindringlich sprach er auf zwei Jungen ein.

Gemeinsam mit meiner Kollegin Sabine und meinem Kollegen Klaus befand ich mich auf Streife in unserem Neuköllner Abschnittsbereich 55. Im Vorbeifahren entdeckte ich das ungleiche Trio und machte die beiden anderen aufmerksam: »Habt ihr die drei dort gesehen, irgendetwas stimmt nicht mit denen. Ein älterer Kerl, offensichtlich aus unseren Breitengraden, und zwei Jungen, vermutlich sogar Kinder, wahrscheinlich aus Südosteuropa. Fahr bitte bis zur Ecke und wende dort, Sabine, die will ich mir mal genauer anschauen!«

Sabine und Klaus hatten das Trio nicht bemerkt, waren aber gespannt, was da vor sich ging. Kaum hatte Sabine unseren Einsatzwagen strategisch günstig geparkt, zückte ich mein Fernglas und konnte nun Genaueres erkennen. Erstaunt stellte ich fest, dass der »Deutsche« zwei Handys aus einer mitgeführten Herrenhandtasche nahm und sie den beiden Jungen überreichte. Diese nahmen die Mobiltelefone wie selbstverständlich entgegen, schauten sich in auffälliger Weise um und verabschiedeten sich dann, kurz die Arme zum Gruß hebend. Eilig liefen sie in unsere Richtung, während sich der Mann langsam in entgegengesetzter Richtung entfernte. »Da stimmt etwas nicht, ich glaube nicht, dass die verwandt sind, der Typ hat den Jungs zwei Handys gegeben, wir werden mal abchecken, was die weiter unternehmen«, setzte ich meine Mitfahrer ins Bild, und schon fuhren wir unbemerkt hinter den beiden her. Aufgrund von früher gemachten ähnlichen Beobachtungen in der Stricher-Szene regte sich bei mir der Verdacht, dass es sich hier um Pädophilie handeln könnte.

Nachdem die beiden Jungen etwa 200 Meter weit gelaufen waren, betraten sie ein An- und Verkaufsgeschäft. Bereits zwei Minuten später kamen sie wieder heraus und liefen weiter. Meine Nachfrage im Laden ergab, dass sie zwei nagelneue Handys, wie die aufgeschlossene Verkäuferin extra betonte, verkaufen wollten. »Das waren ja noch Kinder, die haben diese Handys bestimmt geklaut, darum habe ich sie ja nicht angekauft«, beantwortete sie meine Fragen.

Mein Verdacht erhärtete sich, eigentlich war mir alles schon jetzt ziemlich klar. »Die greifen wir uns!«, lautete kurz darauf meine Ansage an meine Streifenbegleitung, und schon fuhren wir an den beiden Ahnungslosen vorbei, stiegen aus und hielten sie an. Bereitwillig zeigten sie uns zunächst ihre Pässe. Sie kamen aus Albanien, sprachen aber relativ gut deutsch. Auffällig war, dass beide für ihr Alter sehr kleinwüchsig waren. Der Ältere, der sechzehnjährige Tarek, war ungefähr 1,50 Meter groß und der zwölfjährige Luan bestimmt noch zehn Zentimeter kleiner. Meine Frage nach der Herkunft der Handys beantworteten sie zunächst mit einem nicht verständlichen Gemurmel und anschließend mit der unglaubwürdigen Erklärung, die Handys von einem fremden Mann geschenkt bekommen zu haben. Dabei bemerkte ich, wie Tarek Luan mit einer Geste davon abbringen wollte, mehr zu sagen. »Na, dann gebt mir mal die Handys, wir fahren zum Polizeiabschnitt und klären dort diese Angelegenheit.« Widerspruchlos gaben sie die Telefone heraus und kurze Zeit später trafen wir auf dem Abschnitt ein.

Die Abfragen ihrer Personaldaten im polizeilichen Datensystem ergaben genau die Treffer, die ich schon vermutet hatte: Beide waren bereits als Geschädigte im Zusammenhang mit sexuellem Missbrauch erfasst. Auch standen sie unter Vormundschaft eines amtlichen Betreuers. Da bei polizeilichen Vernehmungen eines Jugendlichen, in dem Fall Tareks, ein Elternteil anwesend sein bzw. zustimmen muss, er aber unter Vormundschaft des Betreuers stand, wurde dieser vom Kollegen angerufen. Nach einer kurzen Schilderung des Sachverhalts stimmte der Vormund der Vernehmung zu. Mit Luan, der das 14. Lebensjahr noch nicht vollendet hatte, sich somit noch im Kindesalter befand und dementsprechend nach § 19 StGB schuldunfähig war, wurde lediglich eine sogenannte Anhörung durchgeführt, die der Betreuer ebenfalls genehmigte.

Bevor wir mit den Befragungen anfangen konnten, versuchten unsere Jugendsachbearbeiterin Kolo und ich zunächst einmal, ein gewisses Vertrauen zu den beiden Jungen aufzubauen.

In diesem Zusammenhang sei erwähnt, dass Kinder oder Jugendliche, die sexuell missbraucht werden und dabei mehr oder minder freiwillig mitmachen, in der Regel kein Elternhaus haben, das ihnen eine auch nur ansatzweise ausreichende emotionale und liebevolle Entwicklung angedeihen lässt. Fast immer fehlt es an der elementar nötigen Zuwendung, die man zum Erwachsenwerden braucht. Zusätzlich entwickeln sie durch ihre Missbrauchserfahrungen fast immer ein massives, im Unterbewusstsein verankertes Schuldgefühl. Sie schämen sich für ihr Tun, sind aber psychologisch sehr geschickt vom Täter manipuliert und emotional abhängig gemacht worden. Als Lock- und Verführungsangebote dienen darüber hinaus ständige Geldzuwendungen, Geschenke unterschiedlichster Art und viele verlockende Freizeitaktivitäten, wie zum Beispiel stundenlanges Fernsehen und Computerspielen. Die Zwickmühle, diese durchaus als unangenehm und eklig empfundenen Missbrauchsattacken über sich ergehen lassen zu müssen, um eine gewisse menschliche Nähe und sonst nicht erreichbare finanzielle Zuwendungen zu erhalten, ist praktisch immer der Grund, warum missbrauchte Kinder und Jugendliche nicht gegen ihre Peiniger aussagen. Im Gegenteil! Wir als Polizisten werden als diejenigen angesehen, die ihre vermeintlich angenehme Heimstatt zerstören wollen, auch das wird ihnen in der Regel vom Täter immer wieder eingebläut.

Wir vernahmen zunächst Tarek, der sich genau so verhielt, wie ich es beschrieben habe. Er sagte nichts Vernünftiges aus, sondern blieb bei dem schon Gesagten: »Wir haben die Handys geschenkt bekommen!«

Luan allerdings war nach einer guten halben Stunde »Vertrauensaufbau« bereit, Licht ins Dunkel zu bringen. Seine Schilderungen machten uns ausgesprochen betroffen: Den Mann, der ihnen die Handys gegeben hatte und bei dem es sich wie von mir vermutet um einen Deutschen handelte, hatte er über seinen Bruder Tarek kennengelernt. Woher dieser ihn kannte, wusste Luan angeblich nicht. Er selbst hatte bereits mehrfach bei diesem älteren Deutschen, wie er ihn bezeichnete, übernachtet. Dabei kam es jedes Mal zu sexuellen Übergriffen. Stichpunktartig ausgedrückt:

- er musste im gleichen Bett schlafen,
- sich nackt ausziehen,
- Pornofilme gucken,
- sich am ganzen Körper befummeln lassen,
- den Täter oral befriedigen,
- es kam zum Geschlechtsverkehr.

Auf weitere Details gehe ich hier nicht ein. Die Anhörung, die mehr als zwei Stunden dauerte, war ungeheuer belastend, gerade weil uns bewusst war, dass vor uns ein zwölfjähriges Kind saß. Über seinen Bruder Tarek verlor Luan kein einziges Wort, er bekräftigte sogar mehrfach, über ihn keine Aussage machen zu wollen: »Das ist mein Bruder, über den sage ich nichts!« Nach der Beschreibung, die er von dem Deutschen gab, war ich sicher, dass es sich um denselben Mann handelte, den wir in der Hermannstraße gesehen hatten. Er kannte ihn unter dem Namen Manfred und konnte vage schildern, wo dieser wohnt. Zum Schluss verriet er uns, dass er noch zwei weitere Männer bei Manfred kennengelernt hatte, sie hießen Dieter und Alfred. Beide hatten ähnliche Dinge mit ihm angestellt. Sein Lohn waren kleinere Geld- und Sachgeschenke. Die von uns sichergestellten Mobiltelefone hatten er und sein Bruder bekommen, damit Manfred sie leichter erreichen könnte. Um an Bargeld zu gelangen, hatten sie die Handys allerdings gleich wieder verkaufen wollen.

Während der Anhörung verständigten wir uns mehrfach mit dem zuständigen Sachbearbeiter vom Landeskriminalamt (LKA). Dieser war froh zu hören, dass es uns gelungen war, Vertrauen zu Luan aufzubauen. Nachdem die Anhörung beendet war, holte der Betreuer Tarek und Luan aus unserer Dienststelle ab.

Anhand der von Luan genannten Namen, der von ihm angegebenen Adresse sowie der aus den Handys ausgelesenen Telefonnummern gelang es uns im Laufe der weiteren Stunden tatsächlich, herauszufinden, dass dieser Manfred in unmittelbarer Umgebung der Hermannstraße wohnt. Nicht überraschend für uns war, dass er bereits mehrfach wegen sexueller Handlungen an Kindern vorbestraft war bzw. gegen ihn ermittelt wurde.

Unsere gesamten Ermittlungsergebnisse schickten wir weiter ans LKA, und damit war die Sache für uns erledigt – so dachte ich zumindest. Wie so häufig sollte ich mich täuschen …

Zunächst einmal ging aber der ganz normale »Wahnsinn« in den Straßen Berlins weiter und nahm mich voll in Anspruch.

3 Glimmstängel …

Wie günstig Zigaretten direkt auf der Straße, vor Bahnhofs- und Supermarkteingängen und in weiteren, oftmals dunklen Ecken von meist jungen Vietnamesen gekauft werden können, wissen nicht nur potenzielle Raucher, sondern alle, die mit offenen Augen durch die Stadt gehen. Dass diese verlockend billigen Angebote illegal sind, also dem Staat die Steuern entziehen, ist ebenfalls bekannt. Weniger geläufig dürfte es sein, dass man beim Ankauf dieser Zigaretten die organisierte Kriminalität massiv fördert.

Normalerweise ist die Bekämpfung des illegalen Zigarettenhandels Sache des Zolls. Die Polizei wird in der Regel nur im Rahmen der Amtshilfe tätig. Wir kommen aber trotzdem sehr häufig mit diesem Kriminalitätsphänomen in Kontakt.

Sogenannter Ameisenhandel

Düster war's, der Mond schien helle … In solch einer seltsamen Nacht fuhren Schulle und ich die Wiener Straße im Bezirk Kreuzberg entlang. Die Straßenlaternen funktionierten nur vereinzelt, sodass die vor uns liegende Straße lediglich vom Vollmond und von den Autoscheinwerfern mehr schlecht als recht ausgeleuchtet wurde.

»Hast du gesehen? Da überquerten gerade zwei Männer mit großen schweren Taschen die Fahrbahn und sind auf der rechten Straßenseite irgendwo verschwunden«, stellte ich in Richtung meines Mitfahrers fest.

»Schon etwas ungewöhnlich um diese nachtschlafende Zeit und an diesem kaum bewohnten, einsamen Ort«, erwiderte Schulle, der gleichzeitig unser Auto langsam am Fahrbahnrand ausrollen ließ und die Scheinwerfer ausschaltete.

Ich griff schnell mein Nachtfernglas und beobachtete die Stelle, an der die zwei Nachtschwärmer verschwunden waren. Nur wenige Minuten später sah ich sie erneut. Jetzt überquerten sie wiederum die Straße und gingen direkt auf einen am linken Fahrbahnrand geparkten Daimler Benz zu. Dort angekommen öffnete der eine von ihnen den Kofferraum, beugte sich hinein und übergab kurz darauf dem anderen eine prall gefüllte sogenannte Polentasche. Diese großen, äußerst stabilen rot-weiß-blau karierten Kunststofftaschen heißen umgangssprachlich so, weil sie in Polen hergestellt werden. Auch er selbst ergriff eine solche Tasche, schlug den Kofferraum zu, und gemeinsam begaben sie sich wieder zur rechten Straßenseite, wo sie im Dunkeln verschwanden.

»Na, wenn die dort nicht geschmuggelte Zigaretten transportieren, will ich nicht mehr Schulle heißen«, flüsterte mir mein langjähriger Streifenpartner ins Ohr. Da ich die gleichen Erfahrungen gemacht hatte, konnte ich dem nur zustimmen. Schon startete Schulle unseren VW Golf, beschleunigte rasant, und kurz darauf standen wir vor einem verwilderten Grundstück, das vollständig im Dunkeln lag. Genau hier waren unsere beiden Verdächtigen verschwunden. Was nun? Wir waren uns schnell klar darüber, dass wir dieses riesige, mit Büschen und Sträuchern vollständig bewachsene Gelände nicht nach den Männern absuchen konnten, ohne dass unsere Eigensicherung in Gefahr geraten würde. Jetzt hieß es warten und ein wenig Glück haben, dass die beiden ein weiteres Mal zu ihrem Wagen zurückkehrten. Ein neben dem Daimler Benz stehender VW-Bus diente uns als Deckung, während wir das Grundstück beobachteten.

Während der folgenden Minuten hörte ich in der Stille der Nacht ein seltsames, scharrendes Geräusch, dass ich nicht zuordnen konnte. »Hörst du das auch?« Meine Frage wurde mit einem leisen »Psst« beantwortet, denn just in diesem Moment verließen die Männer das Grundstück und kamen fast direkt auf uns zu. Kurz bevor sie den Daimler erreichten, traten wir rasch hinter dem VW-Bus hervor und riefen laut: »Stehenbleiben, Polizei!«

Unser Versteck hatten wir gut ausgewählt, denn wegrennen konnten sie jetzt nicht mehr. Sie waren total überrascht, als wir plötzlich, wie aus dem Nichts, halb hinter ihnen standen. Gebrochen deutsch mit osteuropäischem Akzent sprechend folgten sie unserer Aufforderung, nannten ihre Namen und zeigten ihre Papiere. Mit dem vor uns stehenden Daimler Benz – er trug polnische Kennzeichen, wie ich im Schein meiner Taschenlampe erkennen konnte – wollten sie erstaunlicherweise nichts zu tun haben. Auch hätten sie keineswegs große Taschen irgendwohin getragen, versicherten sie kopfschüttelnd.

Das war ja nun mehr als verdächtig! Nachdem wir sie erfolglos nach Waffen und Fahrzeugschlüsseln durchsucht hatten, legten wir ihnen zur Eigensicherung Handfesseln an. Dann nahm ich den Daimler näher unter die Lupe, während Schulle die beiden vollkommen »Ahnungslosen« bewachte. Der Pkw war verschlossen und der Kofferraumdeckel ließ sich ebenfalls nicht öffnen. Aber unmittelbar neben dem Kofferraumschloss entdeckte ich ein rundes Loch, das Roststellen aufwies. Insgesamt wirkte der Daimler, als habe er schon einige Kilometer auf dem Buckel.

Inzwischen war eine weitere, von uns angeforderte Zivilstreife eingetroffen. Ein Kollege übernahm nun die Bewachung der beiden Verdächtigen, während der andere das Grundstück betrat und mittels einer leistungsstarken Taschenlampe nach den Polentaschen suchte. Ich probierte währenddessen durch das daumengroße rostige Loch ins Innere des Kofferraums zu blicken. Im Strahl meiner Taschenlampe glaubte ich einen menschlichen Finger zu sehen, augenblicklich bildete sich eine Gänsehaut auf meinem Rücken. »Schulle, komm mal bitte her, entweder sehe ich ein Gespenst oder im Kofferraum liegt ein Mensch oder sogar eine Leiche!«, rief ich nach meinem Kollegen.

Tatsächlich, auch er sah etwas, das einem Finger ähnelte, und war ebenfalls der Ansicht, dass dies ausgesprochen gruselig sei. Dessen ungeachtet steckte er nun seinerseits den rechten Zeigefinger unerschrocken durch das Loch, drückte, fummelte und zog ihn dann erschrocken wieder heraus mit den Worten: »Dit fässt sich wie menschliche Haut an!«

Während wir darüber nachgrübelten, was sich nun wirklich in diesem Kofferraum verbergen könnte, rief auf einmal der Kollege vom Grundstück herüber, dass er vier bis zum Rand gefüllte Taschen mit Zigarettenstangen gefunden habe. Na also, da lagen wir doch wieder richtig, dachte ich bei mir und klatschte Schulle ab.

Erneut fragte ich unsere beiden »Ahnungslosen«, wer der Besitzer des Daimlers sei oder wo sich der Fahrzeugschlüssel befinde, und wieder antworteten sie mit einem stoischen »Wissen wir nicht!«. Auch auf unsere Rufe in Richtung Kofferraum und unser Klopfen erhielten wir keine Reaktion. Also blieb uns nichts anderes übrig, als den Kofferraum mit Gewalt zu öffnen, denn dass sich dort drinnen eventuell ein Leichnam befand, war nicht von der Hand zu weisen.

Schulle lief zu unserem Golf und holte ein Brecheisen, während ich vorsichtshalber die Feuerwehr und einen Notarzt alarmierte. Das Brecheisen wie eine Keule vor sich hertragend kam Schulle zurück, um unmittelbar darauf sein handwerkliches Können unter Beweis zu stellen. Er nahm die Pose eines perfekten Heimwerkers ein, setzte geschickt das Brecheisen zwischen Kofferraumklappe und hinterem Chassis an und krach, rumms, war zwar die Kofferraumklappe am Rand nach oben gebogen, aber ansonsten hatte sich nichts getan. Den Versuch wiederholte er noch dreimal, mittlerweile mit Schweißtropfen auf der Stirn und knallrotem Gesicht – allerdings ohne nennenswerten Erfolg. »Verflucht nochmal, dieser verdammte Kofferraum muss doch aufgehen!«, stöhnte er angestrengt.

Ich stand kurz vor einem Lachkrampf, denn der Rand der Kofferraumklappe sah bereits aus wie nach dem Versuch, eine Blechdose mit einer stumpfen Zange zu öffnen. Die Gesichter der beiden Zigarettenschmuggler tendierten mittlerweile leicht ins Grünliche. Zunehmend nervös beobachteten sie Schulles verhinderte Öffnungskünste, stritten dabei aber immer noch ab, irgendetwas mit dem Daimler zu tun zu haben.

Kurz darauf trafen die Kollegen der Feuerwehr mit dem Notarzt im Schlepptau ein. Nachdem sie ebenfalls durchs Loch geschaut hatten und unsere Vermutung mit dem Finger bestätigten, holten sie ihrerseits Werkzeuge zum Öffnen. Das waren selbstverständlich ganz andere Gerätschaften. Ein doppelt so großes Brecheisen wurde mittig des Kofferraums, genau unterhalb des Rostloches angesetzt, kräftig nach unten gedrückt, und laut knirschend flog der Deckel auf.

Der erste Schreck wich schnell einer gewissen Verwunderung, als wir ins Innere des Kofferraums blickten. Darin lag ein zusammengekrümmter Mann, der sich langsam erhob und dabei seinen blutigen rechten Zeigefinger hielt. Langsam wurde mir klar, warum Schulle die Kofferraumklappe mit unseren Brecheisen nicht aufbekommen und warum wir durch das Loch einen Finger gesehen hatten. Dieser Mensch hatte doch wirklich mit seinem Finger, den er von Innen durch eine Metallschlaufe gesteckt hatte, die Kofferraumklappe mit aller Kraft zugehalten. Jetzt fielen mir auch die scharrenden Geräusche wieder ein, die ich anfangs gehört hatte und nicht zuordnen konnte. Ich pflaumte Schulle lustig an: »Dass du nicht in der Lage gewesen bist, den Widerstand eines solch kleinen Fingers zu brechen, lässt mich an deinen Heimwerkerkünsten erheblich zweifeln!«

Schulle nahm diese Frotzelei gelassen und schmunzelnd hin, er kannte mich ja schon seit einiger Zeit. Nachdem der Mann mühselig aus dem Kofferraum geklettert war, fiel er mit theatralischer Geste zu Boden, schnappte nach Luft und verlor vermeintlich das Bewusstsein. Die danebenstehende Notärztin blieb ganz ruhig. Trocken sagte sie: »Passt mal auf, der steht gleich wieder.« Zugleich zog sie eine kleine Flasche hervor, öffnete sie und hielt sie dem am Boden Liegenden unter die Nase. Wie von der Tarantel gestochen schnellte er hoch und stand nun plötzlich hellwach vor uns.

Als ich ihn so betrachtete, während ihm an seiner Hand ein Verband angelegt wurde, erkannte ich ihn schlagartig wieder. »Schulle, stell dir mal vor, den habe ich vor drei Wochen, nur etwa hundert Meter entfernt von hier auf der anderen Seite des Görlitzer Parks, beim Einschmuggeln von vierzig Stangen Zigaretten gestellt. Da lag er auch im Kofferraum und holte Zigaretten, die er geschickt hinter der Innenverkleidung nach Deutschland geschmuggelt hatte, aus ihren Verstecken. Als Aufpasserin fungierte damals seine 78-jährige Oma, auf die wir aufmerksam wurden, weil sie mitten in der Nacht am geöffneten Kofferraum stand. In einer angemieteten Wohnung in der Nähe, die wir später ermitteln konnten, fanden wir weitere 180 Stangen. Trotzdem mussten wir ihn wieder laufen lassen, da diese Kleinstmengen (Ameisenhandel) für eine Vorführung beim Richter nicht ausreichen. Offensichtlich hat er nichts gelernt«, beendete ich meinen kleinen Bericht.

Die anschließenden umfangreichen Durchsuchungen des Daimlers und der Gebüsche auf dem gegenüberliegenden Grundstück erbrachten weitere sechzig Stangen unverzollter Zigaretten, die beschlagnahmt wurden. Die drei verhinderten Schmuggler wurden nach Vernehmungen entlassen. Der relativ wertlose, nun auch durch die zerstörte Kofferraumklappe ramponierte Daimler wurde ihnen übergeben. Den Fahrzeugschlüssel hatte im Übrigen derjenige in der Tasche, der im Kofferraum gelegen hatte.

Diese so gruselig begonnene Geschichte brachte uns noch Monate später zum Schmunzeln. Über die weitere Heimwerkerkarriere von Schulle ist mir nichts mehr bekannt geworden!

Großhandel …

Guido hatte wieder einmal das richtige Näschen gehabt und einen großen Fang ermöglicht, wie sich später herausstellte. Sein Anruf erreichte mich und Schulle, der mal wieder mein Beifahrer war, auf Streifenfahrt: »Kalle, komm mal zur Grenzallee auf den Parkplatz hinter dem Arbeitsamt. Ich habe hier einiges entdeckt, das mir mehr als ein Grummeln im Bauch verursacht«, erklärte er mit aufgeregter Stimme.

Keine Frage, wenn Guido so um Hilfe bat, dann war höchste Eisenbahn angesagt, um es salopp auszudrücken. Mit Sonderrechten – das heißt mit Martinshorn und Blaulicht – fuhren Schulle und ich in Richtung Grenzallee. Nur fünf Minuten später trafen wir ein.

Guido stand neben seinem Zivilwagen und sprach mit einem kräftig gebauten, ungefähr 1,90 Meter großen Mann, augenscheinlich südosteuropäischer Herkunft. Als er mich sah, kam er sofort auf mich zugelaufen und erläuterte mir folgenden Sachverhalt: »Kalle, wir sind vor gut einer Viertelstunde hier auf diesen Parkplatz heraufgefahren, rein routinemäßig. Bereits zu diesem Zeitpunkt sah ich den Mann dort, der sich intensiv mit zwei vietnamesisch aussehenden Männern unterhielt. Als die drei uns bemerkten, sprangen die beiden mutmaßlichen Vietnamesen rasch in einen bereitstehenden schwarzen Audi A6 und gaben Vollgas. Das konnte nichts Gutes bedeuten, also gaben wir ebenfalls voll »Stoff«, aber es gelang uns nicht, den Audi zu verfolgen. Als wir vom Parkplatz herunterfuhren, war er schon nicht mehr zu sehen. Wir fuhren also wieder zurück und konnten gerade noch diesen Typen dort überprüfen«, dabei zeigte er auf den auf dem Parkplatz verbliebenen Mann. »Ich glaube bestimmt, dass hier etwas mit Zigarettenschmuggel laufen sollte, aber bisher druckst der Mann nur herum, er ist übrigens kroatischer Abstammung und nennt sich Dennis. Irgendwie kommt es mir so vor, als wenn ihm etwas auf dem Herzen liegt und er durchaus mit uns reden möchte«, beendete Guido seinen Bericht.

Nun gut, diese Zusammenstellung von zwei Vietnamesen und einem Kroaten mitten auf einem einsamen Parkplatz, und dann diese Flucht der beiden, ließen auch bei mir keinen Zweifel aufkommen, dass hier irgendetwas nicht koscher war. Und da die Vietnamesen den illegalen Zigarettenschmuggel in Berlin fest in der Hand haben, gab ich Guido mit seiner Vermutung sofort Recht. Bald darauf stellte sich heraus, dass wir richtig lagen. Dennis, der sich überraschenderweise als nett und polizeifreundlich herausstellte, erzählte wenig später eine Geschichte, die wir dann doch nicht erwartet hatten. Zunächst bat er uns aber, ihn zu seinem Zimmer zu begleiten, das er in einem nahe gelegenen Hotel gemietet hatte. Dort angekommen, machte er seine Aussage.

»Mein Neffe, der nicht gerade ein leuchtendes Beispiel für jeden ehrlichen Menschen ist, hat mich angefleht, ihn bei einem Deal mit den Vietnamesen zu unterstützen, die sie auf dem Parkplatz gesehen haben«, begann er seine Ausführungen. Dabei war deutlich zu merken, wie schwer es ihm fiel, uns von diesem Deal zu erzählen und damit seinen Neffen zu verraten. »Bisher habe ich mich immer von seinen illegalen Geschäften ferngehalten, aber diesmal konnte er mich überreden. In etwa zwei Stunden fährt er hier mit einem Lastwagen vor, der bis unters Dach mit aus Polen geschmuggelten Zigaretten beladen ist. Das sind mehrere tausend Stangen. Meine Aufgabe sollte es sein, mit den Vietnamesen einen Platz auszumachen, wo die Ware übergeben werden kann, und gleichzeitig die Geldübergabe zu sichern. Aber nun sind ja Sie dazwischengekommen und ich glaube, ich bin ganz froh darüber«, kam er erleichtert zum Ende seiner Darstellung.

Guido schaute mich ungläubig an und auch ich schnappte erst einmal nach Luft. »Und die Geschichte stimmt?«, fragte ich bei Dennis vorsichtshalber noch einmal nach.

»Hundertprozentig, Herr Gaertner, ich finde übrigens die deutsche Polizei sehr gut, und ich würde sie nicht belügen!«

Jetzt hieß es zunächst einmal warten und die nötigen Vorbereitungen treffen, um die Ladung abzufangen, wenn sie vor dem Hotel einträfe. Mein anschließendes Telefongespräch mit den zuständigen Zollbehörden verlief nicht unbedingt zufriedenstellend, im Gegenteil. Zunächst waren keine Zollbeamten greifbar, die uns unterstützen konnten, und dann saß an verantwortlicher Stelle eine Zolloberamtsrätin, die sogleich verkündete, dass sie für Artenschutz zuständig sei und vom Zigarettenschmuggel keine Ahnung habe, was man ihren Anweisungen auch nur zu deutlich anmerkte.

Was soll's, wir waren Kummer gewohnt, also alarmierte ich zwei weitere Streifen meiner Dienststelle und dann ging es auch schon los. Zehn Minuten vor der angenommenen Zeit fuhr ein Lastwagen in Schrittgeschwindigkeit am Nebeneingang des Hotels vor. Dennis, der uns weiterhin tatkräftig unterstützte, winkte kurz mit seiner rechten Hand und schon stoppte der Lkw. In diesem Moment kamen meine Kollegen blitzartig aus ihren Verstecken und umstellten den Wagen, während ihn gleichzeitig zwei Zivilfahrzeuge vorn und hinten blockierten. Ohne sich zu wehren, stiegen der Fahrer und sein Beifahrer aus und wurden festgenommen. Beim Fahrer handelte es sich um den besagten Neffen.

Ich selbst konnte meine Neugier kaum bremsen und gemeinsam mit Guido öffneten wir den hinteren Laderaum. Tatsächlich und fast unglaublich, die gesamte Ladefläche war mit Kartons beladen, in denen sich 1036 Zigarettenstangen (253 200 Stück Zigaretten) verschiedenster Marken befanden. Natürlich klatschten wir uns ab, denn einen solchen Fund macht man wirklich nicht alle Tage.

Nun begann der schweißtreibendste Teil dieser Festnahmeaktion. Die Zigaretten mussten gezählt werden, bevor wir sie gemeinsam mit den festgenommenen Schmugglern in Richtung Hauptzollamt transportieren konnten.

Aufgrund unserer Festnahmen, den Einlassungen der Beschuldigten und weiterer intensiver Ermittlungen konnte der Kopf einer international agierenden Bande von Zigarettenschmugglern, ein Deutscher mit polnischen Wurzeln, bereits am folgenden Tag in einer Villa im Grunewald festgenommen werden.

Allein unsere Festgenommenen räumten unzählige Fahrten ein, bei denen sie mehr als 4 000 000 Stück unversteuerte Zigaretten eingeschmuggelt hatten. Der hochgerechnete Steuerschaden betrug mehr als 1 000 000 Euro. So bekamen alle drei einen Haftbefehl wegen gewerbsmäßiger Steuerhehlerei.

Dennis, der uns diesen Fang erst ermöglich hatte, wurde später als Mittäter bestraft. Überraschenderweise blieb er uns hold. Nachdem er seine Gefängnisstrafe abgesessen hatte, meldete er sich telefonisch bei mir und half uns noch zweimal, üble Einbrecherbanden zur Strecke zu bringen. Aber dies sind zwei eigene Geschichten …

Mörderische Revierkämpfe und Schutzgelderpressungen …

Mein Inspektionsleiter bat mich in seine Amtsstube und verkündete mir unmissverständlich, dass ich mit meiner Einheit zur Straßenkriminalitätsbekämpfung in den nächsten sechs Wochen einen stark frequentierten Handelsplatz von vietnamesischen Zigarettenhändlern zu überwachen habe. Hintergrund war die blutige Fehde zwischen zwei rivalisierenden vietnamesischen Banden in Berlin. Dabei waren zwischen 1992 und 1996 im Kampf um den lukrativen Markt eingeschmuggelter Zigaretten sage und schreibe 35 Vietnamesen grausam ermordet worden.

In diesem Zusammenhang muss man wissen, dass, als 1989 die Mauer fiel, fast 60 000 vietnamesische Vertragsarbeiter in der DDR lebten, die auf Zeit von den Verantwortlichen des sozialistischen Staates zur Unterstützung der Arbeitswelt angeworben worden waren. Sie standen nach dem Zusammenschluss beider deutscher Staaten meist arbeits- und mittellos da. Viele dieser Vertragsarbeiter kehrten zurück nach Vietnam, doch diejenigen, die blieben, verloren zunächst ihren Aufenthaltsstatus und waren nur geduldet.

Zudem wanderte nun, aufgrund der Freizügigkeit des Grenzverkehrs, eine beträchtliche Anzahl von vietnamesischen Vertragsarbeitern aus der UdSSR, der ČSSR und Bulgarien illegal zu, speziell nach Berlin. Obwohl die Vietnamesen in der Regel keinen Anspruch auf Asyl hatten, konnten sie nicht abgeschoben werden, weil sich Vietnam weigerte, Landsleute, die nicht freiwillig zurückkehrten, wieder aufzunehmen.

So lebten sie oft unter erbärmlichsten Umständen auf engstem Raum miteinander – nicht selten mussten sich zehn Personen eine Einzimmerwohnung teilen. Hatten die Vertragsarbeiter schon in der DDR isoliert gelebt, so war die Infrastruktur der in Berlin lebenden Vietnamesen bald so abgeschottet, dass kein Deutscher, und schon gar kein Polizist, Einblick in die Community erhielt.

Schnell hatten Angehörige dieser Bevölkerungsgruppe den recht lukrativen Zigarettenhandel für sich entdeckt und betätigten sich an mehr als tausend Schwarzhändler-Stellplätzen, verteilt über ganz Berlin. In diesem praktisch rechtsfreien, unkontrollierten Raum entwickelten sich mafiöse Bandenstrukturen mit einem vorher nicht gekannten Gewaltpotenzial. Die nach ihrem Anführer benannte Ngoc-Thien-Bande einerseits und die Quang-Binh-Bande auf der anderen Seite bekämpften einander unerbittlich, um die Vorherrschaft der profitabelsten Umschlagplätze zu erlangen. Allein im Mai des Jahres 1996 wurden zunächst sechs Erschossene in einer Wohnung in Marzahn entdeckt und nur einige Tage später drei Tote an einem Bahndamm in Lichtenberg.

Vollkommen harmlose, von den jeweiligen Banden angeworbene arbeitslose Landsleute, die für wenig Geld stundenlang unter katastrophalen Bedingungen die Zigaretten verkauften, waren darunter. Der Grund für diesen »Krieg« auf Berlins Straßen war immer derselbe: Wer die lukrativsten Verkaufsplätze besaß, konnte das meiste Schutzgeld kassieren.

Die Aufklärung dieser an Erbarmungslosigkeit kaum zu übertreffenden Morde war bis dato aufgrund der schon beschriebenen Abschottung der Ethnie nicht ansatzweise gelungen. Unsere Aufgabenstellung wurde klar umrissen: Einerseits sollten wir verhindern, dass weitere Morde passieren, andererseits sollte erkundet werden, wer an den jeweiligen Standplätzen das Sagen hat. Es galt die arbeitsteiligen Strukturen zu erhellen und außerdem festzustellen, welche Bande wo Schutzgeld erpresst, um endlich die kriminellen Strukturen zu zerschlagen und die Mörder vor ein Gericht zu bringen. Diese Maßnahmen wurden in der gesamten Stadt an allen Schwerpunktstandtorten von den unterschiedlichsten Polizeieinheiten durchgeführt. Mit der Staatsanwaltschaft war abgesprochen, dass wir den An- oder Verkauf der Zigaretten zunächst nur beobachten, also nicht einschreiten sollten, um den Einsatzerfolg nicht zu gefährden.

So nahmen wir an einem Sonntag früh, gut versteckt, getarnt und verteilt über den gesamten Vorplatz eines großen Supermarktes in Marzahn, unsere Arbeit auf. In den folgenden sechs Wochen setzte ich dreißig Beamte pro Tag ein.

Nachdem wir uns in allen möglichen Verstecken – Wohnungen, Hausfluren, Gebüschen und anderen Orten – »häuslich« eingerichtet hatten, beobachteten wir die Szene von frühmorgens um 7 Uhr bis abends um 20 Uhr. Erst wenn der Supermarkt seine Pforten schloss und die Handelstätigkeit langsam zum Erliegen kam, machten auch wir Feierabend.

Sehr schnell stellten wir mit großem Erstaunen fest, wie gut organisiert dieses »Geschäftsmodell« mit den illegalen Zigaretten lief. Fast jede dritte oder vierte Person, die den Supermarkt nach dem Einkauf verließ, erstand wie selbstverständlich bei den Vietnamesen Zigaretten. Teilweise wurden gleich mehrere Stangen erworben. Aufseiten der asiatischen Verkäufer beteiligten sich täglich vierzehn Männer und Frauen mit den unterschiedlichsten Aufgaben an diesen Aktionen. Wir konnten im Laufe der Zeit genau beobachten, wer welche Aufgaben wahrnahm. Da waren zunächst vier Aufpasser, die mit Adleraugen die Gegend abcheckten und sofort Alarm schlugen, wenn sich Polizeibeamte näherten oder gar ein Polizeiwagen vorfuhr. Die Aufpasser waren ständig auf Achse und wuselten um den Supermarkt herum. Drei bis vier Leute wiederum verhandelten mit den Kunden, kassierten das Geld und übergaben die Zigaretten, die zuvor von drei weiteren flinken Asiaten aus unzähligen Verstecken im Umfeld des Supermarktes geholt worden waren.

Vier andere empfingen die Autos, in denen die Zigaretten angeliefert wurden. Ich konnte fast nicht glauben, mit welcher Frechheit jeden Tag dieselben Fahrzeuge mit polnischen Kennzeichen vorfuhren. Auf einem Nebenparkplatz seitlich des Supermarktes befand sich die Entladestation. Hier wurden die Zigaretten aus diversen geheimen Depots in den Autos geholt und übergeben. Aus meinem Versteck heraus sah ich, wie die Schmuggelware aus doppelten Böden im Kofferraum, aus den Seitenverkleidungen der Türen, aus gesondert angelegten Kühlerverkleidungen, aus hohlen Türstreben und und und herausgeholt, ja sogar regelrecht geangelt wurden. In jedem Fahrzeug wurden so mindestens vierzig bis fünfzig Stangen Zigaretten der verschiedensten Marken transportiert.

Nachdem die Ware übergeben und das Geld in Empfang genommen war, fuhren sie sofort wieder los, nur um am nächsten Tag zur gleichen Uhrzeit erneut einzutreffen. Der Andrang war manchmal so groß, dass die Fahrzeuge in einer Schlange warten mussten, da sie nicht gleichzeitig entladen werden konnten. Obwohl diese Mengen an Zigaretten jeden Tag angeliefert wurden, waren zum Feierabend fast alle verkauft. Ein Riesengeschäft!

Da die örtliche Polizei nichts von unseren Maßnahmen wusste, ließ sie häufiger die üblichen Kontrollen durchführen, um diesem illegalen Handel Einhalt zu gebieten – meist ohne Erfolg. Dabei wurde ich auch Zeuge einer doch sehr ernüchternden Begebenheit:

Eine Streifenwagenbesatzung kontrollierte eine polnische Fahrerin, die gerade mit ihrem Lancia angekommen war und kurz davor stand, ihre illegale Ware zu entladen. Nach Warnrufen der Vietnamesen hatten sich sämtliche Verkäufer schlagartig in ihre Verstecke zurückgezogen. Die Kollegen kontrollierten also die Polin, die ausgesprochen höflich und freundlich zu ihnen war. Hilfsbereit öffnete sie alle Klappen, die Motorhaube und den Kofferraum. Nirgends war etwas zu entdecken. Nach ergebnisloser Durchsuchung fuhren die Abschnittskollegen davon.

Was dann folgte, verschlug mir die Sprache. Der Streifenwagen war gerade um die Ecke gebogen, da liefen die Vietnamesen aus ihren Verstecken hervor. Einige rannten sofort zur Polin, die nun anfing, lauthals loszulachen. Sie schlug sich vor Begeisterung auf die Oberschenkel und ruderte mit den Armen in der Luft herum, um deutlich zu machen, wie dumm sich die Kollegen bei ihrer Suche angestellt hatten. Dann öffnete sie erneut die Motorhaube, schraubte eine Verkleidung am Wasserkühler ab und entnahm diverse Zigarettenstangen. Kurz darauf fuhr sie wieder los, immer noch heftig lachend. Diese Art des Vergnügens gefiel mir ganz und gar nicht, und so rief ich am darauffolgenden Tag auf dem zuständigen Polizeiabschnitt an und erzählte den Kollegen, wann der Lancia in der Regel eintrifft und wo die Fahrerin ihre Zigaretten versteckt hat. Dann wartete ich ab.

Wie vorhergesagt fuhr der Lancia am folgenden Tag vor, die Frau stieg aus und die wartende Funkstreifenbesatzung, dieselbe wie am Vortag, überprüfte ihr Fahrzeug. Nach einer fast zehnminütigen Suche – es war nicht fassbar – beendeten die Kollegen ihre Suchaktion, ohne dass sie etwas gefunden hatten. Schulterzuckend bestiegen sie ihren Streifenwagen und fuhren davon. Erneut bot sich mir das gleiche Bild: Die Polin steht vor der geöffneten Motorhaube, lacht sich halb krank und beginnt anschließend die Zigaretten aus dem schon erwähnten Versteck zu holen. Meine Begeisterung für die Kollegen hielt sich in Grenzen. Aber diese Dame hatte ich mir gemerkt!

Nach dreiwöchiger Beobachtungszeit konnten wir klar ausmachen, wer an diesem Platz das Sagen hatte und an welche Bande Schutzgeld bezahlt werden musste. Da wir diese Erpresser, in unserem Fall Mitglieder der Ngoc-Thien-Bande, auch in ihren Unterkünften und an anderen Orten observierten, konnten wichtige Erkenntnisse an die Sonderkommission des Landeskriminalamtes gemeldet werden. Das LKA fasste die Erkenntnisse über sämtliche überwachte Handelsplätze zusammen und bald darauf konnte die Bande ebenso wie die konkurrierende Quang-Binh-Bande zerschlagen und ihre Anführer beweissicher festgenommen werden. Das wahllose Morden dieser Schwerstkriminellen hatte endlich ein Ende.

Bevor wir aber unseren Einsatz beendeten, gab ich grünes Licht, um die Lieferfahrzeuge aus Polen zu überprüfen. Am letzten Tag postierten wir uns so gut versteckt, dass es uns gelang, elf polnische Anlieferautos zu stellen und zu durchsuchen. Weit über 400 Stangen Zigaretten und sämtliche Fahrzeuge beschlagnahmten wir für den Zoll. Die Dame mit dem Lancia überprüfte ich höchstpersönlich. Nachdem sie ausgestiegen war, äußerte sie gut gelaunt und fast perfekt deutsch sprechend, welch nette und freundliche Polizeibeamte wir seien und wie schick wir aussähen. Ihre gute Stimmung verschlechterte sich aber zusehends, als ich begann, ihre Zigarettenverstecke aufzuschrauben, aufzuhebeln und abzutrennen. Nach und nach zog ich die Stangen hervor, während sich ihre freundliche Mimik zu einer hexenhaften Grimasse verzog. Als ich ihr dann noch erklärte, dass sie mit dem Zug nach Polen zurückfahren müsse, da ihr Fahrzeug als Tatmittel beschlagnahmt werde, verlor sie ihre Fassung und schrie allerlei Beleidigungen von sich gebend herum.

Meine Kollegen und ich konnten eine gewisse Schadenfreude nicht verbergen. Über den Grund ließen wir sie aber absichtlich im Unklaren.

Erstaunlicherweise fand diese grausame Mordserie in der Berliner Bevölkerung keinen sehr großen Widerhall. Die Aufregung darüber hielt sich in Grenzen, was meines Erachtens beweist, wie abgeschottet diese Vietnamesen unter uns leben. Übrigens auch heute noch.

Abschließend stellt sich die Frage, wie es heute, fast zwanzig Jahre später, mit diesem illegalen Zigarettenhandel aussieht? Für das Jahr 2013 liegen mir statistische Daten des Zollkriminalamtes vor. Danach wurden 147 Millionen nichtversteuerte Zigaretten beschlagnahmt. Das ist aber nur der aufgeklärte Teil. Es wird geschätzt, dass jede fünfte in Deutschland gerauchte Zigarette eingeschmuggelt wird. Die Zahlen sind über die Jahre gleich geblieben.

Lediglich die Arbeitsweisen der Schmuggler und der Verkäufer haben sich den Fahndungsmethoden der Polizei und des Zolls angepasst. Heutzutage treten zum Beispiel die Verkäufer nicht mehr so offensiv erkennbar an den immer noch reichlich vorhandenen Stellplätzen auf. Sie sind unter anderem dazu übergegangen, die Zigaretten auf Bestellung dem Ankäufer direkt nach Hause zu liefern.

Diese Beispiele aus dem Bereich des illegalen Zigarettenhandelns belegen aus meiner Sicht eindringlich, wie wichtig es wäre, dass jeder Raucher auf den Ankauf der illegal nach Deutschland geschmuggelten Zigaretten verzichtet und so dazu beiträgt, dass zumindest dieser Sumpf des organisierten Verbrechens trockengelegt wird!

Blauäugig bin ich allerdings nicht. Viele Gespräche mit den Ankäufern dieser Zigaretten zeigen mir, dass ihnen die Problematik zwar durchaus bekannt ist, sie aber diesen relativ kleinen finanziellen Vorteil ohne große Gewissensbisse ausnutzen. »Warum soll ich den Staat unterstützen, wo die Steuern schon so hoch sind?«, argumentieren sie egoistisch, zeigen sich aber zugleich von der überbordenden Kriminalität erschreckt und fordern härtere Maßnahmen vom Staat.

Ein eklatanter Mangel an Unrechtsbewusstsein spielte auch im folgenden Fall eine Rolle, nur waren es diesmal die »Täter« selbst, die ihr Tun eigentlich ganz normal fanden. In den Zuständigkeitsbereich der Polizei gehörte dieses Vorkommnis zwar nicht, trotzdem waren wir gezwungen, sofort zu handeln, immerhin ging es um eine mögliche Gesundheitsgefährdung von Menschen und somit um eine Gefahr für die öffentliche Sicherheit.

4 Fleisch

Der Schweiß perlte von meiner Stirn, nässte meine Augenbrauen und kullerte salzig-brennend direkt in die Augen. Blinzelnd versuchte ich mich zu orientieren. 32 Grad im Schatten zeigte das Thermometer. Unsere Streifenfahrt führte uns durch die Weserstraße mitten in Neukölln. Obwohl sämtliche Scheiben des VW Golfs heruntergekurbelt waren und so wenigstens der Wind, den Hauch einer Abkühlung verbreitete, fühlte ich mich ziemlich abgeschlafft.

Kurz vor der Kreuzung zur Pannierstraße bremste Litti unser Auto ab, um an einem Lastwagen vorbeizufahren, der in zweiter Reihe stand und die Fahrbahn dementsprechend einengte. »Sag mal, habe ich eben richtig gesehen? Der lädt Fleisch von seinem Lastwagen ab, und das von einer normalen Ladefläche. Ein Kühllaster ist das jedenfalls nicht«, sagte ich zu Litti, der sofort erwiderte: »Ich kann es nicht glauben, ohne Kühlung, so viele Fliegen, und das bei dieser Wahnsinnshitze. Den überprüfen wir mal!«

Ruckartig hielt er an und wir liefen zum Transporter zurück. Mein erster Blick auf die Ladefläche bestätigte meine schlimmsten Vermutungen. Dort lagen direkt auf dem rohen Holzboden große blutverschmierte Fleischstücke, die augenscheinlich von einem toten Rind stammten. Ein süßlicher, unangenehmer Geruch setzte sich in meinen Nasenschleimhäuten fest. Verstärkt wurde diese Sinneswahrnehmung durch den Anblick unzähliger Fliegen.

»Wo ist denn der Fahrer?«, fragte Litti und beantwortete seine Frage gleich selbst: »Ich glaube, wir begeben uns mal in diese jugoslawische Gaststätte hier, soweit ich beim Vorbeifahren gesehen habe, ist er darin verschwunden.« Gesagt, getan.

Der Gastraum war menschenleer, aber aus einem hinteren Raum drangen Gesprächsfetzen. Ich betrat als Erster das Hinterzimmer, das als Küche diente. Während ich mich als Polizeibeamter vorstellte und nach dem Verantwortlichen fragte, wurde ich Zeuge folgender Szene: Zwei Männer saßen auf Hockern, die vor einem runden Holztisch standen. Beide hatten jeweils eine Metallschüssel vor sich auf dem Schoß, in denen sich Hackfleisch befand. Mit bloßen Händen formten sie längliche Ćevapčići aus dem rohen Fleisch und legten die fertigen Rollen auf zwei Tellern ab, die auf dem Tisch standen. Sie waren mit Jeans und Pulli bekleidet und erweckten auch nicht ansatzweise den Anschein, dass sie irgendwelche Hygienevorschriften beachteten. Von ihren verschwitzten Gesichtern tropfte der Schweiß direkt in die Schüsseln. Es war brütend heiß, wie in einer Sauna, und eine Unzahl von Fliegen gab sich in dem Raum ein munteres Stelldichein.

Mein Blick fiel auf zwei weitere Männer. Einer davon stellte sich als Gastwirt vor, während der andere jener zuvor bemerkte Lastwagenfahrer war. Vor ihnen, auf einer vor Schmutz starrenden Anrichte, lagen einige große Fleischstücke auf Packpapier. Sie waren bereits aus dem Lastkraftwagen ausgeladen worden.

»Wer ist denn verantwortlich für das Fleisch?«, fragte ich.

Der Lastwagenfahrer schaute mich erstaunt an und bemerkte lässig: »Ist irgendetwas nicht in Ordnung?«

Ich konnte es nicht fassen. Mühsam mich beherrschend versuchte ich den vier Männern einige der gängigsten Hygieneregeln beim Verarbeiten von rohem Fleisch zu vermitteln.

Nach und nach bekamen wir heraus, dass der Gastwirt einem Bauern in Brandenburg ein ganzes Rind abgekauft hatte. Es wurde vor Ort geschlachtet und sollte jetzt hier verwertet werden. Für Kühlung und sonstige zwingende Vorschriften in Bezug auf Transport und Verarbeitung von Frischfleisch hatte er keinerlei Verständnis. Auch die Hitze störte ihn keineswegs.

Wir beendeten dieses unappetitliche Treiben, indem wir dem Wirt mitteilten, dass sämtliches Fleisch für den Amtstierarzt beschlagnahmt werde. Der hätte dies eigentlich anordnen müssen, aber wir hatten ihn telefonisch nicht erreichen können. Und da hier eine akute Gefährdung für die allgemeine Gesundheit bestand, also Gefahr im Verzuge, entschieden wir uns, entsprechend zu handeln. Kurzerhand mussten die Männer das Fleisch und die bereits gräulich verfärbten Ćevapčići zusammenpacken, wieder aufladen und hinter unserem Streifenwagen herfahren. Es ging zu einem Kühlhaus in der Nähe, wo das Fleisch zunächst eingefroren wurde, um es am nächsten Tag vom Amtstierarzt begutachten zu lassen. Dieser musste dann über eine eventuelle Freigabe oder die endgültige Vernichtung entscheiden.

Kaum hatten die Männer das zerlegte Rind dort abgeliefert, kam der Wirt auf mich zu. Mit bettelnder Stimme bat er darum, wenigstens das Steakfleisch behalten zu dürfen. Dass wir auch dies nicht erlaubten, stieß bei ihm erneut auf Unverständnis. Er hatte überhaupt nicht verstanden oder wollte es nicht verstehen, dass dieses rohe Fleisch in solch einer Brutofenhitze ohne Kühlung eine wahre Bakterienschleuder und folglich eine Gesundheitsgefährdung ohne Gleichen darstellte.

Am nächsten Tag erhielt ich einen Anruf von der Amtstierärztin. Sie teilte kurz und knapp mit, dass wir alles richtig gemacht hatten, bedankte sich mehrmals und erklärte, dass das Fleisch sofort vernichtet werde. Zusätzlich winkte dem Wirt ein saftiges Bußgeld.

Übrigens, mein Appetit auf Ćevapčići war mir gründlich vergangen.

5 Sie klauen wie die Raben …

Opfer: Mütter mit Kinderwagen

Die Luft riecht stickig und verbraucht, es ist heiß an diesem Dienstag in der Wache des Polizeiabschnitts. Am Tresen versammelt sich eine bunte Schar von Hilfesuchenden und wie jeden Tag auch Straftäter, die ihrer Meldepflicht nachkommen. Dazwischen wuseln die Besatzungen der Funkstreifen herum, um ihre Aufträge abzuarbeiten. Das Bild gleicht einem Ameisenhaufen. Die Verantwortung für den gesamten Ablauf liegt in dieser Dienstschicht bei mir, dem Dienstgruppenleiter.

Ich bemerke eine junge Frau, die einen Kinderwagen schiebt und krampfhaft versucht, damit durch die Eingangstür zum Tresen der Wache zu gelangen. An ihrer freien Hand hält sie einen kleinen Buben, dem die Tränen aus den Augen kullern. Auch der Mutter ist offensichtlich nicht zum Lachen zumute, sie schaut mit ernster Miene etwas hilflos umher. Ich helfe ihr durch die Tür und frage nach ihrem Anliegen.

»Mein Portemonnaie mit sämtlichen Papieren und mein letztes Geld wurden mir gerade gestohlen«, berichtet sie mit weinerlicher Stimme. Es geschah, so führt sie weiter aus, als sie für ihren Jungen Schuhe in einem Geschäft in der Karl-Marx-Straße kaufen wollte und für kurze Zeit, abgelenkt durch die Aufgeregtheit ihres Kindes, die Einkaufstasche außer Acht ließ.

Wut steigt in mir auf. Dies ist bereits der dritte Fall am heutigen Tag, der den gleichen modus operandi aufweist, nämlich den Diebstahl von Geldbörsen aus Taschen, die an Kinderwagen hingen. Mit spürbarem Grummeln im Bauch suche ich meinen Kollegen Helmut auf. Er ist der zuständige Sachbearbeiter und er informiert mich darüber, dass er bereits seit dem Frühjahr unzählige gleich gelagerte Fälle bearbeitet. Auch sind ihm bereits einige Tatverdächtige bekannt, ohne dass er sie bisher abschließend überführen konnte. Inzwischen umfasst diese Serie allein im eng begrenzten Bereich der Karl-Marx-Straße über achtzig Fälle. Gemeinsam beschließen wir eine Ermittlungsgruppe zu bilden.

Weil wir Kollegen der Einheit »Fahndung, Aufklärung, Observation« (FAO) für die notwendigen operativen Maßnahmen ins Boot holen können, gelingt uns bereits in der ersten Woche die Festnahme einer jungen polnischstämmigen Frau. Sie wird auf frischer Tat bei dem Versuch ertappt, eine Handtasche aus einem Kinderwagen zu entwenden. Eine zweite Tatverdächtige, die »Aufpasserin«, kann zunächst entkommen, wird aber nachträglich als ihre Schwester ermittelt.

Helmut kann der bereits einschlägig bekannten Diebin aufgrund von Vorermittlungen zwei weitere Versuchstaten nachweisen. Er führt sie dem Vernehmungsrichter beim Bereitschaftsgericht vor, der kurz und bündig, schon aufgrund ihrer umfangreichen Diebstahlsakten, eine Strafe von acht Monaten verhängt ... dies allerdings mit einem kleinen Haken: Bis zum Haftantritt kommt sie auf freien Fuß.

Die unerwartet harte Strafe nimmt die Frau zum Anlass, noch am gleichen Tage mit dem Zug nach Polen auszureisen. Dabei nutzt sie die Reise abgebrüht zu einem weiteren Taschendiebstahl direkt im Abteil der Eisenbahn, wie die Kollegen der Bundespolizei nachträglich feststellen.

Aber, wir erinnern uns, da war ja noch die Mittäterin ... eine ihrer Schwestern. Worle, ein ehemaliger Mitarbeiter meiner Fahndungsdienststelle, nimmt sich ihrer vertrauensvoll an, und siehe da, drei Tage später können er und sein Team sie in Wedding nach einem gemeinsam mit ihrer Mutter begangenen Diebstahl aus Kinderwagen festnehmen. Zuvor wurden schon unzählige Versuchstaten im gesamten Stadtgebiet beobachtet. Sonderlich überrascht bin ich nicht. In dieser »feinen« Familie gehen praktisch alle Mitglieder nur einer Tätigkeit nach: Diebstahl in allen Variationen!

Aufatmend stellen wir fest, dass relativ schnelle und harte Urteile bei den Gerichtsverhandlungen nicht nur zu Inhaftierungen führen, nein, auch die in Freiheit befindlichen Familienangehörigen entschließen sich zur Ausreise in ihre Heimat.

Man sollte nun meinen, damit sei der »Spuk« zu Ende gewesen. Weit gefehlt! Diese spezielle Art der Diebstähle ging erst einmal munter weiter. Bald konnten wir dank verschiedener Hinweise und Zeugenbefragungen eine zweite Familie mit dem gleichen ethnischen Hintergrund ermitteln. Ihre Vorgehensweise war fast identisch, mit dem einzigen, aber erschreckenden Unterschied, dass auch kleinste Kinder bei den Diebereien als Gehilfen eingesetzt wurden. Interessanterweise wohnten beide Familien im gleichen Haus und waren sogar mütterlicherseits verwandt.

Jetzt schaltete ich mich selbst in die operativen Maßnahmen ein. Nachdem es schnell gelungen war, die Familienverhältnisse zu durchleuchten, und wir mit ersten Observationen beginnen wollten, mussten wir feststellen, dass diese Familie ebenfalls nach Polen gereist war. Sofort hatten auch die ihnen zugeordneten Diebstähle aufgehört. Ermittlungen im Wohnumfeld zeigten allerdings, dass unsere Diebesgesellen nur in den Urlaub gefahren waren. So hieß es erst einmal abwarten.

Knapp einen Monat später, um die Mittagszeit, ruft mich ein von mir aufmerksam gemachter Hausbewohner an und teilt mit, dass die besagte Familie soeben wieder in ihrer Wohnung eingetroffen sei. Bereits vierzig Minuten später befinde ich mich gemeinsam mit drei weiteren Kollegen vor Ort. Und wir haben uns nicht getäuscht: Unsere »Klau-Familie« nimmt sofort ihre ungesetzliche Tätigkeit wieder auf. Kaum stehen wir vor dem Wohnhaus, als die Familie, bestehend aus Vater, Mutter, fünfzehnjähriger Tochter und vier kleinen Kindern ihr Auto besteigen und in Richtung Wilmersdorfer Straße fahren.

Was nun folgt, ist kaum zu glauben. Knapp siebzig Minuten zuvor aus einem dreiwöchigen Urlaub in Polen zurückgekehrt, führt sie der erste Weg geradewegs zum Schuhgeschäft einer bekannten Firma. Während der Ehemann mit dem kleinsten Kind auf dem Arm vor dem Geschäft Schmiere steht, macht seine Gattin gemeinsam mit ihrer fünfzehnjährigen Tochter bereits im Eingangsbereich des Ladens rotzfrech den Versuch, ein Portemonnaie aus einer am Kinderwagen befestigten Einkaufstasche zu ziehen. Nachdem dies misslingt, weil die Betroffene zu schnell zum Kinderwagen zurückkehrt, stolzieren unsere beiden räuberischen Elstern geschwind mit dreien ihrer Kinder ins Innere des Geschäfts. Hier können wir dann folgende Arbeitsteilung beobachten:

- Die drei Kleinkinder im Alter von drei, acht und neun Jahren rennen, augenscheinlich von der Mutter angewiesen, laut schreiend und dadurch die Verkäufer ablenkend im Laden umher,
- während sich Mutter und Tochter, sich gegenseitig deckend beziehungsweise absichernd, für eine abgestellte Handtasche interessieren.
- Kurz darauf entwenden sie daraus eine Geldbörse, was von der Eigentümerin, einem jungen Mädel, das gemeinsam mit zwei Freundinnen Schuhe anprobiert, nicht bemerkt wird.

Der Versuch, die Beute unmittelbar neben dem Geschäft mit viel fröhlichem Tamtam zu teilen, wird von uns jäh unterbrochen. Wir treten als echte Spaßbremse auf und nehmen sie fest.

Dass beide Familien von staatlicher Alimentation lebten, soll hier vollständigkeitshalber genauso erwähnt werden wie die Tatsache, dass diese Rabenmutter bereits zehnmal gemeinsam mit ihren Kindern bei diversen Diebstahlstaten angetroffen und festgenommen worden war. Die Staatsanwaltschaft zeigte sich über so viel Dreistigkeit und falsch verstandene Mutterliebe ebenso erschüttert wie wir, und tatsächlich hielten wir kurz vor Weihnachten endlich den Haftbefehl für diese »treusorgende Mutter« in den Händen. Nun bezog sie ein Zimmer in der Haftanstalt Lichtenberg. Um die Kinder sollte sich das Jugendamt kümmern, während dem Vater seine »Aufpassertätigkeit« nicht nachgewiesen werden konnte und er ungeschoren davonkam.

So war diese lange andauernde unsägliche Diebstahlserie aus Kinderwagen, die sich nach und nach über das ganze Stadtgebiet ausgebreitet hatte, endlich zu Ende.

Nun sind Diebstähle, speziell aber Ladendiebstähle, nichts Besonderes und kommen täglich Hunderte Male vor. Was sich aber im Laufe der Jahre verändert hat, sind die Vorgehensweisen. Wie bereits beschrieben, werden rücksichtslos kleinste Kinder als Mittäter missbraucht. Die Diebe sind so abgebrüht, dass sie sogar unmittelbar nach einer Verurteilung weiterklauen; selbst alte gebrechliche Leute oder Behinderte werden bestohlen. Dabei erlebte ich es immer häufiger, dass diese Diebe auch nicht davor Halt machten, sich gegen ihre Festnahmen zu wehren, indem sie um sich schlugen, Waffen, wie zum Beispiel Messer, einsetzten, um damit gezielt auf uns loszugehen, oder uns auf unflätigste Weise beleidigten, wie folgender Fall zeigt.

Ladendiebstähle

Die Fahrt ging zu einem Supermarkt in der Sonnenallee. Der dortige Hausdetektiv hatte auf der Wache angerufen und darum gebeten, jemand möge so schnell wie möglich kommen, da er ein Pärchen beim Ladendiebstahl erwischt hatte, das sich heftig dagegen wehrte, von ihm festgehalten zu werden.

Nachdem wir zu dritt eingetroffen waren, mussten wir zunächst feststellen, dass sich der männliche Teil dieses Langfingerduos bereits losgerissen hatte und verschwunden war. Der Hausdetektiv übergab uns nun die widerspenstige Diebin und erklärte, dass er gesehen habe, wie sie etliche Pralinenschachteln unter ihrem Rock verschwinden ließ. Danach war sie ohne Bezahlung durch den Kassenbereich zum Ausgang gelaufen, wobei der jetzt geflüchtete Mann immer dicht hinter ihr ging und sie so zu den Verkäuferinnen hin abdeckte.

Einfache Kriminalität, immer wieder erlebt, nichts Neues, dachte ich …

Wie sich aber diese Frau, eine Rumänin, in der Folge gebärdete, war auch für uns nicht alltäglich und mehr als übel. Zunächst einmal beschimpfte sie uns mit Worten, die ich hier nicht wiedergeben möchte. Das Vokabular war an Primitivität kaum zu überbieten, die Respektlosigkeit uns Polizisten und Polizistinnen gegenüber klang bei jedem Schimpfwort mit.

Als sie von meiner Kollegin Petra zur Leibesvisitation in einen Nebenraum geführt wurde, ließ sie sich erst einmal fallen, schlug um sich und schrie wie am Spieß. Mit Mühe richteten wir sie wieder auf und brachten sie, fest im Griff haltend, in den Aufenthaltsraum. Nach mehrmaligen, lautstarken Aufforderungen meinerseits, ihren Widerstand einzustellen, gab sie plötzlich ihre Gegenwehr auf. Wir zwei Männer verließen den Raum, damit Petra sie durchsuchen konnte. Die Tür ließen wir aber vorsichtshalber ein Spalt offen, um Petra gegebenenfalls zu Hilfe zu kommen, wenn dieses Aushängeschild weiblicher Schicklichkeit wieder um sich schlagen sollte. In den folgenden Minuten hörte ich, wie die Frau boshaft und lautstark meiner Kollegin folgende Sätze an den Kopf warf, nachdem diese verlangt hatte, dass sie ihren Rock hochheben solle: »Willst du meine Fotze lecken? … Steck mir ruhig deinen Finger in den Arsch … Du deutscher Hund!«, und viele hier nicht wiederholbare sexuelle Beschimpfungen mehr.

Nach knapp zwanzig Minuten kam Petra kreidebleich und sichtlich mitgenommen aus dem Nebenraum. In ihrer Hand hielt sie einen sogenannten »Klaurock«, den diese Diebin unter ihrem normalen Rock zwischen den Beinen getragen hatte. Der Klaurock war prall mit allen möglichen Lebensmitteln gefüllt. Wir brauchten zwei Einkaufskörbe, um das Diebesgut zurück in den Verkaufsraum zu tragen.

Währenddessen schrie uns die Rumänin weiterhin an, lachte uns frech ins Gesicht und verkündete boshaft: »Ich habe guten Anwalt. Was wollt ihr denn, ich kriege keinen Prozess, ihr dummen Hunde!«

Wenig später wurde es mir dann doch zu viel und ich hätte ihr fast ins Gesicht geschlagen. Mühsam musste ich mich beherrschen. Was war passiert?

Auf dem Weg zum Polizeiabschnitt, wo ihre Personalangaben geklärt werden sollten, saß sie neben meinem Kollegen auf dem Rücksitz unseres Streifenwagens. Plötzlich schlug sie ihren Rock hoch, griff in ihre Unterhose, zog blitzschnell ihre Hand wieder heraus und fasste ihn damit an seinen Händen an. Dann schrie sie lautstark: »Der hat mich sexuell berührt, der hat seine Finger in meine Fotze gesteckt, riecht an seiner Hand!«

Glücklicherweise hatte Petra, die am Steuer saß, alles im Rückspiegel gesehen und hielt sofort das Fahrzeug an. Auch ich hatte dieses intrigante Spiel mitbekommen, und schleunigst drehten wir dieser widerlichen Person die Arme auf den Rücken und verpassten ihr Handfesseln.

Voller Ekel drehte sich anschließend mein Kollege weg und hielt seine Hand vom Körper ab, als ob sie verbrannt worden sei. Knallrot im Gesicht, die andere Hand zur Faust geballt, saß er da und ich sah ihm an, was er über diese abstoßende Person dachte. Während der weiteren Fahrt fiel mir der Gefährderhinweis wieder ein, der einige Monate zuvor über meinen Bürotisch gegangen war. Dort wurde genau jenes schamlose Verhalten beschrieben, verbunden mit dem Hinweis, dass die Tatverdächtigen auf diese Weise von ihrer Straftat ablenken wollen, um sich selbst als bedauernswertes Opfer darzustellen. Eine perfide Methode, die bereits mehrere Polizisten in arge Schwierigkeiten gebracht hatte.

Selbstverständlich erhielt diese unerträgliche Frau, anders mag ich sie kaum noch bezeichnen, eine weitere Anzeige wegen falscher Verdächtigung und Körperverletzung. Sie wurde anschließend, wie leider rechtlich vorgesehen, entlassen, da kein Haftgrund vorlag. Dass sie bereits mehr als zwanzig Diebstahlanzeigen angesammelt hatte, erwähne ich nur der Vollständigkeit halber. Auch ist es an dieser Stelle vielleicht angebracht, hinzuzufügen, dass dem Haftgrund »Wiederholungsgefahr«, der nach § 112a Abs. 1 StPO die Rechtsgemeinschaft vorbeugend vor weiteren Straftaten schützen soll, aus verfassungsrechtlichen Gründen strenge Anforderungen auferlegt wurden. Der oder die Angeklagte müssen zum Beispiel wiederholt die gleichen Straftaten begangen und dabei die Rechtsordnung unter besonderer

Berücksichtigung der Opferperspektive schwerwiegend beeinträchtigt haben. Zusätzlich muss eine Freiheitsstrafe von mehr als einem Jahr zu erwarten sein und die früheren Taten müssen berücksichtigt werden. All diese Hürden – so meine Vermutung – führen in der Praxis dazu, dass dieser Haftgrund meist gar nicht erst ernsthaft geprüft wird. Ich habe es in Berlin jedenfalls nicht ein einziges Mal erlebt, dass jemand aufgrund des Haftgrundes »Wiederholungsgefahr« wirklich festgenommen und in Untersuchungshaft gesteckt wurde – desgleichen erging es vielen mir bekannten Kollegen.

Petra, die bereits einige Jahre als Streifenpolizistin in Neukölln Nord auf dem Buckel hatte, fand diesen Einsatz überhaupt nicht mehr komisch. Sie hatte sich einige Monate zuvor in Hessen beworben und sehnte sich förmlich danach, endlich den Moloch Neukölln verlassen zu dürfen. Immer wieder sprach sie mit mir über diesen widerlichen Einsatz, wobei ich nicht verhehlen will, dass ich sie aus Spaß und um sie aufzulockern mit »deutscher Hund« ansprach. Später schrieb sie mir aus der hessischen Provinz, wie toll ihr dort die Polizeiarbeit gefalle.

Kollegen berichteten mir, dass zwei Geschäfte in unserem Bezirk schließen mussten, weil sie der Ladendiebstähle nicht mehr Herr wurden. Dasselbe gilt übrigens auch für jene Läden, in denen so oft eingebrochen wurde, dass keine Versicherung mehr die Schäden bezahlt.

Eine Studie des Handelsforschungsinstituts EHI veranschaulicht das Ausmaß der Misere: Im Jahr 2015 sind der polizeilichen Kriminalstatistik zufolge die angezeigten Ladendiebstähle deutlich um 7,1 Prozent auf fast 400 000 Fälle angestiegen, wobei vor allem schwere Ladendiebstähle in den letzten Jahren erheblich zugenommen haben. Allerdings beträgt die Dunkelziffer gut 98 Prozent, mehr als 26 Millionen Ladendiebstähle jährlich, je im Wert von rund 86 Euro und im Gesamtwert von über 2,2 Milliarden Euro, bleiben somit nach Einschätzung von Experten unentdeckt.

Auch Diebstähle, die auf das Konto der organisierten Kriminalität gehen, nehmen zu. Nach Angaben des Bundeskriminalamtes erleidet der Einzelhandel allein durch straff organisierte kaukasische Tätergruppen jährlich einen Verlust von Waren im Wert von 250 Millionen Euro. Nimmt man andere Diebesbanden, etwa aus dem Balkan und anderen europäischen Nachbarn oder aus Nordafrika hinzu, werden nach Schätzungen des EHI wertmäßig ungefähr ein Viertel aller Ladendiebstähle durch Bandendiebstähle und organisierte Kriminalität verursacht.

Solch erschreckende Zahlen erfordern konsequente Gegenstrategien: Schluss mit der Verniedlichung dieser Delikte, effektivere Unterstützung der Geschäftsleute durch bessere Vernetzung mit den Polizeidienststellen, mehr mobile Streifen und endlich spürbare Strafen.

Während ich dieses Buches schreibe, erfahre ich immer wieder von Straftaten, die Menschen in meiner unmittelbaren Umgebung treffen und dic ich hicr schildern möchte, weil sie zum Thema der inneren und äußeren Verrohung passen. Auch dienen diese Darstellungen dazu, bestimmte kriminelle Vorgehensweisen bekannt zu machen, damit sie rechtzeitig erkannt und so vielleicht sogar verhindert werden können.

Da ist zum Beispiel die Methode eines häufig angewandten unverfrorenen Trickdiebstahls, deren Opfer eine Bekannte von mir wurde. Nicole, die ein Geschäft im sicherlich schönsten Teil von Nord-Neukölln führt, ist eine aufgeschlossene Frau mit einer toleranten Einstellung zu allem Fremden und so auch zu ausländischen Mitbürgern.

An einem Freitag befand sie sich in ihrem Laden, als gegen Mittag ein Pärchen eintrat. Beide dem Aussehen nach wohl aus Südosteuropa stammend. Sie fingen sofort an herumzuschreien und alles in ihrer Reichweite Stehende anzufassen und hochzuheben. Als sich Nicole dies verbat, nahm die Frau plötzlich Nicoles Sonnenbrille vom Tresen und setzte sie auf. Nicole lief daraufhin um den Tresen herum, um dem wild gestikulierenden Weib ihre Brille wieder abzunehmen. Dabei kam es zu einem kurzen Gerangel, bevor Hermann, Nicoles Mann, auf die Situation aufmerksam wurde und das fiese Pärchen aus dem Laden drängte.

Damit war die Lage geklärt, dachten beide und diskutierten zunächst aufgewühlt über das unverschämte Verhalten dieses Pärchens. Einige Minuten später wollte Nicole ihr Portemonnaie aus ihrer Handtasche nehmen, die, wie sie wusste, hinter dem Tresen stand. Mit Schrecken musste sie allerdings feststellen, dass die Geldbörse gestohlen worden war, in der sich neben einem Fünfzigeuroschein sämtliche Bankkarten, Ausweise und viele Erinnerungsbilder von ihren Reisen befanden. Sie konnte es nicht fassen. Offensichtlich hatte der Mann dieses Gaunerpärchens die von seiner Frau zur Ablenkung gezielt angezettelte Rangelei um die Sonnenbrille geschickt genutzt, um hinter den Tresen zu gelangen und das Portemonnaie aus der Tasche zu stehlen.

Obwohl Nicole bereits auf dieselbe Art und Weise ein Laptop aus dem Geschäft gestohlen wurde und sie von einer Vielzahl ähnlicher Delikte in der näheren Umgebung gehört hatte, war sie nicht vorbereitet auf diese Kaltschnäuzigkeit, mit der die Diebe vorgingen.

Nicoles Weltoffenheit hat inzwischen einen erheblichen Knacks bekommen, was mich nicht sonderlich erstaunt, da es den meisten Geschädigten so geht, die ich kennengelernt habe. Es ist ein stetiger Kampf zwischen Toleranz und Wut, den nicht nur Nicole führen muss. Diesen Kampf führen meine Kollegen und Kolleginnen jeden Tag im Dienst, und auch mir war er über Jahre hinweg nicht fremd.

Dass diese Trickdiebe keine Grenzen kennen, musste auch unsere 91-jährige Tante Inge erleben, als sie in einem großen Kaufhaus unterwegs war. Hilfsbereit, wie diese geistig voll auf Zack befindliche ältere Dame ist, half sie einem Mann, der sie ansprach und freundlich darum bat, ihm Strumpfhosengrößen zu erklären, weil er sich damit nicht auskenne und für seine Frau eine besorgen solle. Da dieser Herr mit einem grauen Vollbart auf sie einen seriösen Eindruck machte, suchte sie im umfangreichen Angebot am Kundentisch die richtige Größe heraus. Nachdem sich der augenscheinlich nette Herr bei ihr freundlich bedankt hatte, machte er sich mit dem Strumpfhosenpäckchen von dannen. Wieder in Gedanken bei den weiteren Erledigungen, die sie in diesem Kaufhaus noch vorhatte, griff sie wie üblich kontrollierend in ihre Handtasche, die sie über der Schulter trug. Mit Erschrecken stellte sie fest, dass die Tasche geöffnet worden war und ihr Portemonnaie mit dem Bargeld fehlte. Später erzählte sie mir resigniert, dass Höflichkeit und Hilfsbereitschaft in dieser Stadt wohl nicht mehr angebracht seien.

Für uns als Fahnder sind diese Vorgehensweisen nichts Neues. Es ist aber in der Tat nicht leicht, eigene Emotionen wie Mitleid, Hilfsbereitschaft, Höflichkeit, normales Geschäftsgebaren und vieles mehr sofort auszuschalten, obwohl einem bekannt ist oder es selbst erlebt hat, wie dreist und unverschämt diese von Kriminellen ausgenutzt werden. Eigenes vorsichtiges Taktieren und ein ständiges Misstrauen allen fremden Menschen gegenüber liegen dem normal Denkenden einfach nicht im Blut, sonst wäre ein alltäglicher Umgang miteinander wahrscheinlich gar nicht möglich. Diese eigentliche menschliche Stärke nutzen die Gauner aus. Ein gesundes Misstrauen wäre also angebracht. Man sollte sich aber nicht mit zu vielen Selbstvorwürfen quälen, wenn man tatsächlich Opfer geworden ist, sondern sich damit trösten, dass einem ein solch ausgekochtes und bösartiges Verhalten glücklicherweise fremd ist.

Zu Diebesaktionen wie den bisher geschilderten kommt sowohl für Touristen als auch für Personen, die sich viel in der Öffentlichkeit bewegen, die stetig wachsende Anzahl von Taschendiebstählen hinzu.

Taschendiebstähle

Größere Steigerungsraten in den Kriminalstatistiken der vergangenen Jahre weist kaum ein anderes Delikt auf. Die Missetaten werden mit wenigen Ausnahmen hauptsächlich von Tätergruppen aus Rumänien, den nordafrikanischen Staaten und vereinzelt auch aus einigen südamerikanischen Ländern begangen. Bereits in ihren Heimatländern gut »ausgebildet«, reisen sie in ganz Europa umher und betreiben dieses einträgliche Gewerbe, wobei sie teilweise mehrere Tausend Euro am Tag erbeuten. Meist transferieren sie das ergatterte Geld sofort in ihre Heimat. Die Art der Taschendiebstähle variiert je nach

Sensibilisierung der Öffentlichkeit, der jeweiligen Fingerfertigkeit, den Tatmöglichkeiten und der personellen Zusammensetzung der Banden. Hier zunächst einige der gängigsten Begehungsarten:

- Wechseltrick: Hier wird versucht, Geldstücke oder -scheine auf offener Straße zu wechseln. Dabei wird das Opfer abgelenkt, um aus dem geöffneten Portemonnaie gleichzeitig Geldscheine zu entwenden.
- Verdeckungstrick: Mit einer Zeitung, Umfragebögen oder Ähnlichem wird die Tasche des Opfers abgedeckt, also die Sicht versperrt, um die Tasche zu öffnen und Wertgegenstände zu entnehmen.
- Remplertrick: Mehrere Personen bedrängen das Opfer von vorne und hinten oder schubsen es gezielt und ziehen gleichzeitig die Geldbörse.
- Antanztrick: Diese relativ neue Vorgehensweise ist praktisch eine Abwandlung des Remplertricks. Hier spielt man eine lockere, lustige Stimmung vor, um sich dem Opfer mit bewusstem Körperkontakt zu nähern und ihm so Geld zu entwenden.
- Aufschneidetrick: Auch hier wird wieder das Opfer durchs Rempeln, Antanzen oder andere Annäherungsvarianten abgelenkt, gleichzeitig wird von außen mit einer Rasierklinge die Jacke, der Mantel, die Tasche aufgeschnitten, um die Beute zu entnehmen.
- Beschmutzertrick: Ein Täter beschmutzt das Opfer mit einer Flüssigkeit oder Ähnlichem, dann hilft er umständlich beim Saubermachen, während ein zweiter in die fremde Tasche greift.
- Rolltreppentrick: Ein Täter stellt sich auf der Rolltreppe hinter das Opfer, ein Mittäter drückt den Nothilfeschalter. Durch das ruckartige Anhalten der Rolltreppe wird das Opfer abgelenkt und der Täter greift zu.

Dies sind einige Methoden dieser Gauner, die nicht vollständig aufgezählt werden können, da sie immer wieder variieren. Bei Trick- und Taschendiebstählen treten fast jedes Mal zwei bis vier Personen auf. Vier Täter agieren beispielsweise so: Einer von ihnen sichert zur Umgebung hin, der zweite lenkt das Opfer ab, der dritte stiehlt und übergibt die Beute sofort an den unauffällig danebenstehenden vierten, der sich schnellstens entfernt. Zentral und wichtig bei all diesen Diebstählen ist der gekonnte Ablenkungseffekt.

Bei den Festnahmen von Taschendieben auf frischer Tat kam es praktisch immer zu erheblichen Widerstandshandlungen. Wenn sie uns als Polizeibeamte erkannten, rannten sie meist wild auseinander, ohne auf ihre Eigengefährdung oder die Gefährdung Unbeteiligter zu achten. Sie flüchteten häufig kamikazeartig in den fließenden Fahrzeugverkehr hinein oder stießen bei ihrer Flucht unbeteiligte Personen zu Boden.

Wurden sie dann aber von uns gestellt und festgenommen, erfolgte regelmäßig ein zuvor einstudiertes Verhalten, das einzig und allein dem Ziel diente, flüchten zu können. Das Schauspiel folgte stets demselben Schema:

- Theatralisches Zusammenbrechen mit der gleichzeitigen Behauptung, unter starken Schmerzen im Brustraum zu leiden, um eine Einlieferung ins Krankenhaus zu erreichen und so eventuell eine bessere Möglichkeit zu haben, sich den staatlichen Sanktionen zu entziehen.
- Zufügen von Eigenverletzungen, um das Mitleid von Schaulustigen zu erregen, die wiederum die Polizeikräfte ablenken.
- Lautes und panikartiges Um-Hilfe-Schreien und Anschuldigungen gegenüber den festnehmenden Beamten wegen angeblicher ungerechtfertigter körperlicher Übergriffe.
- Und vieles mehr – die Fantasie dieser Straftäter ist unermesslich.

Die Polizeikräfte müssen außerdem aufpassen, dass sie sich bei den körperlichen Durchsuchungen dieser Straftäter nicht selbst verletzen, etwa an in Gürteln oder Kleidern eingenähten Rasierklingen, die häufig genau zu diesem Zweck, zur Selbst- oder Fremdverletzung, mitgeführt werden.

Man muss leider sagen, dass die von uns festgenommenen Taschendiebe zumeist jegliche Hemmungen oder üblichen Moralvorstellungen vermissen ließen. Die offensichtliche Gefühllosigkeit, ja Gleichgültigkeit, vor allem gegenüber älteren und gebrechlichen Opfern, die gerade sehr junge Täter oft auszeichnet, ist erschreckend.

Beobachten konnten wir außerdem, dass diese Tätergruppen wie marodierende Banden in Geschäftsstraßen, Bahnhöfen und Einkaufsmeilen einfielen, auf der Suche nach geeigneten Opfern nervös herumliefen und nicht locker ließen, bis sie »Erfolg« hatten. So versuchte zum Beispiel eine von uns observierte Gruppe von drei rumänischen Tätern allein im Zeitraum von zehn Minuten 25 Passanten anzusprechen, um den Wechseltrick durchzuführen.

Bei einem Schwerpunkteinsatz gegen diese Diebesbanden gelang es elf Kollegen und mir binnen sechs Wochen 21 Täter rumänischer Herkunft beweissicher festzunehmen. Davon hatten 17 der Festgenommenen keinen festen Wohnsitz und konnten zudem nicht einwandfrei identifiziert werden. Weder waren korrekte Personalpapiere vorhanden noch machten sie wahrheitsgemäße Angaben über ihre Herkunft, manchmal verschleierten sie auch ihre Geburtsdaten.

Ausgesprochen ärgerlich war die Situation, wenn es sich bei diesen Festgenommenen um Kinder handelte oder um Jugendliche, die vorgaben, noch im Kindesalter zu sein. Ein beliebtes Spiel, um nicht in den Mühlen der Justiz zu landen. Dass Kinder unter vierzehn Jahren nicht schuldfähig sind und dementsprechend nicht als Beschuldigte vernommen und verurteilt werden können, ist allgemein bekannt und hat sich selbstverständlich schnell unter den Dieben herumgesprochen.

Wir waren zu fünft auf der Karl-Marx-Straße unterwegs, als mich mein Kollege Olli auf vier junge Burschen aufmerksam machte, die sich wie Wiesel durch die bunte Schar von Einkaufsfreudigen hindurchschlängelten. Ihre Blicke waren unablässig auf die Einkaufstaschen der Passanten gerichtet. Immer wieder umkreisten sie einzelne von ihnen, rempelten sie an, indem sie sich mit gespielter Freude untereinander schubsten, sodass immer einer die Möglichkeit bekam, in die Taschen ihrer ausgewählten Opfer zu fassen.

Beim dritten beobachteten Versuch war es ihnen gelungen, ein schwarzes Portemonnaie aus dem Beutel einer älteren Frau zu ziehen, ohne dass diese etwas bemerkt hatte. Nun hieß es, schnell zu sein. Während einer von uns Kontakt mit der Frau aufnahm, um sie auf den Diebstahl aufmerksam zu machen und ihren Namen festzustellen, verfolgten wir anderen die Täter. Dabei war es von enormer Wichtigkeit, dass uns die Diebe nicht vorzeitig bemerkten und mit ihrer Beute in der Menschenmenge für immer untertauchten.

Erfahren in solchen Aktionen gelang es uns, die Täter unbemerkt zu überholen, sodass sie uns direkt in die Arme rannten und wir sie blitzschnell ergreifen und ihnen Handfesseln anlegen konnten. Tatsächlich hatten sie noch das entwendete Portemonnaie bei sich. Es konnte kurz darauf der Geschädigten zurückgegeben werden. Weitere drei gestohlene Geldbörsen wurden aus den Taschen der Diebe gezogen und sichergestellt. Was dann folgte, machte uns aber wieder einmal ausgesprochen wütend.

Zunächst gaben die vier rumänischstämmigen Täter an, dass sie keine Ausweispapiere hätten (angeblich gestohlen oder verloren). Dann nannten sie ihr Alter. Demnach waren alle vier erst zwölf Jahre alt. Während wir dies einem der Täter aufgrund seines Aussehens abnehmen konnten, waren die anderen drei mit Sicherheit mindestens siebzehn oder achtzehn Jahre alt. Bartwuchs, Muskelmasse, Erscheinungsbild, Wachstum deuteten eindeutig auf Jugendliche oder Heranwachsende hin.

Ein Anruf beim zuständigen Staatsanwalt, um einen richterlichen Beschluss für eine Altersbestimmung durch einen Arzt einzuholen, scheiterte. Denn der Bereitschaftsrichter stimmte aus Gründen der Verhältnismäßigkeit einer solchen Maßnahme nicht zu. Darüber hinaus war zu diesem Zeitpunkt in ganz Berlin lediglich ein Arzt willens und befähigt, diese Altersbestimmungen durchzuführen. So blieb uns nichts anderes übrig, als die vier diebischen Elstern dem Kindernotdienst zuzuführen, denn Eltern oder andere Anverwandte waren nicht zu ermitteln, nach eigenen Angaben waren die Jungen allein nach Deutschland gekommen.

Als wir die vier im Haus des Kindernotdienstes in Treptow ablieferten, sahen uns die Betreuer nur mit wissender Miene an. Auch uns war aus Erfahrung klar, was in den folgenden Minuten geschehen würde. Kaum dass wir die Jungen zum Vordereingang hineingebracht hatten, kletterten sie bereits aus den hinteren Fenstern wieder hinaus. Während wir im Anschluss an den Einsatz unsere Schreibarbeiten verrichteten, waren unsere Gesetzesbrecher bereits wieder auf »Klautour« im Stadtgebiet unterwegs. So war es nicht verwunderlich, dass diese Straftäter, von denen es einige Hundert in Berlin gab, fast jeden Tag aufs Neue von Zivilbeamten festgenommen wurden, ohne dass wirklich etwas passierte.

Selbstverständlich sprach sich unsere Machtlosigkeit in Diebeskreisen in rasender Geschwindigkeit herum, und so kamen immer neue Täter dazu. Unsere Eingaben und Berichte über die unmöglichen Zustände, die wir über unsere Polizeiführung an die politisch Verantwortlichen schickten, bewirkten über Jahre hinaus nichts, sie versickerten im Nirgendwo. Ein stetiger Kreislauf von Vergeblichkeit und Ignoranz, von dem einem manchmal hätte übel werden können!

Durch einen im Frühjahr 2016 beginnenden Prozess vor dem Moabiter Landgericht gegen eine europaweit agierende Bande von rumänischen Taschendieben soll Licht in das Dunkel der Hintermänner gebracht werden. Einem Ehepaar und dessen erwachsenem Sohn aus der rumänischen Stadt Iasi wird von den Ermittlungsbehörden vorgeworfen, über Jahre hinweg Kinder aus drei Großfamilien der Volksgruppe der Roma zu Dieben ausgebildet zu haben. Nach ihrer Lehre zu perfekten »Klauern« wurden die Kinder in die lukrativen Großstädte Westeuropas geschickt, um möglichst viel Gewinn zu machen, immer unter der Kontrolle des erwachsenen Sohnes.

Dass sich diese »Geschäftstätigkeit« lohnte, fiel zunächst den rumänischen Ermittlern an den Luxuslimousinen und den palastartigen Häusern auf, die mitten in den Slums am Stadtrand von Iasi entstanden waren. Die Besitzer der Autos und Eigentümer der Häuser waren arbeitslos gemeldet und somit eigentlich mittellos.

Im Juni wird der Ehemann des rumänischen Ehepaars zu dreieinhalb Jahren Haft verurteilt, seine Frau erhält eine Freiheitsstrafe von zweieinhalb Jahren. Der Sohn kommt mit einer Bewährungsstrafe von 21 Monaten davon. Ein weiteres rumänisches Ehepaar, ebenfalls aus Iasi, wird im Juli in Berlin wegen des gleichen Deliktes zu ähnlichen Haftstrafen verurteilt, ein drittes Paar wartet gegenwärtig auf seinen Prozess.

Herauszuheben ist hier die länderübergreifende Zusammenarbeit der Ermittlungsbehörden, die in diesem Fall einmal klappte. Dies ist leider noch immer nicht selbstverständlich, obwohl alle von einem vereinten Europa sprechen. Straftäter aller Couleur halten sich im Übrigen nicht an Ländergrenzen, im Gegenteil. Sie nutzen die weitgehend durchlässigen Grenzen, um dort ihre Beute zu machen, wo es am profitabelsten ist.

Auch im Bereich des Rauschgifthandels hatten wir es oft mit der Verschleierung von Altersangaben zu tun. Hier waren lediglich die Nationalitäten andere. So hatten beispielsweise unsere kriminellen arabischen Großfamilien ebenfalls schnell entdeckt, dass es vorteilhaft ist, Kinder mit dem Verkauf des Rauschgifts im Straßenhandel zu betrauen, weil denen nichts geschieht. Auch hier gaben sich wesentlich Ältere als Kinder aus. Rotzfrech schrien sie uns bei den Festnahmen an, dass sie noch im Kindesalter seien und wir sie sofort laufenlassen müssten. Teilweise spuckten sie uns ihre im Mund transportierten Heroinkügelchen regelrecht vor die Füße oder griffen uns an, immer mit dem Wissen: Mir passiert sowieso nichts! Die Situationen waren oftmals so brisant, dass einige Kollegen darauf verzichteten, diese Täter dingfest zu machen.

Erst in letzter Zeit trat eine leichte Verbesserung ein, weil endlich Altersbestimmungen (meist anhand des Wachstums der Mittelhandknochen zu diagnostizieren) angeordnet wurden und es mittlerweile zwei Ärzte in Berlin gibt, die diese auch fachmännisch durchführen können. Mit Sicherheit zu dieser Verbesserung beigetragen haben ein ausführlicher Bericht über die hanebüchenen Zustände und die

Weigerung vieler Kollegen, überhaupt noch Festnahmen in diesem Bereich zu machen. Die Darstellung hatte mein Kollege Litti verfasst, und sie war durch Zufall an die Öffentlichkeit gelangt, was offensichtlich Wirkung zeigte. Warum aber immer erst dann?

Was dagegen den Bereich des Taschendiebstahls betrifft, so ist die Lage alarmierend und für ganz Deutschland unhaltbar. Allein für Berlin haben sich die Zahlen der Jahre 2014/2015 auf 41 000 Fälle mehr als verdoppelt. Und auch hier dürfte die Dunkelziffer der nicht angezeigten Diebstähle erheblich sein.

Wann erfolgen endlich abschreckende Strafen, konsequente Abschiebungen und eine effektive Polizeistrategie, die in erster Linie aus mehr eingestellten Beamten und einer guten praktischen Ausbildung besteht? Wann eine effektive, länderübergreifende Zusammenarbeit der Ermittlungsbehörden? Wann werden weitere wichtige Hilfsmittel zur Verbrechensbekämpfung, wie zum Beispiel die Videoüberwachung an ausgewählten Plätzen, eingesetzt, die ideologisch verbrämt als Überwachung des Bürgers abgelehnt wird? Nur mit vorbeugenden Hinweisen auf die Vorgehensweisen dieser Täter ist es nicht getan! Ein erster, offensichtlich erfolgversprechender Ansatz wurde im April 2016 mit der Gründung der Soko (Sonderkommision) »Antänzer« im LKA Berlin geschaffen.

Dass diese »Antänzer«-Diebe oder -Räuber zugleich auch sexuelle Übergriffe auf Frauen verüben, ist ein neues Phänomen. Spätestens seit den massiven Übergriffen auf Frauen an Silvester 2015/2016 in Köln (weit über tausend Anzeigen liegen vor) ist diese Art der Kriminalität der Öffentlichkeit bekannt geworden. Erstmals hörte ich von ähnlich gelagerten Fällen anlässlich der Demonstrationen im Rahmen des Arabischen Frühlings auf dem Tahrir-Platz in Kairo.

Bei dieser Art des »Antanzens« treten eine Vielzahl von Männern um das oder die späteren Opfer herum und kreisen sie förmlich ein, um zu verhindern, dass sie sich aus diesem geschlossenen Kreis entfernen können. Dann erfolgen gleichzeitig Grabschereien an die

Geschlechtsteile der hilflosen Frauen, ohne dass diese in der Lage wären, genau zu erkennen, wer der oder die Täter sind. Teilweise kommt es in diesen bewusst unübersichtlich gestalteten Situationen sogar zu Vergewaltigungen. Zusätzlich werden noch Handys oder Geldbörsen gestohlen oder mit Gewalt entwendet, also geraubt. Auffällig viele Täter kommen aus den sogenannten Maghreb-Staaten, also aus Tunesien, Marokko, Algerien und Libyen.

Wie beschrieben ist es den geschädigten Frauen fast nie möglich, Täter zu benennen bzw. wiederzuerkennen. Eine Videoüberwachung zur späteren Identifikation und beweissicheren Verurteilung der Täter wäre hier ebenso hilfreich wie bei vielen anderen Straftaten. Immer wieder wird aber von Gegnern dieser Technik angeführt, dass das Grundrecht auf informelle Selbstbestimmung unbedingt gewahrt werden muss. Ich zitiere dazu aus einer Veröffentlichung des Bundesministeriums des Innern:

»Um den Schutz der Privatsphäre – gerade vor dem Hintergrund moderner Datenverarbeitung – zu stärken, hat das Bundesverfassungsgericht in einer Entscheidung aus dem Jahr 1983 das ›Recht auf informationelle Selbstbestimmung‹ entwickelt (sog. ›Volkszählungsurteil‹, BVerfGE 65,1 [41]). Es verleiht dem Einzelnen die Befugnis, grundsätzlich selbst zu bestimmen, wann und in welchem Umfang er persönliche Lebenssachverhalte preisgeben möchte. Das Recht auf informationelle Selbstbestimmung ist Bestandteil des allgemeinen Persönlichkeitsrechts, das durch Art. 2 Abs. 1 i. V. m. Art. 1 Abs. 1 des Grundgesetzes geschützt wird. Es genießt daher Verfassungsrang und ist wesentliche Ausprägung der Menschenwürde und der allgemeinen Handlungsfreiheit.«

Es steht außer Frage, dass dieses wichtige Grundrecht seine unbedingte Berechtigung hat. Ich glaube aber, dass die körperliche Unversehrtheit gleichberechtigt neben dem Recht auf informationelle Selbstbestimmung steht. Denn die Menschenwürde ist nicht gewährleistet und die allgemeine Handlungsfreiheit kann mit Sicherheit nicht ausgeübt werden, wenn Angriffe auf die Gesundheit, das Eigentum oder sogar auf das Leben erfolgen.

Das alleinige Argument, die gleichen Aufklärungs- und Präventionserfolge durch eine Vielzahl von neu einzustellenden Polizeibeamten und -beamtinnen zu erreichen, trifft nicht den Kern. Die Kosten-Nutzen-Rechnung, der zufolge Täter durch eine höhere Anzahl von Polizeikräften von der planmäßigen Begehung von Straftaten abgehalten werden, kann nicht positiv ausfallen, weil die Aufstockung der Stellen in dem notwendigen Ausmaß einfach nicht finanzierbar ist. Außerdem zeigen allein schon die bereits vorhandenen Videoüberwachungen in den öffentlichen Verkehrsmitteln sehr gute Erfolge. Hier konnte durch gezielte Bildaufzeichnungen in den letzten Jahren eine Vielzahl von schwerwiegenden Straftaten aufgeklärt werden. Dies wurde in den Medien ausführlich dokumentiert. Auch belegen Datensammlungen den Erfolg solcher Überwachungsmaßnahmen nicht nur im strafverfolgenden Bereich, sondern auch in der Prävention, also in der Verhinderung bzw. Vorbeugung von Straftaten. Bei planbaren Delikten ergibt sich zweifelsfrei, dass diese massiv zurückgehen, wenn deutlich erkennbar eine Videoüberwachung erfolgt. Lediglich bei Spontantaten findet eine Abschreckung nicht statt. Natürlich muss und kann die Videoüberwachung nur eine zusätzliche Quelle zur Überführung der Täter bzw. der Beweisführung sein. Sie wird in dieser Weise auch, wie Umfragen ergeben haben, von der überwiegenden Mehrzahl der Bevölkerung akzeptiert und gewünscht.

Unabhängig davon sollte die Einstellung weiterer Polizeikräfte forciert werden, um die stetig neuen Herausforderungen schultern zu können.

... und immer wieder Krad-Diebstähle

Auto- und Krad-Diebstähle sind in Deutschland an der Tagesordnung, wobei leider die Bundeshauptstadt Berlin mit im Durchschnitt über 3000 geklauten Autos pro Jahr wieder einmal den Spitzenplatz einnimmt. Die Machenschaften der Autodiebe und deren Schiebereien habe ich bereits im Buch »Nachtstreife« beschrieben, im Folgenden schildere ich die mit Mühe erreichten Festnahmen einer international agierenden Krad-Diebstahlbande. Die Akteure kamen in diesem Fall aus den Balkanstaaten. Ähnlich wie beim Autodiebstahl spielen bei uns auch hier Banden aus dem Baltikum, aus Polen, Russland und vielen anderen osteuropäischen Ländern die Hauptrollen. Berlin liegt mit seiner nahen Grenze zu Polen strategisch geradezu ideal, um hier Kräder und Autos blitzschnell verschwinden zu lassen.

Ein Mann, der unter Schlaflosigkeit leidet, schaut in einer lauen Vollmondnacht aus seinem Fenster in der vierten Etage seines Wohnhauses und beobachtet Seltsames, wie er später bezeugen wird. Er erkennt deutlich, wie zwei dunkel gekleidete Männer mühsam ein Motorrad über eine schräg angelegte Laderampe in einen VW-Transporter schieben und anschließend mit Vollgas davonbrausen. Schnell greift er sich ein bereitstehendes Fernglas und kann tatsächlich noch das Kennzeichen dieses Fahrzeugs ablesen. Er merkt es sich und benachrichtigt die Polizei. Mithilfe einer stadtweiten Fahndung kann der Transporter am nächsten Morgen in Neukölln aufgefunden werden. Er steht in einer Nebenstraße der Sonnenallee, in der Weserstraße, korrekt eingeparkt in einer Parkbucht. Inzwischen steht fest, dass das Krad gestohlen wurde, denn genau am Verladeort stand ein Motorrad, das der Halter seitdem schmerzlich vermisst. Er wollte morgens damit zur Arbeit fahren, fand aber nur noch sein durchtrenntes Sicherheitsschloss vor und erstattete in der Folge eine Diebstahlanzeige.

Da zu diesem Zeitpunkt über 26 Krad-Diebstähle innerhalb weniger Tage angezeigt wurden, kümmert sich meine Dienststelle, die FAO (Fahndung, Aufklärung, Observation), um die Angelegenheit. Sofort nach Bekanntwerden des Standortes des Transporters fahren vier Mitarbeiter dorthin und observieren ihn im Wechsel mit weiteren Kollegen rund um die Uhr. Nach zwei Tagen sehen sie, wie eine männliche Person den VW besteigt und zu einem ehemaligen, jetzt leerstehenden Gewerbebetrieb in der Teilestraße fährt. Sie folgen ihm. Nachdem er zwischen zwei Containern eingeparkt hat und ausgestiegen ist, wird er festgenommen, noch bevor er ein bestelltes Taxi besteigen kann. Der VW-Transporter, in dem sich noch das gestohlene Motorrad befindet, wird sichergestellt. Bei dem Festgenommenen handelt es sich um einen Kroaten, der unseren Ermittlungen zufolge nur als Fahrer für diesen VW-Transporter angeheuert wurde. Er muss nach einer Vernehmung mangels Haftgründen – er hat einen festen Wohnsitz – entlassen werden. Obwohl er sich nicht zum Tatvorwurf des Diebstahls äußert und angeblich seinen Auftraggeber für diese Fahrt nicht kennt, haben wir Glück, wie sich im Nachhinein herausstellt. Wir finden nämlich Hinweise auf einen Lastkraftwagen mit bosnischem Kennzeichen in den von ihm mitgeführten Unterlagen, mit dem offenbar die gestohlenen Motorräder außer Landes geschafft werden. Sofort geben wir das Kennzeichen an sämtliche Polizeidienststellen weiter.

Genau dreizehn Tage später erspähen Laui, Claudi und Lobe mit scharfem Blick den gesuchten Lkw im Mittelweg, mitten im Neuköllner Kiez. Er steht am Fahrbahnrand und ist gerade im Begriff, loszufahren. Es gelingt, den Lkw zu stoppen. Bei der Überprüfung der drei Männer im Fahrerhaus können zwei Bosnier festgenommen werden, während dem dritten Mann, der sich, wie auch die beiden anderen, heftig wehrt, die Flucht gelingt.

Kurz nachdem die Festnahmen erfolgt waren, traf ich am Überprüfungsort ein und staunte nicht schlecht. Im Laderaum entdeckten wir zunächst nur einen Haufen Möbel. Als wir aber die als Sperrmüll erkennbaren Gegenstände nach und nach abgeladen hatten, konnte ich mir einen überraschten Aufschrei nicht verkneifen. Vor uns, ganz am Ende der Ladefläche, standen nebeneinander aufgereiht vier Motorräder. Der Sperrmüll diente also nur dem Zweck, die Kräder bei einer eventuellen Öffnung des Laderaums zu verdecken. Noch vor Ort konnten wir herausfinden, dass diese vier hochwertigen, fast neuen Motorräder wenige Tage zuvor gestohlen worden waren. Unsere Freude war groß, auch deshalb, weil wir weitere Beweismittel fanden, etwa unzählige zerschnittene Kennzeichen. Als sie etwas später zusammengesetzt waren, konnte bewiesen werden, dass diese Bande mindestens fünfzehn weitere Kräder gestohlen und vermutlich nach Osteuropa verschoben hatte.

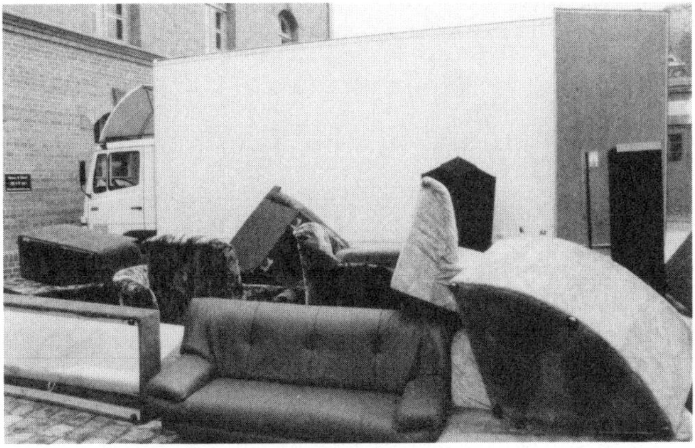

Die Sperrmüllmöbel

Die vier Motorräder

Bei der Überführung des Lastkraftwagens auf unser Dienststellengelände kam es allerdings zu einem kleinen unfeinen Zwischenfall. Claudi, noch ganz von der Euphorie des Erfolgs überwältigt, übersah beim Einparken des sichergestellten Lkw mein Privatauto und fuhr, krach, bumm, gegen dessen Stoßstange. Ich konnte es nicht fassen, als ich sah, wie sie den Lkw rückwärts gegen die Front meines BMW krachen ließ. Mit blassem Gesicht stieg sie aus dem Führerhaus und gemeinsam betrachteten wir den Schaden. Es war aber nur eine kleine Beule, nicht der Rede wert. Bald darauf konnten alle wieder lachen, wobei dieses kleine Malheur noch Monate später für Heiterkeit sorgte.

Nicht zum Lachen war allerdings, dass diese Dreierbande von Krad-Dieben – der Geflüchtete vom Mittelweg war wenig später an seiner Wohnanschrift festgenommen und als Chef der Bande identifiziert worden – keine Haftbefehle erhielten. Im Nachhinein fanden wir den Grund heraus: Drei verschiedene Staatsanwälte hatten sich mit den Diebstahlvorgängen befasst!

Wie so oft, aufgeben galt nicht, und so konnten wir nicht nur eine konspirative Wohnung des Bandenchefs ermitteln, sondern uns kam auch wieder ein glücklicher Zufall zu Hilfe. Denn drei Monate später sahen Laui und Claudi, als sie gerade das Strafgericht in Moabit verließen, wie dieser Bandenchef mit einem zweiten, unbekannten Mann in einem Ford Transit langsam durch die Turmstraße fuhr. Das Gespür der beiden Zivilfahnder schlug Alarm und sofort bestiegen beide ihr Fahrzeug, fuhren verdeckt hinter dem Ford her und alarmierten gleichzeitig weitere Kollegen. Die folgende Observation dauerte bis in die späten Abendstunden an. Frech wie Bolle, wie man in Berlin sagt, versuchten diese beiden Gesetzesbrecher in der bereits einsetzenden Dämmerung auf einer Baustelle im Tiergarten einen Lkw und einen danebenstehenden Container aufzubrechen, um wertvolle Baumaschinen zu stehlen.

Als nun erneut die Handschellen klicken und sie, völlig überrascht, festgenommen werden, gelingt es ihnen nicht einmal, sich zu wehren. Jetzt endlich erhalten sie auch einen Haftbefehl!

6 Kindesmissbrauch II

Acht Wochen waren vergangen und ich hatte weder von Tarek und Luan noch vom Missbrauchsfall als solchem etwas gehört, da liefen mir die beiden Jungen erneut in der Hermannstraße über den Weg. Wiederum waren mein Kollege Klaus und ich auf Streifenfahrt, als die zwei an uns vorbeieilten. Langsam fuhren wir hinter ihnen her. Nach höchstens drei Minuten verschwanden Tarek und Luan in einem Bekleidungsgeschäft. Eine halbe Stunde später kamen sie lachend und laut diskutierend aus dem Laden heraus, beide mit jeweils zwei dick gefüllten Plastiktüten in den Händen. Weiter ging ihr Weg in Richtung Glasower Straße, ihre Wohnanschrift, wie ich mich erinnern konnte. Offensichtlich hatten sie groß eingekauft, wobei es für mich sonnenklar war, dass sie das Geld dafür wieder einmal für sexuelle Leistungen erhalten hatten. Während Luan weiter in Richtung seines Wohnhauses lief, bog Tarek unvermittelt in eine Seitenstraße ab und verschwand dort in einem türkischen Imbiss.

»Wir überprüfen mal den Tarek, ich bin gespannt, was er uns heute für eine Geschichte über die Herkunft seines Geldes auftischt«, sagte ich zu Klaus, und wenige Minuten später betraten wir den Stehimbiss. Tarek stand an einem Geldspielautomat und war so vertieft im blinkenden Spiel, dass er mich nicht einmal bemerkte, als ich direkt hinter ihm stand. Über vierzig Euro wurden im Geldschacht des Automaten angezeigt, die musste er gerade erst dort hineingesteckt haben. Sein Schreck war entsprechend groß, als er mich erkannte und ich ihn fragte, woher er so viel Geld fürs Automatenspiel habe. Stotternd, sich unsicher nach allen Seiten umsehend und undeutlich flüsternd erklärte er kurz, dass er sich die Euros verdient habe. Das war alles, mehr gab er nicht preis. Aber seine Mimik veränderte sich ins Aggressive, seine Wangenmuskeln verhärteten sich und seine Augen huschten unruhig hin und her. »Na, dann rück mal die Knete raus, wir werden dich nach Hause bringen«, war meine Ansprache an ihn.

Klaus kümmerte sich indessen um den Wirt. Der hatte selbstverständlich überhaupt nicht bemerkt, dass ein Jugendlicher verbotenerweise an seinem Automaten spielte, und wie von uns häufig erlebt, spielte er das Unschuldslamm. »Ich war so beschäftigt, dass ich den gar nicht gesehen habe. Außerdem ist der bestimmt schon achtzehn Jahre alt!«, stotterte er herum.

Die Anzeige folgte auf dem Fuße.

Schweigsam liefen wir zu Tareks Adresse, die sich gleich um die Ecke befand. Gemeinsam betraten wir die Erdgeschosswohnung. Im spärlich eingerichteten Wohnzimmer, das unerträglich nach kaltem Rauch stank, saßen Luan und eine Frau auf einer abgewetzten braunen Ledercouch. Daneben, auf dem Boden, kauerte halbliegend ein Mann, der Laute ausstieß, die nur entfernt an Sprache erinnerten und die nicht annähernd zu verstehen waren. Der Anblick dieser erkennbar hilflosen Person war ausgesprochen bemitleidenswert und versetzte mir einen leichten Schock.

Kaum standen wir im Wohnzimmer, übernahm der sechzehnjährige Tarek großspurig die Gesprächsführung. Er mimte das Familienoberhaupt, ohne dass ihm jemand widersprochen hätte. So ging das selbstverständlich überhaupt nicht. Strikt unterbrach ich seinen Redefluss und nach und nach ergründeten wir mühselig die Familienverhältnisse.

Zunächst stellte sich heraus, dass die Familie vor einiger Zeit aus Albanien nach Berlin gekommen war. Die Frau, die auf der Couch saß, war die Mutter. Sie sprach kaum Deutsch, redete aber mit Unterstützung der Hände und undefinierbarer Gesten auf uns ein. Der Mann, der auf dem Boden umherkroch, war der Vater von Tarek und Luan sowie einer Tochter namens Edona, die sich nicht in Berlin, sondern in einer Brandenburger Jugendeinrichtung befinden sollte. Soweit ich es richtig verstand, war er vor einigen Monaten von einem Lkw angefahren und so schwer verletzt worden, dass er sich seitdem in diesem unglückseligen Zustand befand. Warum er überhaupt hier in der Wohnung lebte und nicht in einer Reha-Einrichtung, konnte keiner beantworten.

Unwillig und grimmig gab Tarek an – Luan zeigte sich etwas aufgeschlossener –, dass sie das Geld wiederum von dem uns schon bekannten Kinderschänder Manfred erhalten hatten. Dafür hatten sie sich, wie von uns beobachtet, vier Jeanshosen gekauft, und den Rest hatte Tarek in den Spielautomaten gesteckt. Selbstverständlich waren ihnen die Euros, wie sie scheinheilig versicherten, ohne Gegenleistungen geschenkt worden. Es fiel auf, dass Luan mittlerweile fast genauso verschlossen agierte wie sein Bruder Tarek.

Meine Fragen an die Mutter, ob sie den Manfred kenne und, wenn ja, woher, beantwortete sie lückenhaft und mit lächelndem Gesicht folgendermaßen: »Ich kennen Manfred und er guter Freund, helfen Familie, lange!« Dass er ihre Söhne missbraucht, war ihr nicht ansatzweise klarzumachen, sie verstand es einfach nicht. Ich war sogar der Meinung, sie wusste überhaupt nicht, wovon wir sprachen.

Bei uns war zunächst einmal die Luft raus und mit einer erheblichen Wut im Bauch fuhr mich Klaus zur Dienststelle. Hier hielt ich erneut fernmündlich Rücksprache mit dem amtlichen Betreuer der Söhne und mit dem Sachbearbeiter für Kindesmissbrauch beim LKA. Während der Betreuer versicherte, dass er sich, so gut es gehe, um Tarek und vor allem um Luan kümmere, er aber gleichzeitig weitere sechzehn Fälle betreue, nahm der LKA-Kollege unsere Angaben zusätzlich zum bereits laufenden Verfahren zur Akte.

Echt frustriert stellte ich fest, dass der Missbrauch ungestört weiterlief, und ich war mir fast sicher, dass mir Tarek und Luan irgendwann erneut über den Weg laufen würden …

7 Betrug

Das Wartehäuschen des polnischen Fernbahnhofs kurz vor der ukrainischen Grenze ist ein Kleinod bäuerlicher Einfachheit und stammt aus dem vorigen Jahrhundert. Der Bahnhof wird nur von wenigen Einheimischen dieser Bauernsiedlung genutzt. Lediglich Roman G., der als Parkwächter in der nächstgelegenen größeren Stadt beschäftigt ist, wartet an diesem windigen, feuchten Montagmorgen auf den Vorstadtzug, um seine Arbeitsstätte zu erreichen.

Während er so vor sich hindöst, halb verschlafen, halb an seinen kargen Lohn denkend, der ihm geradeso das Überleben sichert, nähert sich ihm ein Mann. »Hallo, ich bin Gregor, ich hätte ein Angebot für dich«, spricht ihn dieser völlig unbekannte, recht beleibte Kerl auf einmal an. »Was hältst du davon, mit mir nach Berlin zu fahren, ich suche kräftige Männer für gut bezahlte Arbeit im Baubereich«, redet er mit vertrauenerweckender Stimme weiter auf ihn ein.

Roman muss nicht lange überlegen. Er denkt an seine jetzige Situation, die geprägt ist von der ständigen Suche nach einer Arbeit, die ihm annähernd einen auskömmlichen Lebensstandard sichert, und fasst dabei in seine Hosentasche, um festzustellen, dass sich gerade mal 1, 54 Złoty darin verlieren. Sein gesamtes Barvermögen für die nächsten Tage. So kommt ihm dieses Angebot des Unbekannten ausgesprochen hilfreich vor, auch deshalb, weil dieser Mann seine noch offenen Fragen glaubhaft beantwortet und er nichts zu verlieren hat. Ein kurzer Anruf bei seiner Mutter, schon sitzt er in Gregors luxuriösem Citroën, der auf dem Vorplatz des Bahnhofs parkt, und ab geht's nach Berlin. Im Auto sitzt noch ein weiterer Pole, der sich als Sebastian vorstellt und ebenfalls als Arbeiter angeworben wurde.

Nach einer gut neunstündigen Fahrt trifft man in Berlin ein und Gregor führt beide in ein Wohnhaus, die Treppen hinauf, bis fast unters Dach. Hier zeigt er ihnen eine sehr renovierungsbedürftige Wohnung, drei Zimmer, in denen sie zunächst unterkommen. Hoffnungsfroh machen es sich die Angeworbenen so bequem wie möglich und am nächsten Morgen steht Gregor in der Tür und fordert Roman auf mitzukommen. Erneut besteigen sie den Citroën und fahren in rasantem Tempo durch die belebten Straßen Berlins. Roman, der kein Wort deutsch versteht und noch nie über sein Dorf in Polen hinausgekommen ist, fasziniert der Anblick dieser Riesenstadt.

Gregor fährt mit ihm schnurstracks zu einer Sparkasse. Er gibt Roman zu verstehen, dass er mit seinem polnischen Ausweis ein Girokonto eröffnen muss, damit sein zukünftiger Arbeitslohn überwiesen werden kann. Das kommt Roman korrekt vor, obwohl ihm das alles zu schnell geht.

Auch mit Sebastian fährt Gregor zur Bank, um ihm ein Konto einrichten zu lassen. Als das erledigt ist, erhalten die beiden Angeworbenen den Auftrag, die Wohnung zu renovieren. Zwei Tage mühen sie sich damit ab, einige Wände zu verspachteln und zu streichen. Dann betritt Gregor breit grinsend die Wohnung. In den Händen hält er EC-Karten und Zettel mit PIN-Nummern. Heute gehen wir einkaufen, erklärt er bestimmend und nimmt zunächst Roman mit auf eine ausgiebige Shoppingtour.

Zunächst geht's ins Kaufhaus, wo man einen Kühlschrank und eine Waschmaschine erwirbt, dann in diverse Bekleidungsgeschäfte, in denen Gregor sich komplett neu einkleidet. Anschließend werden Lebensmittel gekauft und so weiter und so weiter … Roman ist von diesem Kaufrausch bereits richtig durcheinander. Auch wundert er sich darüber, dass er sämtliche Waren mit seiner EC-Karte bezahlen muss. Als er Gregor darauf anspricht, antwortet dieser unwirsch, dass er ja demnächst seinen Arbeitslohn auf das Konto überwiesen bekomme. Sorgen brauche er sich nicht zu machen, ihm werde, wie in Deutschland üblich, auf sein Konto umfangreicher Kredit gewährt.

Nachdem sie die erworbenen Artikel mühsam in die Wohnung getragen haben, wird der nächste Tag geplant. Diesmal ist Sebastian derjenige, der mit seiner neuen EC-Karte auf Einkaufstour gehen soll. Anders als am Vortag kommt allerdings Martin mit, Gregors Sohn. Auf der Einkaufsliste stehen an diesem sonnigen Tag unter anderem Handys der Marke Samsung. Zwei dieser tollen Geräte, für jeweils 490 Euro erworben, sollen aber gleich wieder für 200 Euro pro Stück weiterverkauft werden, was Sebastian bass erstaunt. Hier kommt nun die Polizei ins Spiel, genauer gesagt: meine Person.

Ich befand mich zu Fuß und in Zivil auf der Suche nach Wohnungseinbrechern, als ich den Citroën mit polnischem Kennzeichen bemerkte, der vor dem Rathaus Neukölln einparkte. Martin stieg aus und begab sich zügig mit einer gut gefüllten Plastiktüte in ein An- und Verkaufsgeschäft für Elektroartikel aller Art, während zwei weitere Männer im Auto sitzen blieben. Betrügereien im Zusammenhang mit Handyverkäufen nehmen häufig einen ähnlichen Anfang. Durch ungezählte Ermittlungen auf diesem Gebiet in meiner Wahrnehmung sensibilisiert, wurde ich aufmerksam und ging ebenfalls ins Geschäft, um zu sehen, welche Ein- oder Verkäufe dort getätigt werden sollten. Offensichtlich hatte mich mein Näschen nicht getäuscht, denn Martin wollte doch tatsächlich zwei nagelneue, originalverpackte Handys zum halben Einkaufspreis weiterverkaufen. Das dies nicht koscher sein konnte, war nicht nur mir, sondern auch dem Geschäftsinhaber klar. Er war zwar bereit, dieses tolle Geschäft zu machen, hatte aber mit Kennerblick meine wahre Identität als Zivilpolizist rechtzeitig erkannt und verlangte darum einen Ausweis von Martin. Dies führte zum schlagartigen Abbruch der Verkaufsverhandlungen. »Ich habe keinen Ausweis«, entgegnete Martin, verließ schleunigst den Laden, eilte zum Auto zurück, stieg ein und fuhr los.

So schnell kam ich nicht zu meinem Fahrzeug, das in einer Nebenstraße parkte. Während ich vor dem Geschäft stand und mich ärgerte, dass mir der offensichtliche Betrüger entwischt war, fuhr erfreulicherweise gerade eine uniformierte Gruppenstreife die Straße entlang. Ich stoppte sie, wies sie ein und nach einer kürzeren Verfolgungsfahrt hielten wir den Citroën an.

Der Fahrer Martin und sein Beifahrer Gregor, beide polizeibekannte Betrüger, wie ich schnell über unser Datensystem herausfand, verstanden mich zunächst angeblich überhaupt nicht. Erst als ich Martin seine Verkaufsverhandlungen im An- und Verkaufsladen vorhielt und fragte, woher er die fabrikneuen Handys habe, erklärte er in perfektem Deutsch, dass er sie für Sebastian, der hinter ihm im Wagen saß, verkaufen wollte. Warum und wieso, wisse er nicht, der spreche nur polnisch. Er brauche sicher Geld, meinte Martin lässig. Dass dies nicht stimmen konnte, war mir klar, und ab ging es zum Polizeiabschnitt, um die Angaben zu überprüfen.

Dabei kam mir ein Zufall zu Hilfe. Auf dem Transport zum Abschnitt sprachen Gregor und Martin in polnischer Sprache eindringlich auf Sebastian ein. Merklich eingeschüchtert saß dieser zusammengesunken da und nickte ab und zu mit dem Kopf. Was Gregor und Martin nicht wussten, mich aber hoch erfreute, war die Tatsache, dass der mitfahrende Kollege Barczi aufgrund seiner Herkunft die polnische Sprache perfekt beherrschte. Barczi hörte still der Unterhaltung zu und erklärte mir wenig später, dass sie Sebastian vehement aufgefordert hatten, nichts über seinen Aufenthaltsort in Berlin zu erzählen. Dabei bedrohten sie ihn regelrecht. Das ist ja überaus interessant, dachte ich bei mir und war jetzt richtig heiß auf diese beiden Früchtchen mit ihrer eigenständigen interkulturellen »Arbeitsbeschaffungsagentur«.

Während die drei bewacht in einem Zimmer warten mussten, ermittelten wir nach und nach sowohl die Betrügereien mit den Girokonten als auch die Aufenthaltsorte der Beteiligten. Dabei stellte ich mit Erschrecken fest, mit welcher Skrupellosigkeit Gregor diesen naiven Sebastian nach Berlin gelockt hatte. Noch während der Vernehmung in Anwesenheit eines polnischen Dolmetschers konnte Sebastian nicht erkennen, welches Unrecht er begangen haben sollte. Er habe doch nur ein wenig Geld durch seiner Hände Arbeit verdienen wollen, erklärte er glaubhaft. So waren wir ausgesprochen gespannt, was uns bei der Wohnungsdurchsuchung erwarten würde.

Den Wohnungsdurchsuchungsbeschluss stellte uns einige Zeit später der Bereitschaftsstaatsanwalt aus, da der zuständige Richter wie häufig nicht erreichbar war.

Martins Wohnung erwies sich geradezu als Musterbeispiel einer toll ausgestatteten Wohnoase, die jedem Reklameprospekt Ehre gemacht hätte. Alles war nagelneu und chic. Nur die hochwertigsten Möbel und die teuersten Elektrogeräte fanden wir vor, und das bei einem Mann, der keiner geregelten Arbeit nachging, sondern, wie so häufig in ähnlich gelagerten Fällen, von der Unterstützung durch den Staat lebte. Allerdings fanden wir hier keine Anhaltspunkte für die von uns vermuteten Betrügereien. Auf die Frage an Gregor, wo er denn wohne, antwortete dieser ganz kühl, aber zugleich ziemlich unglaubwürdig: »Ick schlaf hier auf der Couch.«

Mit zwei Schlüsseln, die ich in einer Blumenvase versteckt fand, suchten ein Kollege und ich die Etagen ab, und siehe da, die Wohnungstür einer Dachwohnung ließ sich mit diesen Schlüsseln öffnen. Unser Erstaunen war groß, als wir kurz darauf einem weiteren, nur polnisch sprechenden Menschen gegenüberstanden. Dabei handelte sich um Roman, der dort gemeinsam mit Sebastian untergebracht worden war. Über unser Erscheinen zeigte er sich sehr überrascht und verstand, wie zuvor auch Sebastian, nicht, was wir von ihm wollten. Eine neue Girokarte steckte übrigens in seiner Hemdtasche, wie ich sofort bemerkte.

Mit dieser Wohnung hatten wir nun ins Schwarze getroffen. Unzählige Gerätschaften – Kühlschränke, Wasch- und Spülmaschinen –, Markenkleidung in Mengen und ein ganzer Rucksack voller Zigaretten wurden aufgefunden und beschlagnahmt. Aus den aufgefundenen Rechnungen ging hervor, dass sämtliche Gegenstände betrügerisch mit den Girokarten von Sebastian und Roman sowie weiteren von uns gefundenen acht Girokarten erworben worden waren. Die Namen auf den Karten deuteten ebenfalls auf eine polnische Herkunft. Jetzt war mir auch klar, warum Sebastian genötigt worden war, nichts über seine Aufenthaltsanschrift zu erzählen.

Die Wohnungsdurchsuchungen und der mühselige Abtransport der sichergestellten Haushaltsgegenstände dauerte, trotz der Unterstützung durch zehn Bereitschaftspolizisten, stundenlang, führte aber, wie ich glaube, bei den geschädigten Firmen zu einiger Zufriedenheit.

Gregor war weniger zufrieden und zweifelte mittlerweile deutlich an seiner Fähigkeit, glaubhaft Lügenmärchen zu erzählen.

Roman und Sebastian hingegen waren unendlich enttäuscht und traurig, als sie nach diversen Vernehmungen die Heimreise nach Polen antreten mussten. Die Bahnfahrt wurde ihnen zwar erstattet, ihr Barvermögen hatte sich aber nicht um einen Złoty erhöht.

Martin und Gregor, die einen festen Wohnsitz hatten, wurden nicht einmal einem Haftrichter zum Erlass eines Haftbefehls vorgeführt, da dies wenig erfolgversprechend gewesen wäre. Meine langjährigen Erfahrungen in diesem Bereich lassen mich vermuten, dass sie bereits in den folgenden Wochen erneut unterwegs waren, um weitere polnische Arbeitssuchende für ihre lukrativen Betrügereien nach Berlin zu holen.

Spätere Erkenntnisse der Fachdienststelle: Beide Männer kamen bereits für etliche Betrugsserien in Frage, unter anderem sollten sie in der Kleinstadt Celle und Umgebung ihr Unwesen getrieben haben. Der bisher festgestellte Schaden ihrer Kontoeröffnungsbetrügereien beträgt allein dort mehrere 100 000 Euro.

Es läuft also prima und so einfach ... Na dann, auf ein Neues ...

Es fällt übrigens auf, wie leichtfertig Banken und Geschäftsleute auf gefälschte Anmeldebescheinigungen, Gehaltsbescheinigungen und vieles mehr hereinfallen und dann Kredite vergeben oder Kontoüberziehungen dulden. Aufgrund der vielen Betrügereien gleicher Machart wäre es an der Zeit, dort nachzubessern. Schon im Sinne ihrer ehrlichen Kunden, die letztendlich die Zeche dafür bezahlen!

8 Rauschgifthandel

Familiendrama

Die Alt-Berliner Kneipe befand sich in der Donaustraße, einer stillen Nebenstraße in Neukölln. Typisch Alt-Berlin war nur noch das äußere Erscheinungsbild der Kneipe, denn mittlerweile hatte der Besitzer gewechselt, der Wirt war jetzt ein älterer türkischer Mann. Schon kurz nach dem Eigentümerwechsel mussten wir feststellen, dass auch die Bezeichnung Wirt oder Kneipier nicht passte. Denn seltsamerweise fand dort weder ein geregelter Ausschank von Getränken noch der Verzehr von in Kneipen üblichen Speisen, wie Bouletten, Würstchen mit Kartoffelsalat oder Soleiern, statt. Dessen ungeachtet konnten wir ein reges Treiben von meist sehr jung aussehenden Leuten beobachten. Schnell stellte sich heraus, worauf diese wundersame Veränderung des Stammpublikums zurückzuführen war: Es war der Handel mit Cannabisprodukten (Haschisch und Marihuana) jeglicher Couleur!

Unsere Schlussfolgerung war verständlich: Diese Geschäftsidee harmonierte nicht mit dem gängigen Rechtsverständnis. Kurz und bündig, freilich versehen mit einem richterlichen Durchsuchungsbeschluss, drangen wir in diese ungastliche Stätte ein. Das Ergebnis konnte sich sehen lassen. Etliche Kilo Marihuana und Haschisch, meist schon in handliche Portionsbeutelchen verpackt, wurden gefunden und beschlagnahmt. Lediglich das Alter des neuen »Gastwirtes«, nämlich 62 Jahre, die Art, wie er das illegal eingenommene Geld versteckte, nämlich zwischen den Blättern einer Berliner Tageszeitung, und das Fehlen sämtlicher üblicherweise vorhandenen Getränkeausschankmöglichkeiten setzte uns in Verblüffung.

Warum beschreibe ich aber einen solch banalen und alltäglichen Sachverhalt? Weil ich es in den folgenden vier Jahren nicht nur immer wieder mit diesem Straftäter zu tun bekam, dessen Rauschmittelverteilgaststätte selbstverständlich längst geschlossen war, sondern weil es auch zu einer wesentlich dramatischeren, ja sogar tödlichen Aktion kommen sollte.

Zunächst einmal hatte dieser Dealer den lukrativen Betäubungsmittelhandel nicht etwa aufgegeben, sondern unmittelbar im Anschluss an seine milde Haftstrafe auf Bewährung lediglich verfeinert. Jetzt war er ständig in der Stadt unterwegs. Er ließ seine Käufer anrufen, bestellte sie zu den unterschiedlichsten Orten und verkaufte die Cannabisprodukte nur noch in Kleinstmengen. Zusätzlich hatte er seine beiden Söhne in diesen unredlichen Handel mit eingebunden. Beide befanden sich im jugendlichen Alter und ließen dafür Schule Schule sein.

Erwiesenermaßen begeisterten sie sich für die Geschäftsidee ihres Vaters so sehr, dass sie zwei Jahre später beschlossen, auch auf eigene Faust zu dealen. Da sie vermutlich erstens mit ihren Vater nicht konkurrieren wollten und zweitens mit härteren Drogen mehr Geld zu verdienen war, verkauften sie Heroin und Kokain. Wie vom Vater abgeschaut, mieteten sie sich eine kleine Imbissgaststätte in der Flughafenstraße und betrieben hier einen bald schon florierenden Handel. Offenbar schon leicht größenwahnsinnig, aber mit Sicherheit sehr dumm, legten sie sich ständig mit mir und meinen Kollegen an, wenn wir mit unseren Zivilwagen die Flughafenstraße befuhren.

Zu beobachten war, dass einer dieser beiden Nachwuchsganoven stets die Straße überwachte, um rechtzeitig eine drohende Polizei-Razzia zu erkennen, aber auch, um Kunden anzusprechen. Er stand vor der Tür des Ladens auf dem Bürgersteig und passte auf, während der andere im Laden die Kundschaft bediente. Unsere umfangreichen Ermittlungen gegen ihren Vater hatten sie allemal mitbekommen, sie waren manchmal bei Überprüfungen und anderen Aktionen sogar dabei gewesen. Daher kannten sie uns und waren jetzt ausgesprochen bemüht, uns ihre Verachtung zu zeigen. Bevorzugt steckten sie uns deshalb Stinkefinger entgegen oder brachten ihre

Geringschätzung auf andere Weise zum Ausdruck. Dass dies meinen Mitarbeitern und mir nicht gefiel, kann man, so glaube ich, nachvollziehen.

Ich beschloss, mir diese Burschen etwas genauer anzusehen, die ja einiges vom Vater gelernt hatten und infolgedessen sehr vorsichtig beim Dealen waren. Dass sie, wenn überhaupt, nur wenige Gramm Drogen im Laden versteckt haben würden, war mir deshalb klar. Das Depot, von dem aus die mittlerweile große Anzahl von Käufern täglich versorgt wurde, musste sich außerhalb befinden. Ich entschied, zunächst den Hinterausgang des Ladens, der direkt in einen charakteristischen Berliner Hinterhof führte, vom Treppenhaus des Seitenflügels aus beobachten zu lassen, vielleicht würden uns die Dealer zu ihrem Versteck führen.

Unauffällig nahm Oli an einem Dienstag seinen Platz im obersten Stockwerk des Seitenflügels ein, von wo aus er den gesamten Hinterhof im Blick hatte, ohne selbst gesehen zu werden. Nach guten fünf Stunden kehrte er zu unserem Fahrzeug zurück, das außer Sichtweite einige Straßen entfernt stand. Er berichtete mit erregter Stimme, dass das Drogenversteck nur im Keller des gegenüberliegenden Seitenflügels liegen könne. Der zwei Jahre ältere und recht übergewichtige Bruder war während des Beobachtungszeitraums sieben Mal in den Keller gegangen und hatte sich dabei immer sichernd umgesehen. Kurze Zeit später war er wieder heraufgekommen und eilig im Geschäft verschwunden. »Gut, dann greifen wir morgen zu«, entschied ich kurzerhand.

Am nächsten Tag nahmen wir zu sechst unsere Posten auf der Straße, im Hinterhaus und im Seitenflügel ein, auf denen wir nicht bemerkt werden konnten. Lange mussten wir nicht warten. Bereits nach zwanzig Minuten kam der zuvor von Oli beobachtete Bruder aus dem Hinterausgang des Ladens und begab sich direkt in den Keller des Seitenflügels. Oli, Stefan und ich gingen rasch links und rechts des Kellereingangs in Stellung, da schnaufte unsere Zielperson auch schon wie eine Lokomotive die Kellertreppe herauf. Mich bemerkte er zuerst, als er die letzte Stufe der Kellertreppe erklommen hatte. Blitzschnell hob er seine rechte Hand und schleuderte etwas über seine Schultern nach hinten und die Kellertreppe hinunter. Da war ich auch schon bei ihm, packte ihn an beiden Armen und zog ihn mit Olis Hilfe aus dem Kellereingang in den Hinterhof. Dort eröffnete ich ihm seine Festnahme. Er wurde schlagartig blass im Gesicht und über seine Lippen kam kein Ton, weshalb, sollten wir wenig später erfahren.

Die anderen Kollegen drangen zeitgleich über den Vorder- und den Hintereingang ins Geschäft ein und konnten dort den Bruder und sieben Betäubungsmittelabhängige festnehmen. Oli war unterdessen im Kelleraufgang verschwunden und fand dort das, was unser übergewichtiger Dealer nach unten geworfen hatte: ein Plastikbeutelchen mit fünfzehn Gramm Kokain.

Alles Weitere verlief routiniert und ruhig ab. Die Brüder und die vermeintlichen Ankäufer wurden zur Gefangenensammelstelle gefahren und wir durchkämmten auf der Suche nach den Rauschgiftvorräten die Geschäfts- und Kellerräume. Unsere Gründlichkeit sollte belohnt werden, wir fanden weitere 130 Gramm Kokain, gut versteckt hinter einem Heizungsrohr im Keller, etliche Verpackungsutensilien und auch Diebesgut, wie beispielsweise eine entwendete Brieftasche mit sämtlichen Papieren des Bestohlenen. Gerade als wir die Durchsuchungsaktion beenden wollten, erhielt ich einen Anruf von unserer Funkbetriebszentrale. Ich wurde aufgefordert, schnellstmöglich zur Gefangenensammelstelle zu kommen. Also machte ich mich auf den Weg, ohne dass ich eine Vorstellung davon hatte, warum man es so dringend gemacht hatte.

Bereits beim Eintreffen bemerkte ich eine ungewohnte Hektik im Gefangenensammeltrakt. Aufgeregt kam der Wachleiter auf mich zu und erklärte übergangslos, dass einer der festgenommenen Dealer, der übergewichtige Bruder, soeben verstorben sei. Er war ohne erkennbaren Grund in der Zelle zusammengebrochen, hatte krampfartige Zuckungen bekommen und einen Blutsturz aus Mund und Nase erlitten. Ein hinzugerufener Notarzt hatte ihn sofort in ein Krankenhaus bringen lassen, wo er jedoch nicht zu retten war und verstarb.

Diese Nachricht traf mich wie ein Schlag ins Gesicht und ich musste mich erst einmal hinsetzen. Nachdem ich den ersten Schock überwunden hatte, begab ich mich zum Notarzt und erfuhr Näheres. Offensichtlich hatte der Tote nicht nur Kokain in seiner Hand transportiert, sondern auch eine größere Menge im Mund. Diese musste er während des Transports zum Zellentrakt hinuntergeschluckt haben. Kurz darauf erlitt er den tödlichen Herzanfall. So die erste, vage Diagnose, die sich später bestätigte. Jetzt wurde auch klar, warum er bei der Festnahme stumm geblieben war. Ich hatte falsch gelegen mit meiner Vermutung, dass er uns unseren Triumph nicht gönnen wollte, ihn auf frischer Tat geschnappt zu haben.

Die nächsten Stunden verbrachte ich mit Schreibarbeiten und ausführlichen Vernehmungen durch die Mordkommission, die die Ermittlungen übernahm.

Vierzehn Monate später kam es im Landgericht Moabit zur Verhandlung gegen den Bruder des Verstorbenen. Angeklagt war er wegen des Handels mit Betäubungsmitteln. Nachdem ich als Zeuge ausgesagt hatte, brüllte mich der anwesende Vater an: »Du hast meinen Sohn umgebracht, du wirst auch sterben, du Hund!«, und gab viele weitere Drohungen und Beschimpfungen von sich.

Wütend schrie ich zurück, dass er darüber nachdenken solle, was er von sich gebe: »Sie sind der Verantwortliche für seinen Tod! Der eigene Vater hat seine Söhne zum Rauschgifthandel angestiftet und zum Dealen missbraucht, halten Sie bloß Ihre Klappe!«, warf ich ihm vor und spukte ihm dabei symbolisch vor die Füße.

Auch als der Sohn einige Monate später, inzwischen wieder auf freiem Fuß, bei erneuten Überprüfungen wegen Drogenhandels auffiel und mir gegenüber Ähnliches äußerte, machte ich ihm klar, welch armseliges Verhalten er und sein Vater an den Tag legen. Angst hatte ich vor diesen beiden Scheinheiligen nicht! In den folgenden Jahren nahm ich den Vater und den Sohn noch dreimal wegen des Handels mit Kokain oder Haschisch fest.

Fälle wie diese sind so frustrierend, weil man wie Sisyphos immer denselben »Felsen« den Berg hinaufrollen muss, um ihn kurz vor dem Gipfel wieder herunterrollen zu sehen, und so immer weiter …

in gefühlter Endlosschleife. Mühselige und langwierige Ermittlungen waren auch in dem folgenden Fall vonnöten, doch immerhin war unser Erfolg nachhaltig. Wir fassten einen der gefährlichsten und effektivsten Rauschgiftdealer Berlins.

Holland

Zu viert fuhren Guido, Oli, Hage und Höhle durch die Skalitzer Straße in Kreuzberg. Da bemerkten sie im Wagen vor ihnen Monika S., die von ihnen bereits vor einem Jahr wegen Handels mit Amphetamin, auch Speed genannt, festgenommen worden war. Da ihnen bekannt war, dass Monika S. keinen Führerschein besaß, wunderten sie sich nicht schlecht darüber, sie am Steuer eines Opel Astra zu sehen. Die nachfolgende Überprüfung bestätigte, dass nach wie vor kein Führerschein vorlag, außerdem wurden Ecstasy und Speed sowie drei gestohlene Schecks der Deutschen Bank aufgefunden.

Diese für sie doch sehr unangenehme Gemengelage an belastendem Material veranlasste Monika S., kurz darauf in der Gefangenensammelstelle eine umfangreiche Aussage zum Erwerb des Rauschgiftes zu machen. Sie hoffte auf diese Weise ihre Ausgangslage bei einer zukünftigen Gerichtsverhandlung zu verbessern. Ja, sie war sogar bereit, ihren Dealer anzurufen und eine üblicherweise von ihr abgenommene Menge an Speed zu bestellen. Ohne dass ihr irgendwelche Versprechungen im Hinblick auf ein zukünftiges Strafverfahren gemacht wurden, rief sie bei ihrem arabischen Dealer A. an und verabredete ein Treffen.

Wie am Schnürchen verlief wenig später die Festnahme von A., der nicht den geringsten Verdacht geschöpft hatte, am verabredeten Treffpunkt. Nachdem er mit einem schwarzen BMW vorgefahren war, wurde er festgenommen, ohne dass er Widerstand geleistet hätte. Im Auto entdeckten die Kollegen dann ein buntes Sammelsurium von 2500 Gramm Haschisch, 30 Gramm Kokain, 100 Gramm Marihuana und 10 Gramm Speed. Ein Dealer mit einer umfangreichen Produktpalette, der seinen Kunden fast jeden Wunsch erfüllen konnte. Die Art und Weise seiner Festnahme machte ihm sofort klar, dass Monika S. ausgesagt haben musste, und die Menge des beschlagnahmten Stoffes ließen ihn nachvollziehbar vermuten, dass er für einige Zeit hinter schwedischen Gardinen verschwinden würde. So löste sich auch seine Zunge überraschend geschwind. Kurz und gut, auch er war auf einmal bereit auszuplaudern, woher er seinen Stoff bezog.

Jetzt kam ich ins Spiel. Guido teile mir fernmündlich den Sachverhalt mit und ich veranlasste nach Absprachen mit dem Landeskriminalamt (LKA) die Aktivierung weiterer Kräfte. Nachdem A. von uns vernommen worden war und nun seinerseits »verschlüsselt« per Telefon zehn Kilogramm Haschisch, das Kilo für 1650 Euro, bei einem Markus K. bestellt hatte, liefen noch in den Abendstunden desselben Tages weitere Maßnahmen an. Bei seiner Vernehmung hatte A. zuvor glaubhaft erklärt, dass Markus K. diese zehn Kilo sofort abgeben könne, da er pro Woche mindestens hundert Kilo Haschisch umsetze. Um es kurz zu machen: Tatsächlich konnte Markus K. nur zwei Stunden später mit diesen zehn in einem Rucksack gut verpackten Kilo in seiner Wohnung festgenommen werden. Wir hatten also an einem Tag drei Dealer mit einer doch nicht unerheblichen Menge Stoff hochgenommen. Ein schöner Erfolg, fand ich, war mir aber gleichzeitig bewusst, dass auch jene drei lediglich Zwischenhändler waren, die von einem Großdealer mit Ware eingedeckt wurden. Nicht nur mein Ehrgeiz, sondern auch der meiner Mitarbeiter war geweckt. Diesen Großdealer zu finden und festzunehmen, war unser nächstes Ziel! Doch das sollte noch einige Zeit dauern.

»Da, schau mal, ist das nicht Markus K., den wir neulich mit zehn Kilo Haschisch erwischt haben?«, fragte mich Worle, als wir an einem Wohnhaus in der Hermannstraße vorbeifuhren.

Tatsächlich, das war er, gerade verließ er gemeinsam mit seiner Frau eilig das Haus Nr. 16. Ich war nicht sonderlich überrascht und schon gar nicht begeistert.

»Eigentlich müsste der doch sicher verwahrt in der Untersuchungshaftanstalt Moabit einsitzen, aber wahrscheinlich hat er Haftverschonung bis zu seinem Gerichtstermin bekommen«, antwortete ich meinem Kollegen etwas mürrisch.

»Ich glaube, wir beobachten ihn mal, vielleicht läuft erneut ein Drogengeschäft«, bemerkte nun Worle.

Vorsichtig stieg ich aus und lief den beiden in ausreichender Entfernung hinterher, während Worle mit dem Fahrzeug folgte. Schon bald merkte ich, dass die beiden Observierten ausgesprochen aufmerksam und vorsichtig durch die Straßen liefen und sich immer wieder sichernd umschauten. Mehr als verdächtig, dachte ich und war gleichzeitig gespannt, wo dieser Fußmarsch enden würde. Meine Geduld wurde nicht lange strapaziert, denn nach guten zwanzig Minuten betrat das Paar ein Wohnhaus in der Johannisthaler Chaussee. Es wurde bereits dunkel, aber in dem zur Fassade hin verglasten und hell beleuchteten Treppenhaus konnte ich durch mein Fernglas erkennen, wie beide in der zweiten Etage links klingelten und kurz darauf eingelassen wurden. Ich war mir sicher, dass hier ein weiteres Drogengeschäftchen ablief, vielleicht wohnte dort sogar unser gesuchter Großhändler.

Wir behielten den Hausaufgang weiter im Blick und bald schon sah ich, wie eine männliche Person die Wohnung verließ, die unsere beiden Verdächtigten zuvor betreten hatten. Jetzt wurde es interessant. Denn dieser Mann betrat, unmittelbar nachdem er sein Wohnhaus verlassen hatte, das Nebenhaus, verschwand dort im Keller und tauchte nach fünf Minuten mit einer gefüllten Tüte wieder auf. Dann begab er sich erneut zur Wohnung.

»Ganz koscher ist das nicht«, sagte ich zu Worle. Da sich aber in den nächsten zwei Stunden nichts tat, brachen wir unsere Beobachtungen ab mit dem Vorsatz, diese Adresse in den nächsten Tagen »unter Wind«, das heißt unter Beobachtung zu halten.

Unsere nächste Observation brachte die Gewissheit. Mit dem Wohnungsmieter stimmte etwas ganz und gar nicht. Er bekam fast stündlich Besuch von polizeibekannten Leuten, die ich der BTM-Szene zuordnen konnte. Dabei handelte es sich immer um Kurzbesuche, und unser Mieter begab sich jedes Mal, unmittelbar nachdem diese Besucher eingetroffen waren, aus seiner Wohnung ins Nebenhaus. Es war nicht schwer zu erraten, dass er dort irgendwo seinen BTM-Bunker haben musste.

Nun schlug die große Stunde des ideenreichen Guido. Er schleppte in den darauffolgenden Tagen unzählige Verkleidungen an, und so gelang es uns tatsächlich, unter anderem als Handwerker gekleidet, im Nebenhaus unauffällig Position zu beziehen. Es dauerte nicht lange und unser Verdächtigter tauchte auf. Wie beabsichtigt bemerkte er uns zwar, schätzte uns aber als Haushandwerker ein, verschwand im Keller und kam kurz darauf mit einer gut gefüllten Plastiktüte wieder heraus. Für uns war alles klar. Sein nächster Kelleraufenthalt endete mit seiner Festnahme und mit der Sicherstellung von acht Kilo Haschisch, die in seinem konspirativ genutzten Keller lagerten. Dass in einer von ihm angemieteten Garage weitere sechs Kilo entdeckt wurden, sei nur am Rande erwähnt.

Binnen kürzester Zeit war uns also der vierte Zwischenhändler dieses Drogenrings ins Netz gegangen. Nur an den Großhändlern bissen wir uns weiterhin die Zähne aus. Sämtliche Festgenommene schwiegen eisern. Oder sie wussten selbst nicht, wer diese großen Mengen Rauschgift umsetzt oder liefert. Das war mehr als frustrierend. Wir hatten es mit unseren Festnahmen lediglich geschafft, den Wirkungskreis der Hintermänner etwas einzugrenzen und deren Geschäfte zu stören. Sicher waren wir uns zwar mittlerweile, dass der oder die Drahtzieher in nächster Nähe unserer Zwischenhändler ein Lager besitzen mussten. Es sollten aber noch viele Monate vergehen, bis wir unseren Verdacht bestätigt bekamen.

Einen wesentlichen Anteil daran hatte mein Fahndungsteam Nr. 3, das mit Carlos, Hoffi und Höhle besetzt war. Sie hatten die bisherigen Ermittlungsergebnisse über die bis dahin zerschlagenen Strukturen des Drogenrings ausgewertet und zusätzlich einen informationsreichen Hinweis von einem Aussteiger aus der Rauschgiftszene bekommen. Danach verdichtete sich der Verdacht, dass ein Lokalbesitzer aus Tempelhof derjenige sein könnte, der Drogen aller Art in großen Mengen nach Deutschland selbst holte oder importieren ließ. Dieser Mann war kein unbeschriebenes Blatt. Im Gegenteil! In den polizeilichen Akten war er bereits vielfach als Rauschgift- und Waffenhändler verzeichnet. Auch viele weitere

Delikte quer durchs Strafgesetzbuch konnten ihm zugeschrieben werden.

So war es nicht schwer, einen Ermittlungsrichter davon zu überzeugen, dass eine Überwachung der telefonischen Betriebsamkeiten dieses Lokalbesitzers gerechtfertigt sei. Es folgte ein wochenlanger Mitschnitt seiner Telefongespräche durch das LKA, während Carlos' Team die operativen Maßnahmen begleitend ausführte. Recht schnell wurde klar, dass unser Verdächtigter nur verschlüsselt kommunizierte. Seine Erfahrungen mit der Justiz hatten offenbar Früchte getragen, denn dass die Polizei Telefongespräche abhörte, war für ihn nichts Neues. Mühsam musste erraten werden, was er mit seinen Gesprächspartnern beredete. Doch nach unzähligen Rückschlägen gelang das allmählich immer besser und eines Tages war es dann tatsächlich so weit. Der Anruf von Carlos überraschte mich am Sonntagvormittag bei der Zubereitung eines Rinderbratens.

»Kalle, ich glaube, es geht los, unser Mister W. macht sich auf dem Weg, um Stoff zu holen, kommst du zur Dienststelle?«

»Ja, natürlich, ich bin in zwanzig Minuten da«, antworte ich und zog mir zugleich meine Jacke über. »Angelika, sei so nett und übernimm die Zubereitung des Essens, ich muss zur Dienststelle, unser Großdealer scheint heute seinen Stoff irgendwo abzuholen, bin am Abend wieder zu Hause!«, rief ich hastig meiner Frau zu und war schon aus der Tür. Ich sollte mich allerdings wieder einmal täuschen!

Als ich auf der Dienststelle ankam, herrschte dort bereits hektische Betriebsamkeit. Im Minutentakt trafen weitere Kollegen ein, die sich sofort mit Waffen und Gerät ausrüsteten und unsere Fahrzeuge besetzten. Insgesamt waren zwölf Mitarbeiter zur Stelle, zehn weitere Kollegen kamen vom Mobilen Einsatzkommando des LKA dazu. Währenddessen war ich auch auf den aktuellen Stand gebracht worden. Demnach war unsere Zielperson W. gemeinsam mit seiner Freundin zu einem Bekannten nach Steglitz gefahren und aus den abgehörten Telefonaten hatten die Überwacher geschlossen, dass die drei gemeinsam eine große Menge Haschisch abholen wollten. Wo und wie viel, stand noch nicht fest, sie wollten aber in einer Stunde losfahren.

Bereits dreißig Minuten vorher hatten wir uns gut getarnt mit insgesamt zehn Fahrzeugen rund um das Haus des Bekannten verteilt. Fast auf die Minute genau kamen unsere drei heraus und bestiegen einen Daimler Benz Jeep. Allerdings fuhren sie, für uns überraschend, nicht zu einer Adresse in Berlin, sondern direkt zur Autobahn auf den Berliner Ring und dort in Richtung Hannover. Schnell merkten wir, auf was wir uns eingelassen hatten. W. fuhr mit seinem Daimler wie vom Teufel gehetzt. Mit über 200 Stundenkilometern, ohne auf irgendwelche Geschwindigkeitsbegrenzungen achtend, raste er immer weiter Richtung Westen. Noch wussten wir nicht, wohin die wilde Fahrt gehen sollte, erst ein weiteres abgehörtes Gespräch, das uns live übermittelt wurde, brachte Klarheit: W. und seine beiden Mitfahrer fuhren nach Holland. Dort hatten sie 200 Kilo Haschisch bestellt, die sie nun abholen wollten.

Mir blieb wenig Zeit, darüber nachzudenken, wie lange dieser »Ausflug« dauern würde. Wichtig war es zuallererst, sämtliche Kräfte so einzuteilen, dass wir einerseits den vor uns Rasenden unauffällig verfolgen konnten, indem wir die Verfolgerteams abwechselten, und andererseits eine lückenlose Überwachung in Holland gewährleistet war. Glücklicherweise funktionierten unsere Handys einwandfrei. So wurden alle Einsatzkräfte geschickt gelenkt, ohne dass W. etwas von seiner Überwachung merkte und wir trotzdem immer wieder zusammenfanden.

Nach über fünf Stunden irrer, anstrengender Fahrt kamen wir an der holländischen Grenze an. Während wir in Deutschland zurückblieben, übernahmen die inzwischen alarmierten Kollegen des holländischen Mobilen Einsatzkommandos (MEK) die Überwachung der Schmuggler. Die Zusammenarbeit klappte hervorragend. Sie hielten uns ständig über Mobilfunk auf dem neuesten Stand, und so wussten wir immer, wo sich die drei in Holland gerade aufhielten.

Mittlerweile war es Abend geworden. Eigentlich hatten unsere Zielpersonen lediglich die 200 Kilo abholen und sofort zurück nach Berlin fahren wollen, aber es gab unerwartete Schwierigkeiten mit der Anlieferung des Haschischs. Wie aus den jetzt von den Holländern abgehörten Telefonaten hervorging, war mit der Übergabe der Drogen erst am nächsten Tag zu rechnen.

Für mich war es an der Zeit, meiner Frau und vor allem meinem Chef, dem Leitenden Polizeidirektor Karau, unseren »Ausflug« an die niederländische Grenze mitzuteilen. Während meine Frau aufgrund langjähriger Erfahrung meine Schilderungen locker aufnahm, schnappte Herr Karau hörbar nach Luft. Nun waren wir nicht nur knapp 600 Kilometer von unserem eigentlichen Zuständigkeitsbereich entfernt, nein, ich fragte auch noch nach, ob wir uns für die kommende Nacht in ein Hotel einmieten könnten. Da er bereits einiges von mir gewohnt war, antwortete er leicht resigniert: »Ja, aber macht es nicht so teuer, ich weiß gar nicht, wie ich das verbuchen soll!«

Wir mussten uns also eine Unterkunft für die Nacht besorgen. Glücklicherweise stellte uns der Bundesgrenzschutz (BGS) einen ehemaligen Unterrichtsraum in einem alten Grenzhäuschen kostenlos zur Verfügung. Dort schliefen wir auf dem kahlen Boden, auf Stühlen oder Tischen mehr schlecht als recht. Ich selbst zog mich sogar auf eine ehemalige Damentoilette zurück, da ich bei der Schnarcherei meiner Mitstreiter einfach keine Ruhe fand.

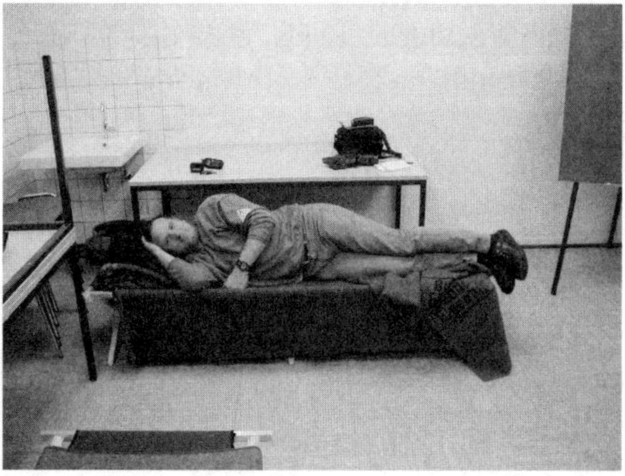

Zumindest eine Ruhestätte

Am nächsten Tag zeichnete sich ein ähnliches Bild ab. Irgendwie klappte es nicht mit der Übergabe der Drogen. Unsere drei Ankäufer rasten in Holland von einem Ort zum anderen, stets vom holländischen MEK verfolgt, ohne etwas zu erreichen. Währenddessen fuhren wir auf unserer Seite der Grenze mit, immer hin und her, mittlerweile über Funk geführt von den holländischen Kräften. Und dies meist mit Sonderrechten und in Kolonne. Was sich bereits den Tag über angedeutet hatte, stand am Abend fest. Erst am nächsten Morgen sollten sie das Haschisch von ihrem Großhändler erhalten.

Nachdem feststand, dass wir eine weitere Nacht an der Grenze verbringen mussten, kam ein Kollege vom Landeskriminalamt auf die gute Idee, das örtliche Technische Hilfswerk (THW) um Unterstützung zu bitten. Denn mittlerweile plagten uns zwei Misslichkeiten. Erstens, wir waren müde, und zweitens, wir hatten Hunger.

Was dann folgte, war eine Hilfeleistung, die ich so nie wieder erlebt habe und der ich meinen vollsten Respekt und Dank zolle. Nur eine halbe Stunde nach unserem Anruf beim Ortsverband Geldern des THW erschien der Verantwortliche, ein Herr B., ließ sich kurz unsere Situation schildern und versprach binnen kürzester Frist Unterstützung. Wir konnten es kaum glauben: Bereits drei Stunden später erschien er mit einigen Mitarbeitern. Diese hatten 25 Feldbetten, 75 Decken und dringend benötigte Handtücher mitgebracht. Sie machten sich sofort daran, alles aufzubauen, und nicht nur das, sie begannen einen schmackhaften Eintopf mit einer kräftigen Wursteinlage zuzubereiten, den sie uns im mitgebrachten Küchengeschirr servierten. So schliefen wir nach ausgiebigem Essen und bequem gebettet in der alten verlassenen Grenzstation des BGS wie die Murmeltiere.

Als wir am nächsten Morgen gegen 7 Uhr geweckt wurden, weil sich unsere Zielpersonen in Richtung Deutschland in Bewegung setzten, verblüffte uns Herr B. erneut. Er hatte tatsächlich auf dem Flur ein Frühstücksbüfett aufgebaut mit allem, was dazugehört. Wir konnten daher sogar noch herzhaft frühstücken, einfach Spitze!

Gut gestärkt fuhren wir zum Grenzübergang, um unsere Schmuggler in Empfang zu nehmen.

Inzwischen war allerdings eine andere Situation entstanden. Wie uns die holländischen Kollegen mitteilten, hatten die drei nur fünfzig Kilo Haschisch erhalten. Überdies benutzte W. mit seiner Freundin zur Rückfahrt nach Berlin den Zug, während der mitreisende Freund das Haschisch im Daimler nach Deutschland transportierte. Mein Plan sah dementsprechend folgendermaßen aus: Der Einfuhrschmuggler sollte an einer günstigen Stelle festgenommen werden, sobald er das deutsche Staatsgebiet erreicht hätte. Das Pärchen wiederum würde von der unterdessen informierten Bundespolizei in der Bahn begleitet und in Berlin in Haft genommen werden.

Mit kleineren Unwegsamkeiten geschah es dann auch so. Als der Daimler zum Tanken an eine Tankstelle gefahren wurde, rasten von allen Seiten unsere Fahrzeuge auf ihn zu, und bevor der Fahrer nur den kleinen Finger rühren konnte, wurde er überwältigt, festgenommen und erst einmal der nächstgelegem Polizeistation zugeführt. Dort staunte die Wachbesatzung nicht schlecht, als über zwanzig Kollegen aus Berlin mit einem Festgenommenen und fünfzig Kilo Haschisch erschienen.

Fünfzig Kilo Haschisch auf dem Schreibtisch

Nachdem die nötigen Schreibarbeiten erledigt waren, machten wir uns auf den Weg nach Berlin. Dabei ließ ich es mir nicht nehmen, den Daimler mit den fünfzig Kilo Haschisch an Bord selbst zurückzufahren.

Fast gleichzeitig mit W. und seiner Freundin trafen wir in Berlin ein. Die beiden waren bereits von der Bundespolizei festgenommen und uns überstellt worden. Angaben über ihre wundersame Reise machten sie nicht, sie verwiesen auf ihre Rechtsanwälte.

Relativ ausgepowert kam ich zu Hause an. Der Rinderbraten war leider bereits verspeist. Aber schon die Aussicht auf saubere Wäsche und ein gemütliches Bett ließen die Anspannungen der letzten Tage schnell vergessen.

Mein Direktionsleiter hörte sich am nächsten Tag ausführlich meinen Bericht an, schüttelte mit einem Grinsen den Kopf und sagte bloß: »Herr Gaertner, Herr Gaertner, was habe ich als nächstes zu erwarten, muss ich Sie und Ihre Truppe irgendwann in Afrika auslösen?« – Ein Mann mit einem großen Herzen und ein starker Rückhalt für uns als Verbrechensbekämpfer auf den Straßen Berlins.

Der wirkliche Erfolg unserer Arbeit stellte sich aber erst einige Monate später vor Gericht heraus. Tatsächlich war es den Ermittlern des LKA gelungen, aufgrund etlicher Wohnungs-, Garagen- und Bürodurchsuchungen sowie ausgewerteter Telefonate dem Großdealer W. den Schmuggel von über zwei Tonnen Rauschgift, wie Haschisch und Kokain, nachzuweisen.

Jetzt zeigte sich auch das Gericht nicht mehr milde gestimmt. Herr W., der bereits unzählige Male die Justiz beschäftigt hatte, erhielt eine Gefängnisstrafe in zweistelliger Höhe mit anschließender Sicherungsverwahrung. Der Richter stellte zu unserer Genugtuung abschließend fest, dass es gelungen war, einen der größten Rauschgiftringe Berlins zu sprengen.

9 Schwerverbrechen im Kompetenzgerangel

Häufig muss mit viel Geduld und Ideenreichtum komplexes strafbares Handeln richtig eingeschätzt werden, um Straftaten zu verhindern oder aufzuklären. Dabei ist es zwingend, den jeweiligen Handelnden ein Mindestmaß an Vertrauen und Ehrlichkeit zuzubilligen. Dass dies auch unter Kollegen und Kolleginnen nicht immer gelingt, sei es aus Unvermögen, Neid oder Überheblichkeit, zeigt das Geschehen um den Schwerverbrecher Georg F.

Guido und ich waren wieder einmal auf Ermittlungstour in Sachen Heroinhandel unterwegs, als uns ein bekannter Fixer verschwörerisch mitteilte, dass er Angaben über drei Schwerverbrecher machen könne. Hintergrund seiner Bereitschaft, mit uns zu plaudern, war, dass ihn einer aus diesem Trio »angeschissen« hatte. Näheres über diesen Anschiss wollte er uns allerdings nicht sagen. Mit der Bitte, seine Angaben vertraulich zu behandeln, berichtete er Erstaunliches über drei uns völlig Unbekannte, die Herren Georg F., Siegfried D. und Helmut J.

»Diese drei haben vor zwei Wochen in Köln einen Aldi-Markt überfallen. Sie verlangten vom Filialleiter unter Androhung von Waffengewalt die Öffnung des Geschäftstresors. Das klappte nicht, da dieser Tresor mit einem Zeitschloss versehen war. Daraufhin nahmen sie dem Geschäftsführer Geld und Scheckkarten ab und sperrten ihn in den Kofferraum seines eigenen Autos. Anschließend fuhren sie mit diesem stundenlang durch die Stadt. Irgendwann gelang es dem im Kofferraum Liegenden, sich von seinen Fesseln zu befreien und in einem unbeobachteten Moment zu fliehen. Die drei setzten sich nach

Berlin ab, dort wurde Helmut J. kurz danach festgenommen. Wo sich Siegfried D. aufhält, kann ich nicht sagen, von Georg F. weiß ich aber, dass der wieder ein großes Ding plant. Er will einen Juwelier in Spandau überfallen und sucht für diesen Coup Komplizen.«

»Halt, halt, halt!«, unterbrach ich ungläubig den Redefluss unseres Drogenabhängigen. »Das ist ja eine tolle Geschichte, die du da von dir gibst, aber wir müssen zunächst einmal klären, ob sich deine Angaben zu den Straftaten bestätigen lassen. In einer Stunde können wir uns in der Allerstraße treffen, komm doch bitte dorthin«, bat ich ihn und begab mich mit Guido zum Auto zurück. Diese Infos beflügelten selbstverständlich unsere Fantasien als Zivilfahnder und wir brannten regelrecht darauf, zu erfahren, ob sich wirklich alles so abgespielt hatte.

Auf dem Weg zur Dienststelle erörterten wir, woher der Heroinabhängige solche detaillierten Informationen haben könnte. Ich mochte seinen Erzählungen nicht recht glauben, andererseits war vieles durchaus nachvollziehbar.

Im Büro angekommen gelang es dann überraschenderweise recht schnell festzustellen, dass er die Wahrheit gesagt haben musste. Zumindest stimmten die Recherchen zum Überfall in Köln und zur Festnahme des Helmut J. durch eine Polizeieinheit in Berlin genau mit seinen Angaben überein.

Mittlerweile war es Abend geworden und die Kollegen der Einheit, die Helmut J. festgenommen hatten, waren nicht mehr erreichbar. Also machten wir uns auf den Weg zum verabredeten Treffpunkt in der Allerstraße. Hier erwartete uns der Tippgeber schon und begrüßte uns hibbelig mit den Worten: »Na, hat allet jestimmt, wat ick euch jesagt habe, oder?« Nachdem wir das bestätigt hatten, versuchten wir weitere Details zum Aufenthalt der flüchtigen Verbrecher und zum geplanten Überfall auf den Juwelier herauszubekommen. Es gestaltete sich schwieriger als erwartet. Offensichtlich wusste unser Informant nicht viel mehr, doch dann fiel ihm glücklicherweise doch noch etwas Wichtiges ein.

»Ich glaube, ich habe mal gehört, dass der Siegfried D. eine Freundin in der Reichenberger Straße in Kreuzberg hat. Die soll in einem auffällig gelb angestrichenen Haus und dort im Erdgeschoss wohnen. Ihr Name ist, so erinnere ich mich vage, Inga K., vielleicht versteckt er sich dort?« Nachdem er abschließend nochmals um Verschwiegenheit gebeten hatte, verschwand er in der Dunkelheit.

Guido und ich verstanden uns wie ein altes Ehepaar, ohne uns abzusprechen, dachten wir jetzt beide dasselbe. Die Information zum möglichen Versteck hörte sich vielversprechend an. Also warum Zeit verlieren? Schnell gelang es uns, die Wohnung der Freundin zu lokalisieren und bereits 45 Minuten später standen wir mit vier Mitarbeitern meiner Festnahmeeinheit vor der Wohnungstür von Inga K. Weitere drei Kollegen sicherten die Fenster der Erdgeschosswohnung zur Straße hin, als ich klingelte. Natürlich hatten wir die umfangreichsten Sicherungsmaßnahmen ergriffen. Es sollte sich aber herausstellen, dass Siegfried D. mit seiner Festnahme rechnete. Denn nachdem Inga K. die Wohnungstür geöffnet und ich nach Siegfried D. gefragt hatte, antwortete sie: »Sie können reingehen, er sitzt im Wohnzimmer und erwartet Sie schon.«

Und tatsächlich. Als wir den Wohnraum betraten, saß Siegfried D. an einem großen Tisch, beide Hände lagen sichtbar auf der Tischplatte. Den Haftbefehl aus Köln konnten wir nun ohne Schwierigkeiten vollstrecken. Beim Anlegen der Handfesseln bemerkte ich, dass Siegfried D. nicht nur recht ängstlich wirkte, sondern offensichtlich das Bedürfnis hatte, mit mir zu sprechen. Nach allgemeinem Geplänkel, bei dem er auch kurz über seine Teilnahme am Überfall in Köln Auskunft gegeben hatte, sprach ich ihn auf Georg F. an. Verdutzt war ich, dass er sofort darauf einging und recht offen zu erzählen begann.

»Georg ist sehr vorsichtig und misstraut praktisch jedem«, berichtete Siegfried D. »Er ist aber voll auf Heroin, aus diesem Grund braucht er ständig Geld. Deshalb plant er einen Überfall auf einen Juwelier in Spandau. Vor gar nicht langer Zeit hat er mich gefragt, ob ich mitmache, und daher weiß ich einige Einzelheiten. Bei diesem Juwelier soll es sich um einen Großhändler handeln. Sein Geschäft befindet sich in einem Gebäudekomplex im zweiten Hinterhof. Georg plant, zusammen mit einem Komplizen auf einem Motorrad durch die offen stehenden Toreinfahrten in den zweiten Hinterhof zu fahren. Dort will er das Krad abstellen und dann durch einen Drahtzaun kriechen, der den Hinterhof zum zweiten Geschäftshaus nach hinten abgrenzt, um anschließend ins Haus zu gelangen. Den Drahtzaun hat er bereits mit einer Drahtschere durchtrennt. Außerdem hat er einen Schlüssel für den Hintereingang des Geschäftshauses nachmachen lassen, wobei mir schleierhaft ist, wie ihm das gelingen konnte.

Nachdem er ins Haus gelangt ist, will er den Juwelier beim Öffnen seiner Geschäftsräume mit einem Taser (Elektroschockpistole) außer Gefecht setzen, die Angestellten mit Pistolen in Schach halten und hochwertigen Schmuck einsacken. Er geht davon aus, Uhren, Ringe und Ketten im Wert von mehreren Hunderttausend Euro zu erbeuten. Der Überfall soll stattfinden, sobald er einen Komplizen gefunden hat. Übrigens trägt Georg immer eine durchgeladene Waffe im Gürtelbund bei sich. Oft hat er zu mir gesagt: ›Ich lasse mich auf gar keinen Fall festnehmen, eher schieße ich alle zusammen!‹«, beendete Siegfried D. seine beunruhigenden Ausführungen.

Offenbar war Siegfried D. selbst von der Brutalität dieses Überfallplans schockiert, denn er überlegte gemeinsam mit uns, wie man Georg F. in eine Falle locken könnte, um ihn festzunehmen. Da er dessen Aufenthaltsort nicht kannte und auch keine aktuelle Telefonnummer von ihm hatte, fiel ihm zunächst nichts ein. Auf der Fahrt zur Gefangenensammelstelle gab er mir dann doch zwei gute Hinweise, wie sich später herausstellen sollte.

Erst erwähnte er beiläufig, dass Georg F. sein Heroin früher häufig bei einem Peter Z. in Pankow gekauft habe. Dieser Dealer sollte schon seit drei Jahren mit mehreren Haftbefehlen gesucht werden und einen blauen VW Golf fahren; das Berliner Kennzeichen des Wagens konnte Siegfried D. uns auch nennen. Das Wohnhaus, in dem Peter Z. sich versteckt halte, sollte bläulich angestrichen sein und sich in der Mitte der relativ kurzen Schonenschen Straße befinden. Dann erzählte unser Informant, dass Georg F. mit einem Motorrad der Marke Suzuki herumfahre, das er sich von einem Sigurd G. ausgeliehen habe, der in der Bürgerstraße in Neukölln wohne.

Erkennbar erleichtert beendete Siegfried D. diese umfangreichen Aussagen und nahm seinen Platz in der Gefängniszelle ein. Ich war mir fast sicher, dass er sein Gewissen beruhigen wollte und selbst wahrscheinlich nur als Mitläufer beim Überfall in Köln teilgenommen hatte.

Natürlich war es wichtig, den Wahrheitsgehalt dieser Aussagen zu überprüfen, deshalb fuhr ich unmittelbar nach dem Verlassen der Gefangenensammelstelle mit Guido zur Spandauer Adresse des Juweliers, um festzustellen, ob tatsächlich der Drahtzaun durchtrennt worden war. Und wirklich, genau wie Siegfried D. es geschildert hatte, fanden wir das Anwesen und das beschriebene große Loch im Zaun vor.

Die Angaben von Siegfried D. und unsere eigenen Ermittlungsergebnisse schrieb ich noch in der Nacht ausführlich nieder und faxte sie anschließend zur Dienststelle, die sich bisher mit diesem Fall beschäftigt hatte. Sie war dafür zuständig, Georg F. festzunehmen und den Überfall zu verhindern.

Überraschenderweise erhielt ich am folgenden Tag in den Mittagsstunden, ich hatte gerade meinen Dienst wieder aufgenommen, einen Anruf, in dem mir die Chefin dieser Dienststelle in rüdem Ton mitteilte, dass ich persönlich bei ihr erscheinen solle.

Zwei Stunden später traf ich dort ein. Ich wurde von einer etwa vierzigjährigen hochnäsigen und anmaßenden Frau empfangen, die ich schon an ihrer Stimme als diejenige erkannte, die angerufen hatte. Nachdem ich ihr Büro betreten hatte, holte sie sofort einen weiteren Mitarbeiter in den Raum, was mich sehr befremdete, und es begann eine Unterhaltung im Stile einer Beschuldigtenvernehmung. Ich schilderte auf ihre Anweisung hin nochmals den von mir schon ausführlich schriftlich dargestellten Sachverhalt. Nach Beendigung meiner Ausführungen erklärte diese Dame in herablassender Art, dass meine Fahndungseinheit mit dem Fall nichts mehr zu tun habe und ich nicht auf die Idee kommen solle, mich vor dem Haus von Sigurd G. in der Bürgerstraße aufzustellen, um Georg F. dort zu überraschen und festzunehmen. All dies würden ihre Leute übernehmen und außerdem, erklärte sie großspurig, aber wenig glaubhaft, sei der größte Teil meiner Schilderungen ihnen bereits bekannt.

Ich erwiderte, schon reichlich gereizt angesichts ihres Tons, dass ich wohl kaum den Sachverhalt so ausführlich geschildert und an ihre Dienststelle weitergegeben hätte, wenn ich selbst diesen Fall bearbeiten wollte. Als ich zum Schluss noch einmal von ihr übelgelaunt angeranzt wurde, ich solle mich hüten, Georg F. irgendwo auf der Straße festzunehmen, machte ich verärgert deutlich, dass dies mit Sicherheit geschehe, wenn einer meiner Mitarbeiter ihn erkennen sollte.

Dazu muss erklärt werden, dass uns Georg F. tatsächlich schon bekannt war. Eineinhalb Jahre vor diesem aktuellen Fall hatte Guido einen Hinweis auf Georg F. bekommen, in dem ihm mitgeteilt wurde, dass F. mit Heroin und Waffen handeln und sich in einer Wohnung in Wedding aufhalten sollte. Daraufhin war diese Wohnung mit Unterstützung des Spezialeinsatzkommandos (SEK) durchsucht worden, F. hatte man zwar nicht angetroffen, es konnte aber eine sogenannte Pumpgun sichergestellt werden. Weitere Handlungsansätze ergaben sich damals nicht für uns.

Mit Wut im Bauch und mehr als verwundert über diese Art der Zusammenarbeit zweier Polizeidienststellen traf ich in meinem Büro ein. Nachdem ich meinen Kollegen diesen unerfreulichen Besuch geschildert hatte, beschloss ich, den Fall Georg F. zu den Akten zu legen. Natürlich waren meine Kollegen über das arrogante Verhalten der Dienstellenleiterin ziemlich empört, was mich wiederum veranlasste, meinem Direktionsleiter eine Abschrift des Berichtes zu übergeben und ihm die Art und Weise meines »Verhörs« zu schildern. Auch er zeigte sich erbost und wir verblieben so, dass wir die weitere Entwicklung abwarten wollten.

Kurz darauf war es wieder einmal so weit. Ein neuer Kollege sollte unsere Einheit verstärken und ich freute mich schon auf diesen Zuwachs. Noch am selben Tag betrat ein großer, stämmiger und erfahrener Schutzpolizist mein Büro und stellte sich freundlich lächelnd als Dieter G. vor. Nach einer kurzen Einweisung in unsere Arbeitsweisen stand sofort der erste gemeinsame Einsatz an. Der seit über drei Jahren gesuchte Heroinhändler Peter Z. interessierte mich brennend, und schon fuhren wir mit drei Fahrzeugen in Richtung Pankow.

Unmittelbar nach Fahrtantritt vernahm ich, anfangs eher unbewusst und dann gefühlt alle zehn Minuten, ein seltsames Geräusch, das ich zunächst nicht lokalisieren konnte. Ein langsam lauter werdendes Zischen, dann ein ausdauerndes »Gluck, Gluck, Gluck«. Ist der Kühler unseres Autos defekt?, dachte ich verwirrt. Aufmerksam lauschte ich weiter und wieder: Zischhhh, Gluck, Gluck, Gluck. Erst als ich einen Blick in den Innenrückspiegel warf, entdeckte ich, dass Dieter der Verursacher dieser nervigen Geräusche war. Er zog aus seiner Tasche wieder und wieder eine Zweiliterflasche Coca Cola, öffnete sie langsam, dass es zischte, und trank dann mit lautem Glucksen einige Schlucke. Ausgesprochen lästig für seine Mitfahrer. Aber gut, er ist neu und muss sich erst einleben, dachte ich verständnisvoll.

Bald fuhren wir durch die beschriebene Schonensche Straße und wir hatten Glück. Tatsächlich parkte etwa auf halber Länge der Straße der besagte blaue Golf am Bordstein. Unmittelbar in der Nähe, vielleicht sechzig Meter entfernt, befand sich auch das von Siegfried D. beschriebene Haus. Daraufhin entwickelten wir folgenden Plan: Vier Kollegen sollten sich in der Nähe des Golfs verstecken mit dem Auftrag, den Zugriff in dem Moment durchzuführen, in dem der Dealer sein Fahrzeug besteigen wollte. Ich wiederum würde mich gut getarnt im Hausflur des gegenüberliegenden Hauses aufstellen. Wenn Peter Z. sein Haus verlassen würde, lag es an mir, es den anderen über Funk mitzuteilen. So weit, so gut. Leider lief es nicht so glatt ab, wie wir es uns vorgestellt hatten.

Nach einer fast zweistündigen Wartezeit sah ich, wie drei Personen aus dem Wohnhaus traten und in Richtung des Golfs liefen. Unter ihnen Peter Z., ich hatte ihn sofort anhand von mitgebrachten Fahndungsfotos erkannt. Schnell gab ich die Info über Funk weiter mit dem Zusatz, dass sich meine vier Kollegen nur um den Z. kümmern sollten, die beiden anderen Personen waren uninteressant. Dann verließ auch ich mein Versteck und lief unauffällig in weitem Abstand hinter den dreien her in Richtung des Golfs.

Plötzlich hörte ich einen lauten Knall! Das klang wie ein Schuss. Aber wer hatte geschossen? Weißer Pulverdampf stieg in Höhe der Fahrzeuge auf. Erschrocken beschleunigte ich meine Schritte, da kam auch schon der blaue Golf in meine Richtung gerast. Inzwischen hatte ich meine Pistole gezogen und rannte zu der Parklücke, wo das Auto des Dealers eben noch gestanden hatte. Dabei fuhr mich fast unser zweiter, mit Litti und Grille besetzter Zivilwagen um, der jetzt wie von Teufeln gehetzt dem Fluchtwagen hinterherrauschte.

Völlig atemlos erreichte ich unser Fahrzeug, das Guido bereits ausgeparkt hatte und in dem Dieter kreidebleich auf dem Rücksitz saß. Mit halsbrecherischem Schwung warf ich mich auf den Beifahrersitz des schon in Fahrt befindlichen Autos, und schon beschleunigte Guido, um dem Wagen von Litti und Grille zu folgen. Die beiden fuhren unmittelbar hinter dem Golf und meldeten ständig über Funk ihren Standort. Die wilde Fahrt ging durch halb Pankow und endete nach mehreren bei Rotlicht überfahrenen Kreuzungen und etlichen gefährlichen Verkehrsmanövern mitten im Bezirk Wedding. Hier prallte Peter Z. mit seinem Golf aufgrund überhöhter Geschwindigkeit gegen einen Baum. Kaum verletzt konnte er sich noch aus dem Wrack befreien und versuchte wegzurennen, wurde aber von Litti eingeholt und festgenommen.

Nachdem auch wir eingetroffen waren, holte ich erst einmal Luft und versuchte meinen Puls auf Normalwerte herunterzuregeln. Dann ließ ich mir zuallererst schildern, wer denn in der Schonenschen Straße geschossen hatte. Guido erzählte nun, dass zunächst Litti und Grille wie besprochen mit ihrem Zivilfahrzeug von hinten an den blauen Golf herangefahren waren, um zu verhindern, dass dieser aus seiner Parklücke kommt. Peter Z. hatte es nämlich wider Erwarten geschafft, seinen Golf zu besteigen, als er bemerkte, dass Guido und Dieter auf ihn zu rannten. Seine beiden Begleiter liefen, aus welchen Gründen auch immer, prompt in entgegengesetzter Richtung davon.

Guido und Dieter versuchten nun erfolglos die Türen des Golfs zu öffnen, die bereits verriegelt waren. Peter Z. hatte unterdessen den

Motor des Wagens gestartet und fuhr rückwärts, um unser Zivilfahrzeug nach hinten wegzurammen und so eine Lücke zum Ausparken zu schaffen. Nach zwei Anläufen war es ihm gelungen und er scherte nach links aus. Dabei lenkte er sein Auto direkt auf Guido zu, der von der linken Seite aus versuchte die Fahrertür zu öffnen. Dieter, der hinten um den Wagen herumgerannt war, glaubte, Z. würde Guido überfahren. Blitzartig hob er die rechte Hand mit seiner gezogenen Pistole, zielte auf den hinteren linken Reifen und schoss, um zu verhindern, dass Guido unter die Räder kommt. Eine Aktion, die eigentlich nichts bringen konnte, gestoppt hätte er den Golf dadurch nicht. Er traf auch nicht den Reifen, sondern die Kugel durchschlug nur die Felge, ohne weiteren Schaden anzurichten.

Da hatte Dieter ja einen schönen Einstand hingelegt. Gerade mal sieben Stunden bei uns, und schon ballert der in der Gegend rum, dachte ich bei mir und war anschließend einige Stunden lang mit unzähligen Schreibarbeiten beschäftigt. Aber immerhin, wir hatten einen langgesuchten Heroindealer festgenommen, etliche Gramm der Droge und eine scharfe Waffe bei der anschließenden Wohnungsdurchsuchung sichergestellt. Nicht schlecht, wie ich fand.

Damit, so glaubte ich zumindest, war das Kapitel Georg F. für mich abgeschlossen.

Drei Wochen waren vergangen, da klingelte mein Telefon. Am anderen Ende ein Mann, der sich als Mitarbeiter jener Spezialdienststelle vorstellte, die ich mittlerweile so in mein Herz geschlossen hatte. Ohne Umschweife kam er zur Sache: »Herr Gaertner, Sie haben doch diesen Tipp gegeben, dass Georg F. einen Juwelier überfallen wolle. Gestern ist es tatsächlich passiert, der besagte Juwelier wurde ausgeraubt und die Täter sind mit Schmuck im Werte von mehreren Hunderttausend Euro auf der Flucht. Glücklicherweise wurde niemand verletzt. Können Sie nochmals ihre Quelle ausfindig machen oder in ihren Erinnerungen wühlen, wo der F. weitere Kontaktpunkte haben könnte?«, fragte er in einer Stimmlage, die mir indirekt unterstellte, dass ich ihnen etwas verschwiegen hätte.

Ich meinte, nicht richtig zu hören. Erneut kochte Wut in mir hoch. Diese großkotzig auftretende Chefin mit ihrer Truppe hatte es doch trotz meiner detaillierten Angaben über den vermutlichen Aufenthalts- und den wahrscheinlichen Überfallsort nicht geschafft, den Schwerverbrecher aus dem Verkehr zu ziehen. Ich konnte es einfach nicht glauben! Nach kurzem Nachdenken gab ich dem Anrufer zu verstehen, dass mir nichts Weiteres bekannt sei. Ohne jegliche Form der Höflichkeit drohte er mir nun erneut: »Denken Sie daran, Sie sind weiterhin mit Ihren Leuten außen vor!« Dann legte er auf.

Mehrere Minuten saß ich da und musste, was ich soeben gehört hatte, erst einmal verdauen. Je mehr ich darüber nachdachte, umso mehr packte mich der Groll. Ich rief meine Kollegen zu einer Besprechung zusammen. Nachdem ich ihnen das Telefonat geschildert hatte, waren auch sie fassungslos. »Männer, ich glaube, das können wir besser. Wir gehen noch mal alle Einzelheiten durch, vielleicht fällt uns ja doch noch eine Kleinigkeit ein, die uns hilft, Georg F. zu schnappen!«, beendete ich meine kurze, aber eindringliche Ansprache.

Gesagt, getan. Ich las mir meine Einsatzberichte von damals mehrfach durch und dann kam mir ein Gedanke, den ich sofort Guido mitteilte: »Siegfried D. hat uns doch bei seiner Festnahme erzählt, dass Georg F. hochgradig heroinabhängig sei und dass er dieses Heroin von unterschiedlichen Dealern beziehe. Unter anderem früher auch von Peter Z. Ich glaube aber, er hat auch erwähnt, dass ein weiterer Dealer in der Donaustraße, zwischen Fulda- und Weichselstraße, wohnt. Lass uns hinfahren, wir schauen uns die Gegend mal an.«

Fünf Minuten später saßen wir im Auto und fuhren Richtung Donaustraße. Schon während der Anfahrt erinnerte ich mich, dass wir etwa neun Monate zuvor einen vagen Tipp über einen Heroindealer in dieser Gegend bekommen hatten, ohne dass wir den damals richtig untermauern konnten. Wir hatten aber ermittelt, dass dieser Dealer in einem Haus in der Donaustraße wohnen und türkischer Abstammung sein sollte. Handelte es sich vielleicht um denselben, der Georg F. aktuell mit Heroin versorgte? Ich verspürte ein leichtes Kribbeln auf der Haut.

»Pass auf, Guido, wir probieren es. Eventuell kommt unser Freund hier locker angelatscht und holt seinen Stoff. Lass uns das Haus observieren«, schlug ich aufgeregt vor, als wir die besagte Adresse erreichten. Über mein Handy rief ich auf der Dienststelle an und beorderte meine Leute, sofern sie gerade verfügbar waren, zur Donaustraße, denn je mehr ich über diese Möglichkeit nachdachte, umso wahrscheinlicher erschien sie mir. Bereits 25 Minuten später befanden sich elf Mitarbeiter vor Ort. Unser Plan war nun folgender: Gut versteckt und strategisch günstig verteilt sollten diese elf Kollegen das vierstöckige Wohnhaus so lange beobachten, bis sich hoffentlich Georg F. sehen ließ. Der Zugriff selbst sollte erst dann erfolgen, wenn er sein Heroin erworben und das Haus verlassen hatte. Dabei musste das Überraschungsmoment auf unserer Seite liegen und er blitzartig überwältigt werden, denn sein Mittäter Siegfried D. hatte ja erwähnt, dass er bewaffnet sei. Dementsprechend war äußerte Vorsicht geboten.

Kurz darauf nahmen die Kollegen ihre Positionen ein und ich fuhr zur Dienststelle, um den weiteren Einsatz zu planen, denn die Überwachung sollte ja über einige Zeit laufen. Ich war gerade auf das Unterkunftsgelände gefahren, als mir über Funk die sich überschlagende Stimme von Worle entgegenschallte. »Kalle, komm sofort zurück, wir haben Georg F. festgenommen!« Mein Blutdruck stieg merklich in die Höhe, mir wurde heiß, ich merkte, wie mein Gesicht anfing zu glühen. Mit quietschenden Reifen wendete ich mein Fahrzeug und fuhr im Eiltempo und wie in Trance zur Donaustraße zurück. Ich konnte es nicht fassen. Sollten wir solch ein Glück haben?

Minuten später traf ich bei meinen Leuten in der Donaustraße ein und konnte mich davon überzeugen, dass uns wirklich der Schwerverbrecher Georg F. ins Netz gegangen war. Worle erzählte mir nun freudestrahlend den Hergang. Demnach war Georg F. genau fünf Minuten nach meiner Abfahrt vor dem Haus aufgetaucht und sofort anhand der Fahndungsbilder als derjenige erkannt worden, dem unser Einsatz galt. Nachdem er sich kurz umgesehen hatte, verschwand er im Haus. Wie abgesprochen riegelten die Kollegen die Ein- und Ausgänge ab, indem sie sich versteckt im Hinterhof und zu beiden Seiten des Ausgangs zur Straße hin postierten. Sie mussten nicht lange warten. Kurz nachdem sie ihre Plätze eingenommen hatten, kam Georg F. die Treppe herunter und wurde ohne eine Chance der Gegenwehr beim Verlassen des Hauses von vier Kollegen überwältigt. Aufgrund dieses überraschenden Zugriffs wehrte er sich nicht, sondern ließ alles still über sich ergehen. »Na, das hat doch super geklappt«, beglückwünschte ich meine Mitarbeiter und dachte gleichzeitig, dass es solche Zufälle eigentlich nur im Film gibt.

Jetzt begab ich mich zu unserem Festgenommenen, der im Auto saß und auf den Abtransport zur Gefangensammelstelle (GeSa) wartete. Ich setzte mich ihm gegenüber auf die Bank unseres VW-Busses und teilte ihm zunächst den Festnahmegrund mit. Erstaunt hörte ich dann zu, wie dieser brutale Verbrecher anfing, entspannt mit mir zu plaudern. Zunächst erzählte er einiges über seinen Lebensweg, wobei wir beide feststellten, den gleichen Kampfsport, nämlich Ringen, über Jahre betrieben zu haben. Dies löste seine Zunge noch weiter und er berichtete freimütig und belustigt, wie seiner Meinung nach unfähige Kollegen versucht hatten, ihn festzunehmen.

»Da haben doch mindestens fünf Fahrzeuge mit etlichen Kripos besetzt vor der Tür meines Kumpels Sigurd in der Bürgerstraße gewartet, als ich ihm sein Motorrad wiederbringen wollte, das ich mir ausgeliehen hatte. Die standen so offensichtlich herum, dass ich sie gleich bemerkte. Also habe ich Gas gegeben, bin auf den Bürgersteig raufgefahren und schwuppdiwupp war ich weg. Ehe die überhaupt ihre Fahrzeuge wenden konnten, hatte ich einen uneinholbaren Vorsprung. Das war überhaupt nicht mit der Aktion von eben zu vergleichen, da hatte ich gar keine Chance, zu entkommen«, beendete er seinen Redeschwall.

Diese Art des Lobes für meine Leute fand ich – ausgerechnet von ihm ausgesprochen – nicht so toll. Mir wäre es bei Weitem lieber gewesen, er wäre in der Bürgerstraße oder vor dem Überfall auf den Juwelier festgenommen worden.

Kurze Zeit später trafen wir in der GeSa ein, zuvor hatte Georg F. noch zugegeben, die drei Tütchen mit Heroin, die wir in seiner

Jackentasche gefunden hatten, kurz vor seiner Festnahme bei einem Türken in der Donaustraße gekauft zu haben. Um diesen Dealer kümmerten wir uns einige Tage darauf.

Eine Stunde später in meinem Büro. Das Telefon klingelte laut und vernehmlich. Irgendwie hatte ich ein seltsames Gefühl und es sollte mich nicht täuschen. Kaum hatte ich mich gemeldet, da schrie schon eine weibliche Stimme in mein rechtes Ohr: »Sie haben sich über meine Anordnung hinweggesetzt, Sie haben diesen gefährlichen Schwerverbrecher festgenommen, sind sie von allen guten Geistern verlassen?! Dies war unsere Aufgabe, wir haben eine hundertprozentige Aufklärungs- und Festnahmequote, das wird Sie teuer zu stehen kommen, Sie werden noch bis zum Abend Ihren Posten räumen, dafür werde ich sorgen!«, beendete sie mit sich überschlagender Stimme ihren Redeschwall und legte abrupt auf.

Ich hatte mich nicht in dieser anmaßenden Leiterin der Sondereinheit getäuscht. Selbst war ich gar nicht zu Wort gekommen, Angst machten mir ihre Drohungen allerdings nicht, zudem sollte ich Hilfe von einer Seite bekommen, mit der ich wirklich nicht rechnete. Denn nur zehn Minuten später erreichte mich der Anruf eines der höchsten Kriminalbeamten der Berliner Polizei. Dieser teilte mir überaus erfreut mit, dass ich mit meinen Leuten Hervorragendes geleistet habe. Wortwörtlich sagte er: »Ihre Kollegen und Sie haben einen der meistgesuchten Schwerverbrecher ohne Blutvergießen mit einer taktischen Meisterleistung festnehmen können. Dazu waren meine eigenen Mitarbeiter über lange Zeit nicht in der Lage. Ich bedanke mich ganz herzlich und wünsche Ihnen für die Zukunft weiterhin solche Erfolge. Sie wird demnächst ein Belobigungsschreiben erreichen«, beendete er seine Ausführungen, die ich mit großer Genugtuung sofort an meine Kollegen weitergab.

Dass diese unmögliche Dienststellenchefin sich tatsächlich inzwischen an meinen Direktionsleiter mit der harschen Bitte um meine Ablösung gewandt hatte, in falscher Einschätzung der eigenen Situation, sei nur am Rande erwähnt. Von ihr hörte ich übrigens nichts mehr.

In der Regel klappt die Zusammenarbeit zwischen den verschiedensten Dienststellen unserer Polizei zwar recht gut, es gibt aber eben auch immer mal solche Ausrutscher. Einen Vorschlag, um ein solches Kompetenzgerangel abzustellen und auch das Konkurrenzverhalten zwischen Kriminal- und Schutzpolizei zu entschärfen, habe ich: die Einrichtung einer gemeinsamen Ausbildung von Schutz- und Kriminalpolizei zu Beginn der Polizeilaufbahn. Dies wird, soweit mir bekannt ist, bereits in einigen Ländern praktiziert und führt dort zu einem besseren Gemeinschaftsgefühl, vor allem zu einem besseren Verständnis untereinander. Erst wenn sich herausstellt, welche Art der Polizeiarbeit einem liegt, wird man dort zum Spezialisten weitergebildet.

Im vorliegenden Fall war allerdings nur wichtig, dass man Georg F. zwei schwere Raubtaten, nämlich den Überfall in Köln und den auf den Juwelier in Berlin, sowie die versuchte Geiselnahme des Filialleiters des Aldi-Marktes neben weiteren leichteren Straftaten nachweisen konnte und er sie auch einräumte. Er gab sogar einen Teil des geraubten Schmuckes zurück.

Angemessene zwölf Jahre Haft lautete einige Zeit später der Richterspruch!

10 Kindesmissbrauch III

Krachend schlug die schwere Stahlramme gegen die Metallabdeckung des Türschlosses und ruckartig pendelte die Wohnungstür nach innen. Routiniert uns gegenseitig absichernd stürmten meine vier Kollegen und ich in die Wohnung, wo sich uns folgender Anblick bot: Luan saß, nur mit einem Unterhemd und einer Unterhose bekleidet, auf einer Couch, die direkt gegenüber der Wohnungseingangstür stand. Seine Arme waren vor der Brust verschränkt und sein Blick drückte eine Mischung aus Ängstlichkeit, Trotz und Unverständnis aus. Deutlich konnte ich sehen, wie sich sein erigiertes Glied unter seiner Unterhose abzeichnete. Ohne dass ich ihn schon angesprochen hatte, schrie er mich aggressiv an, wobei er die unflätigsten Worte benutzte.

Inzwischen hatten meine Kollegen Manu und Hajo den Wohnungsmieter Detlef P. in der Küche entdeckt und in den Flur geführt. Dieser mindestens 1,85 Meter große und bestimmt fast zweieinhalb Zentner schwere Hüne schaute mir unterwürfig und verschlagen ins Gesicht. Auch er trug nur Unterwäsche, sein dicker Bauch drohte fast das Unterhemd zu sprengen. Ungefragt sprach er mich mit leiser weinerlicher Stimme an: »Was wollen Sie denn in meiner Wohnung? Der Junge ist nur zu Besuch, er sollte von mir ein paar alte Kleidungsstücke erhalten. Ich kenne seine Eltern gut, die sind damit einverstanden.«

Angeekelt wandte ich mich ab. Während Manu ihm seine Festnahme erläuterte, sprach ich Luan, der mich natürlich sofort erkannt hatte, innerlich aufgewühlt, aber äußerlich beherrscht an. Ich erklärte ihm, dass er zur Dienststelle mitkommen müsse, um dort angehört zu werden. Langsam beruhigte er sich. Dabei wiederholte er immer wieder den Satz: »Detlef ist ein ganz Netter, der hat mich überhaupt nicht angefasst!«

Bevor wir aufbrachen, führten wir eine Wohnungsdurchsuchung durch, die unzählige Beweismittel zutage förderte: Fotos von nackten Jungen (auch von Luan), unzählige Pornofilme und äußerst unappetitliche, offensichtlich gerade benutzte Papiertaschentücher mit Spermaspuren. Nachdem sich Luan und Detlef P. angezogen hatten, verließen wir gemeinsam die Wohnung und fuhren zum Landeskriminalamt. Den dortigen Sachbearbeiter hatte ich bereits telefonisch in Kenntnis gesetzt. Er zeigte sich etwas erstaunt über unser schnelles und effektives Vorgehen, das er, wie er erklärte, von anderen Schutzpolizeieinheiten nicht gewohnt war.

Wie war es überhaupt zu diesem Einsatz gekommen? Ich hatte ja bereits geahnt, dass ich mit Luan und Tarek öfter dienstlich zu tun haben würde. Im aktuellen Fall war ich frühmorgens auf dem Weg zur Arbeit gewesen, als ich Luan eilig in Richtung U- und S-Bahnstation Neukölln laufen sah. Was hat der denn an diesem Vormittag so Wichtiges zu tun? Eigentlich müsste er doch in der Schule sein, dachte ich, stellte mein Auto ab und lief ihm unauffällig hinterher. Nachdem er den Bahnsteig erreicht hatte, bestieg er die S-Bahn Richtung Treptow, stieg dann am Treptower Park aus und lief zügig zu einem nahe gelegenen Wohnhaus, in dem er verschwand. Einerseits erbost, andererseits nicht sonderlich verwundert stellte ich fest, dass dort der bereits einschlägig vorbestrafte Kinderschänder Detlef P. wohnt. Übrigens auch ein enger Freund von Manfred. Beide gehörten einem umfangreichen Ring von Pädophilen an, wie ich später erfuhr.

Kurz nachdem Luan das Wohnhaus betreten hatte, schlich ich hinterher. Als ich die Wohnungstür von Detlef P. erreichte, lauschte ich daran und schon hörte ich Luans vertraute Stimme. Jetzt war Eile geboten, denn einen erneuten Missbrauch des Kindes wollte ich unbedingt verhindern.

Für sexuellen Missbrauch sehen die Paragraphen 176 und 176a des Strafgesetzbuches folgendes Strafmaß vor:

»Wer sexuelle Handlungen an einer Person unter vierzehn Jahren (Kind) vornimmt oder an sich von dem Kind vornehmen lässt, wird mit Freiheitsstrafe von sechs Monaten bis zu zehn Jahren bestraft.«

Verschärft ist dieser Straftatbestand im § 176a, der u. a. ausführt:

»Der sexuelle Missbrauch von Kindern wird in den Fällen des § 176 … mit Freiheitsstrafe nicht unter einem Jahr bestraft, wenn der Täter innerhalb der letzten fünf Jahre wegen einer solchen Straftat rechtskräftig verurteilt worden ist.«

In diesem Fall wusste ich nicht nur davon, dass Detlef P. bereits mehrfach wegen dieser Delikte vorbestraft war, sondern auch – und das erschütterte mich besonders –, dass er aktuell wegen des Missbrauchs von Luan angeklagt war, sich aber, aus welchen Gründen auch immer, auf freiem Fuß befand. Dreister und abgebrühter geht's nicht mehr, dachte ich und rief eilig die Kollegen meiner Fahndungs- und Aufklärungseinheit zum Ort. Anschließend ging ich wieder vor der Wohnung in Stellung und hörte kurz darauf durch die geschlossene Tür die Stimme eines Mannes, der, vermutlich zu Luan, sinngemäß sagte: »Hab keine Angst, vorm Gericht brauchst du nichts zu sagen, zwingen kann dich keiner, halte einfach deinen Mund!«

Etwa fünfzehn Minuten später trafen meine Kollegen ein. Als ich ihnen die Lage erläutert hatte, kamen wir rasch überein, dass keine Zeit mehr zu verlieren sei. Um die Gefahr eines Missbrauchs abzuwenden, verschafften wir uns mit Hilfe der Ramme Zutritt zur Wohnung. Wie vermutet fanden wir Luan und Detlef P. in eindeutiger Situation vor.

Beim Landeskriminalamt hörte ich Luan an, der inzwischen wieder etwas zugänglicher war und erneut ein gewisses Vertrauen zu mir gefasst hatte. Mit gleichgültiger Stimme berichtete er, mehrmals bei Detlef P. geschlafen zu haben. Er hatte Detlef P. sowie anderen Männern sexuell in vielerlei Hinsicht gedient (abstoßender geht es nicht und deshalb möchte ich nicht näher darauf eingehen) und war dabei auch mehrfach nackt fotografiert worden. Luan war sich zwar durchaus bewusst, dass das Verhalten der Männer nicht richtig sein konnte,

sagte aber immer wieder etwas schamhaft, dass ihm das nichts ausmache. Die Zuwendungen vonseiten dieser Verbrecher waren offensichtlich zu verlockend.
Detlef P. bekam noch an diesem Abend einen Haftbefehl und wanderte endlich hinter Gitter. Luan wurde von uns nach Hause gebracht und in die Obhut seiner überforderten Familie übergeben. Ich überreichte ihm, seiner Mutter und auch Tarek meine dienstliche Handynummer und bat darum, mich anzurufen, wenn sich erneut Männer aus dem beschriebenen Umfeld melden sollten, doch schon im selben Moment wurde mir die Naivität meiner Bitte bewusst. Dennoch: Ich war mehr als gespannt, ob sie mich tatsächlich irgendwann anrufen würden …

11 Überfälle

Besonders feige und brutale Straftaten sind Raubüberfälle, sie sind zudem meist mit traumatischen Folgen für die Opfer verbunden. Ich erlebte diese Art der Kriminalität in fast allen Varianten. Angefangen bei den sogenannten »Abziehtaten« unter Jugendlichen oder sogar Kindern über »Nachläufertaten« zum Nachteil von älteren Personen bis hin zum Ausrauben von Geschäften. Während ich die Abziehtaten und die Nachläufertaten bereits in meinen vorangegangenen Büchern beschrieben habe, möchte ich mich hier auf Raubtaten in Geschäften konzentrieren.

Opfer dieser Straftaten werden in einer Vielzahl der Fälle Tankstellen-, Drogerie- und Gaststättenbetreiber bzw. deren Angestellte. Warum aber gerade diese drei Betriebsarten für derlei Überfälle – oft ganze Überfallserien – bevorzugt werden, ist schnell erklärt. Praktisch immer befindet sich in den späten Abendstunden oder kurz vor Geschäftsschluss nur eine verantwortliche Person im Geschäft. Geradezu ideal für die potenziellen Täter. Erschreckenderweise ist immer wieder festzustellen, dass diese Gangster sich nicht mit dem erbeuteten Geld zufriedengeben, sondern im Rausche des Machtgefühls zusätzlich Gewalt anwenden. Neben Einzeltätern, die sich hauptsächlich im Bereich der Tankstellenüberfälle hervortun, sind es bei den Drogerie- und Gaststättenüberfällen fast immer mehrere Täter. Dies liegt vermutlich daran, dass der Verkaufsraum von Tankstellen leichter zu überblicken ist.

Interessant in diesem Zusammenhang dürfte sein, dass es sich bei den Zusammenschlüssen von mehreren Tätern keinesfalls um feste Bandenstrukturen handelt, wie man annehmen könnte. Wie unsere

Ermittlungen der letzten Jahre fast immer ergaben, trafen sich die überwiegend sehr jungen Täter zwischen sechzehn und achtzehn Jahren meist zufällig auf der Straße. Dort kam es dann zu Dialogen wie diesem: »Wollen wir Kneipe machen?« – »Hast du Lust auf Drogeriemarkt?« Allein dies reichte aus, um unmittelbar darauf einen Überfall zu begehen. Unfassbar!

Ich selbst erlebte während einer Observation, wie sich zwei Siebzehnjährige und ein Sechzehnjähriger mehr oder minder zufällig auf der Reichenberger Straße in Kreuzberg trafen und sich nach obigem Muster austauschten, wobei der Sechzehnjährige zwei Objekte nannte, die sich gut für einen Überfall eignen würden. Die darauffolgenden Überlegungen dauerten keine fünf Minuten, dann war man sich einig. Gemeinsam suchten die Jugendlichen zwei unterschiedliche Gebüsche im Park am Landwehrkanal auf, wo sie Gaspistolen, einen Schlagstock und zwei Messer versteckt hatten, und liefen so bewaffnet locker plaudernd zu einer der beiden vorgeschlagenen Drogerien, die sich auf dem Mehringplatz befand.

Nachdem die drei ausbaldowert hatten, dass sich kurz vor Ladenschluss lediglich eine Verkäuferin im Geschäft aufhielt, zogen sie sich ihre Jackenkragen hoch, ihre Basecaps in die Stirn, holten die Waffen hervor und wollten den Laden betreten. Bevor sie dazu kamen, sprangen wir aus unseren Verstecken hervor und überwältigten das Räubertrio.

Das Phänomen dieser sich zufällig zusammenfindenden und somit ständig wechselnden Tätergruppen erschwert unsere polizeiliche Ermittlungsarbeit erheblich.

Der letzte noch verbliebene Gast bestellte schon etwas undeutlich lallend: »Noch eene Molle und een Korn!« Die 51-jährige Gastwirtin Monika, die ihren am Tresen mehr hängenden als sitzenden Stammgast Bernd ruhig darauf hinwies, dass bald Feierabend sei, drehte erneut den Zapfhahn auf und zischend schoss das gelbschäumende Bier ins Glas. »Det is die letzte Lage, ick will Feierabend machen!«, erklärte sie und beugte sich dabei nach unten, um die eiskalte Flasche Weizenkorn aus dem Gefrierschrank zu nehmen. Das Bücken fiel ihr merklich schwer, immerhin stand sie schon über zehn Stunden hinter dem Tresen, als der Zeiger der Uhr kurz vor zwei in der Nacht anzeigte.

In diesem Moment flog die Kneipentür auf und schlug mit lautem Knall gegen den seitlich stehenden Barhocker. Herein stürmten drei männliche Personen, völlig in schwarz gekleidet und mit Tüchern vorm Gesicht. Undeutliche Wortfetzen, wie »Überfall», »Maul halten«, »Geld raus« oder Ähnliches zerrissen die Stille des Gastraums. Erschrocken richtete sich Monika auf und ließ dabei vor lauter Panik den Weizenkorn fallen, den sie bereits in der Hand hatte. Während die Flasche krachend auf dem Boden zerplatzte, war bereits eine der vermummten Gestalten hinter den Tresen gerannt, packte sie an den Haaren und riss ihren Kopf nach unten. Dabei schrie er: »Wo ist das Geld?« Bevor Monika reagieren oder etwas antworten konnte, hatte er sie schon mit einem Schlagstock niedergeschlagen. Während sie zu Boden stürzte, konnte sie deutlich den schwarzen Stock sehen, der sie noch zweimal auf dem Rücken traf. Benommen lag sie da und musste mitanhören, wie ihr Stammgast Bernd, ein 74 Jahre alter Rentner, ebenfalls zu Boden stürzte, nachdem er versucht hatte, die drei Verbrecher mit den Worten »Macht doch keinen Quatsch!« zu beruhigen.

Dann begann eine Orgie der Verwüstung. Zunächst riss einer die alte Registerkasse aus der Verankerung des Tresens, öffnete gleichzeitig die Geldschublade mit der seitlich angebrachten Drehkurbel und entnahm die Tageseinnahmen einschließlich des Wechselgeldes, insgesamt 560 Euro, wie Monika kurz zuvor gezählt hatte.

Die beiden anderen machten sich an den Geldspielautomaten zu schaffen. Dabei stemmten sie mit einem mitgebrachten Brecheisen die seitlichen Holzrahmen auf und rissen dann die Geldröhren aus den Verankerungen. So zerstörten sie beide Automaten vollständig. Hier erbeuteten sie mehrere Hundert Euro. Bevor sie endlich die Kneipe verließen, warfen sie sämtliche Barhocker um und nahmen noch einige Schachteln Zigaretten und Erdnüsse mit. Grundlos rannte einer der Gangster nochmals hinter den Tresen und trat Monika mit dem Fuß gegen den Kopf, bevor er mit seinen Kumpanen endlich das Lokal verließ. Der ganze Spuk hatte noch nicht einmal zehn Minuten gedauert.

Zitternd richtete sich Monika auf, wankte zu ihrer Handtasche, die sie glücklicherweise immer hinter einer Wandverkleidung neben dem Tresen versteckte, nahm ihr Handy heraus und rief die Polizei. Dann kümmerte sie sich um Bernd, der immer noch auf dem Boden lag, aber offensichtlich nicht schwer verletzt war.

Kurz darauf trafen meine Kollegen und ich ein. Dieser Gaststättenüberfall war bereits der 42. in einer Serie, die seit drei Monaten die Bezirke Neukölln, Kreuzberg und Tempelhof heimsuchte und uns massiv beschäftigte. Fast jede zweite, dritte Nacht wurde ein Lokal überfallen, ohne dass es bisher gelungen war, die Täter zu stellen, die im Verlauf der Zeit immer gewalttätiger wurden. Der Anblick von Monika, die zusammengesackt und zitternd auf einem Stuhl saß und mir tapfer berichtete, was sie soeben erlebt hatte, entfachte in mir zum wiederholten Male eine unbändige Wut. Kurz darauf traf der Rettungswagen der Feuerwehr ein und transportierte die sichtbar unter Schock stehende und am Kopf erheblich verletzte Gastwirtin ins Krankenhaus.

Noch ein Jahr zuvor war es uns gelungen, in hervorragender Zusammenarbeit mit dem Landeskriminalamt eine ähnliche Serie von 23 Raubüberfällen auf Lokale zu beenden, diese neue Serie nahm hingegen kein Ende. Damals war uns ein glücklicher Zufall zu Hilfe gekommen. Eine unserer Zivilstreifen hatte einen Pkw Opel mit vier jugendlichen Migranten aus der Türkei, Syrien und dem Irak kontrolliert und versteckt unter dem Beifahrersitz einen Rucksack mit drei Schreckschusswaffen, Maskierungsmitteln, Pfefferspray, Fesselungsmaterial und Handschuhen gefunden. Dabei fiel dem Kollegen Worle auf, dass bei einer der Pistolen das Magazin fehlte. Diese Erkenntnisse übermittelte er sofort den Kollegen vom LKA. Dort wurde schnell festgestellt, dass bei einem kurz zuvor begangenen Lokalüberfall ein Magazin verloren gegangen war, das zur sichergestellten Pistole aus dem Rucksack passte.

Nun wurden Observationsmaßnahmen gegen die vier Insassen des Opels angeordnet, die bald darauf auf frischer Tat ertappt und festgenommen werden konnten. Es handelte sich wiederum um eine mehr oder minder zufällig zusammengewürfelte Gruppe von Personen mit der gleichen kriminellen Interessenlage, nämlich des Gelderwerbs durch Raubüberfälle. In der Folge konnten vier weitere türkischstämmige Mittäter festgenommen werden, die sich ebenfalls sporadisch an den Straftaten beteiligt hatten.

Dies alles half uns in unserem aktuellen Fall nur insofern weiter, als wir davon ausgehen konnten, dass auch diese Täter die übliche Vorgehensweise kannten und sie kopierten. Wahrscheinlich stammten sie aus dem gleichen Umfeld. Mittlerweile waren wir jede Nacht mit über achtzig Kollegen und Kolleginnen unterwegs, wobei wir versuchten, taktisch geschickt, jeweils zu zweit, möglichst viele Lokale zu überwachen.

Die Klingel an meiner Wohnungstür läutete lang anhaltend und weckte mich aus dem Tiefschlaf. Mühselig erhob ich mich und stellte mit einem Blick auf die Uhr fest, dass diese 2.40 Uhr anzeigte. Schlaftrunken schlurfte ich zur Tür. Beim Blick durchs Guckloch sah ich überrascht zwei uniformierte Kollegen im Treppenaufgang stehen, die mir kurz darauf in ruhigem Ton erklärten, dass einer meiner Mitarbeiter anlässlich der Festnahme eines Kneipenräubers geschossen hatte und ich vor Ort benötigt werde. Blitzartig hellwach, zog ich mir hastig meine Sachen über, und schon fuhren wir im Funkwagen zur Pannierstraße in Neukölln. Ausgerechnet in meiner freien Schicht, dachte ich und war gleichzeitig froh, dass unsere Maßnahmen offenbar von Erfolg gekrönt waren. Andererseits machte ich mir Sorgen um den Schützen. Denn ein Schusswaffengebrauch stellt immer das allerletzte Mittel dar, um einen Straftäter festzunehmen, und führt in der Regel auch zu umfangreichen Ermittlungen gegen denjenigen, der geschossen hat. Daher war auch mein Erscheinen vor Ort als Vorgesetzter vonnöten.

Schon beim Einbiegen in die Pannierstraße sah ich etliche Blaulichter blinken, die die dunkle Nacht erleuchteten. Kaum waren wir eingetroffen, kam mein Kollege Manu auf mich zu und schilderte aufgeregt Folgendes:

»Mein Team fuhr unserem Auftrag entsprechend heute Nacht im Bereich des Reuterkiezes Streife und überwachte dabei vier Kneipen. Kurz nach zwei Uhr konnte ich im Vorbeifahren sehen, wie zwei dunkle Gestalten das Lokal dort drüben verließen und schnellen Schrittes in Richtung Weserstraße eilten!« Manu zeigte dabei mit dem Finger auf eine Alt-Berliner Kneipe direkt gegenüber. Aufgewühlt redete er weiter: »Natürlich war das mehr als verdächtig. Also hielt ich unseren Wagen an und wir sprangen gemeinsam heraus, um die beiden zu überprüfen. Ich war schon in Richtung Weserstraße unterwegs, als ich schemenhaft durch die Scheibe des Kneipenfensters einen Mann mit einer Frau ringen sah, die eine Pistole in der Hand hielt. Auch Litti und Yilmaz hatten das gesehen. Sofort stoppten wir und änderten unsere Laufrichtung. Kurz bevor wir das Lokal erreichten, flog die Eingangstür auf und die Frau stürmte heraus. Immer noch eine Pistole in der rechten Hand haltend rannte sie davon. Während Yilmaz und ich die Verfolgung aufnahmen, kümmerte sich Litti darum, Verstärkung anzufordern, in der Kneipe nach Verletzen zu schauen und den Sachverhalt zu klären.

Yilmaz spurtete wesentlich schneller als ich und war bereits einige Meter vor mir, als ich hörte, wie er lautstark in Richtung der Flüchtenden rief: ›Halt, stehenbleiben, Polizei!‹ Zunächst erfolgte keinerlei Reaktion der Frau, die gerade in die Framstraße einbiegen wollte. Plötzlich aber blieb sie stehen, drehte sich um und zielte mit der Waffe in unsere Richtung. Auch Yilmaz und ich stoppten schlagartig ab. Während ich hinter einem parkenden Auto Deckung suchte, rief Yilmaz mit seiner Pistole in der rechten Hand: ›Waffe runter oder ich schieße!‹, und gab unmittelbar danach einen Warnschuss senkrecht in die Luft ab, nachdem sein Ruf keinen Erfolg zeigte. Dieser Schuss führte immerhin dazu, dass die Frau ihre Waffe zu Boden warf. Allerdings drehte sie sich um und rannte sofort weiter.

Yilmaz war aber nun klar schneller, holte sie ein und hielt sie fest. Bei dem anschließenden Gerangel stürzte er mit ihr zu Boden. Bevor ich die beiden einholen konnte, hatte Yilmaz die Frau, die sich vehement mit Tritten und Faustschlägen gegen ihre Festnahme wehrte, überwältigt und ihr Handfesseln angelegt. Voller Verwunderung mussten wir dann allerdings feststellen, dass vor uns keine Frau auf der Straße lag, sondern ein junger Kerl in Frauenkleidern. Später kam heraus, dass er diese Kleider nur zur Tarnung während des Überfalls angezogen hatte.« Manu beendete seine Ausführungen mit der Mitteilung: »Yilmaz ist übrigens schon mit einem Krankenwagen ins Urbankrankenhaus transportiert worden, da er sich bei der Festnahme leider erheblich an Armen und Beinen verletzt hat!«

Abgesehen von dieser betrüblichen Tatsache registrierte ich einigermaßen zufrieden, dass auch der aktuelle Überfall zu unserer Serie passte. Endlich war es uns dank Yilmaz gelungen, einen dieser Raubtäter festzunehmen. Der Schusswaffengebrauch bereitete mir weniger Sorgen, denn der war aufgrund des Geschehens völlig korrekt. Beruhigt stellte ich außerdem später im Krankenhaus fest, dass Yilmaz sich nicht schwer verletzt hatte, sondern nach ambulanter Behandlung das Krankenhaus wieder verlassen durfte. Dann begab ich mich zur Dienststelle, ans Schlafen war nicht mehr zu denken.

In den folgenden Stunden konnten wir die Beschreibungen, die uns etliche Opfer von den Räubern geliefert hatten, mit Fotos ehemaliger Mittäter des Festgenommenen aus dessen umfangreicher polizeilicher Akte abgleichen, und hatten nun die berechtigte Hoffnung, diese Raubserie endgültig zu beenden. Auch war es uns gelungen, mithilfe der Utensilien, die der eisern schweigende Täter mit sich geführt hatte, eine Wohnung zu lokalisieren, die unseren Räubern offensichtlich als Aufenthaltsort diente und die überraschenderweise nur eine Querstraße vom letzten Überfallort entfernt lag.

Schon ab den Mittagsstunden wurde diese Wohnung lückenlos von uns überwacht. Im Laufe des Nachmittags konnten die Observierungskräfte dann beobachten, dass sich vier männliche Personen in die Wohnung begaben, die eindeutig wie jene Mittäter aussahen, die einige Überfallopfer mit Hilfe der ihnen vorgelegten Lichtbilder identifiziert hatten. Sie trugen sogar dieselbe Kleidung. Damit war alles klar. Gemeinsam mit weiteren Kräften stürmten wir zu Beginn der Dämmerung die Wohnung. Die eiserne Ramme half uns, die Wohnungstür aufzusprengen, und fünfzehn Leute meiner Einheit nahmen die völlig Überraschten fest. Voller Abscheu bemerkte ich, dass diese menschenverachtenden, unbarmherzig und brutal vorgehenden Raubgesellen sich bei ihrer Festnahme in die Hosen machten. Ein erbärmlicher Anblick.

Ich dachte an die vielen Misshandelten und an die Torturen und Qualen, die diese Unschuldigen und fleißig Arbeitenden hatten erleiden müssen. Dabei stellte ich mir wie so oft die Fragen: »Wer kümmert sich eigentlich um die Opfer dieser Gewalttaten? Wer kann ermessen, welche körperlichen, aber vor allem seelischen Schäden diese Menschen erlitten haben? Wie können sie in der Folgezeit damit leben?« Die bloße, meist nochmals als traumatisch erlebte Aufarbeitung während der Gerichtsverhandlungen, die häufig erst Monate später stattfinden, beantwortet diese Fragen mit Sicherheit nicht. Nicht nur, dass die Betroffenen vielfach nicht in ihren Beruf zurückkehren können, aus Angst, erneut überfallen und misshandelt zu werden, nein, einige sind so furchtsam, dass sie andere Menschen meiden und sich kaum noch aus ihrer Wohnung trauen. Manche werden zu Kontrollfreaks, sie versuchen die Kontrolle über jegliches Geschehen um sich herum zu behalten und achten auf kleinste Details. Sie setzen sich zum Beispiel in Lokalen immer mit dem Rücken zur Wand, um rechtzeitig Ungemach erkennen und sich in Sicherheit bringen zu können. Vielfach sind jahrelange Therapien notwendig, um das psychische Gleichgewicht wiederherzustellen.

Die Täter sind derweil in der Regel mit ausgesprochen milden Strafen, im beschriebenen Fall mit zwei bis drei Jahren Jugendstrafe, davongekommen und nehmen nach ihrer Entlassung oft ihr altes kriminelles Verhalten wieder auf. Von Reue, schlechtem Gewissen oder Wiedergutmachung meist keine Spur. Von Amts wegen und unter Inanspruchnahme unendlicher staatlicher Hilfen dreht sich alles nur um sie.

Die Hilfe für die Opfer von Gewalt ist ausgesprochen dürftig. Es gibt zwar einige Hilfsorganisationen, wie den »Weißen Ring«, und spezielle Hilfseinrichtungen, wie Trauma-Ambulanzen und andere, aber um deren Unterstützung muss sich der oder die Geschädigte selbst kümmern. Der seit 2012 in Berlin ehrenamtlich tätige Opferbeauftragte Roland Weber bemängelt außerdem, dass viele Betroffene gar nicht wüssten, welche Hilfe ihnen zustehe und wo sie sie bekommen können. Deshalb hat Weber auch im vergangenen Jahr daran gearbeitet, die verschiedenen Hilfseinrichtungen untereinander zu vernetzen und mit Rechtsanwälten bekannt zu machen. Bereits im Jahre 2014 hat er aufgrund der verstärkten Gewalttaten gegen Polizeibeamte und andere Behördenbedienstete ein bemerkenswertes Faltblatt mit dem Titel: »Opferrechte Beschäftigte öffentlicher Dienst ›5 Punkte-Merksystem‹« herausgebracht, in dem es ihm aus meiner Sicht gelungen ist, wesentliche Merksätze zu formulieren, die wirklich hilfreich sind. So kann man sich als Opfer beispielsweise vor Gericht durch eine Vertrauensperson begleiten lassen, sich selbst einen anwaltlichen Beistand nehmen oder auf eine Videovernehmung bei schutzwürdigen Interessen bestehen, darüber hinaus können Zeugenbetreuungen und kostenfreie Opferanwälte in Anspruch genommen sowie Schadensersatz- und Schmerzensgeldansprüche (Adhäsionsverfahren) bereits im Strafverfahren geltend gemacht werden und viele Dinge mehr – ein längst überfälliger Schritt zum Opferschutz.

Weitere Schritte müssen folgen, um endlich auch den Opfern angemessene Hilfe zuteilwerden zu lassen.

12 Organisierte Kriminalität

Die Frage nach organisierter Kriminalität in Deutschland trifft meist auf eine gewisse Zurückhaltung, wobei zumindest jedem Polizisten im Lande bekannt sein dürfte, dass es bei uns solche Strukturen schon immer gab und gibt. Dass sie bisher glücklicherweise nicht so ausgeprägt und öffentlich sichtbar sind wie zum Beispiel die Mafia in Italien und den USA, die Triaden in Fernost und die Kokainkartelle in Mexiko und Kolumbien, liegt wahrscheinlich nur daran, dass es bisher in Deutschland nur in wenigen Einzelfällen zu Verflechtungen mit der Politik oder den Institutionen gekommen ist. Dass aber etwa die italienische Mafia Deutschland seit Jahren als sogenannten Rückzugsraum benutzt, um von hier aus Geschäfte in ihrem Ursprungsland zu tätigen, ist ein offenes Geheimnis. Dabei agieren sie so unauffällig wie möglich. Ihre Mitglieder leben häufig in kleinen Städten und gehen normalen Berufen nach, bis sie irgendwann aktiviert werden, um dann erneut ihren kriminellen Aktivitäten in ihrem Heimatland nachzugehen. Mit Sicherheit sind auch die anderen genannten kriminellen Organisationen in Deutschland mehr oder minder aktiv, ich denke hier in erster Linie an Geldwäsche, also das Bestreben, illegal erworbenes Geld in den normalen Wirtschaftskreislauf zu transferieren.

An dieser Stelle sei zum genaueren Verständnis eine Begriffsbestimmung des Bundeskriminalamtes für die Organisierte Kriminalität (OK) aus dem Jahre 1990 zitiert:

»Organisierte Kriminalität ist die von Gewinn- oder Machtstreben bestimmte planmäßige Begehung von Straftaten, die einzeln oder in ihrer Gesamtheit von erheblicher Bedeutung sind, wenn mehr als zwei Beteiligte auf längere oder unbestimmte Dauer arbeitsteilig

a) unter Verwendung gewerblicher oder geschäftsähnlicher Strukturen,
b) unter Anwendung von Gewalt oder anderer zur Einschüchterung geeigneter Mittel oder
c) unter Einflussnahme auf Politik, Medien, öffentliche Verwaltung, Justiz oder Wirtschaft zusammenwirken.«

Historie in Berlin

Organisierte Kriminalität ist in Berlin eine keineswegs neue Erscheinung. Schon in den zwanziger und dreißiger Jahren des letzten Jahrhunderts verunsicherten sogenannte Ringvereine die Bevölkerung. Hier hatten sich Männer zusammengeschlossen, die sich häufig aus dem Gefängnis kannten und sich in speziellen Vereinsritualen gegenseitige Treue schworen. Sie waren damals im Bereich der Prostitution und des Waffenhandels, im Glücksspiel, im Raub und im spektakulären Einbruch aktiv. Sie gaben sich untereinander Alibis, machten keine Aussagen übereinander vor der Polizei oder den Gerichten und unterstützten bei Bedarf die Familien derjenigen, die im Knast saßen. Die Ringvereine wurden Mitte der dreißiger Jahre von den Nazis verboten und entstanden danach auch nicht mehr neu.

In den siebziger und achtziger Jahren machte dann unter anderem die »Speer-Bande« auf sich aufmerksam. Der Straftatenkatalog glich dem der Ringvereine, wobei sich diese Bande mit ihren beiden Hauptakteuren Klaus Speer und Manne Brumme besonders im Bereich der Prostitution hervortat. Ihnen wurde aber auch nachgesagt, gute Kontakte zu lokalen Politikern und Wirtschaftsbossen zu unterhalten. Ich selbst erlebte es übrigens einmal als Zuschauer mit, dass sich einige dieser Bandenmitglieder mit ihren aufgemotzten protzigen Limousinen auf dem Kurfürstendamm eine Wettfahrt mit Zivilstreifen der Polizei lieferten.

Das Ende ihrer Machenschaften zeichnete sich ab, als immer mehr Ausländer, etwa eingewanderte Iraner oder Russen, in dieses lukrative Geschäft drängten. Den Höhepunkt des zuvor mehrfach mit Fäusten ausgetragenen Machtkampfes bildete eine Schießerei in der Bleibtreustraße am 27. Juni 1970. Angehörige der Speer-Bande unter der Führung von Manne Brumme und verstärkt durch andere Kiezgrößen aus dem Bundesgebiet erschossen schwer bewaffnet mit mehreren Pistolen, darunter eine Maschinenpistole, einen Iraner und verletzten drei weitere Rivalen erheblich. Der ganze Spuk endete 1992 mit einem Prozess gegen Klaus Speer. Er verschwand für etliche Jahre im Knast, ebenso einige seiner Bandenmitglieder.

Ich glaube, man kann sagen, dass damit die bis heute andauernde Vorherrschaft diverser ausländischer Straftätergruppen begann. Sie stießen damals in die Lücke, die Speer und seine Männer durch ihre Haftstrafen hinterlassen hatten. Bald schon zeichnete sich ab, dass diese eingewanderten Gangster den noch verbliebenen einheimischen Ganoven an Mannstärke, Brutalität und Zusammenhalt weit überlegen waren. Der Wegfall der Grenzkontrollen tat ein Übriges. Lediglich einige Rockerbanden blieben dick im gesetzwidrigen Geschäft. Aber auch hier ist in den vergangenen Jahren eine Entwicklung zu beobachten, die man niemals erwartet hätte. Diese Banden, die sich einst ausschließlich aus deutschen Mitgliedern zusammensetzten, gaben ihre Abschottungsstrategie auf und nahmen auch Mitglieder krimineller arabischer Großfamilien auf. So entstand eine Drohkulisse mit doppelter Wucht, wie es mir Stefan, ein anerkannter Beobachter und Kenner dieser Szene, schilderte.

Zweifellos darf man auch die Zusammenschlüsse von windigen Geschäftsleuten, die im Bereich der Wirtschaftskriminalität enorme illegale Gewinne machen (dazu zähle ich auch einige, die Millionen durch das Hinterziehen von Steuern anhäufen), nicht vergessen.

Meine Erfahrungen im Bereich der OK begründen sich hauptsächlich auf Deliktbereiche des Rauschgifthandels, des Kfz-Diebstahls samt der anschließenden Verschiebung ins Ausland, des schweren Einbruchsdiebstahls und des Handelns mit illegal eingeschmuggelten Zigaretten. Hinzu kommen, in Abgrenzung zur organisierten Kriminalität, viele Banden-Straftaten, wie z. B. der Bandendiebstahl.

Kurdisch-libanesische Clans

In der Folge möchte ich mich mit dem Phänomen der OK bei einigen arabischen Großfamilien beschäftigen. Immer wieder, ja unzählige Male hatte ich es mit Mitgliedern dieser fast ausschließlich kurdisch-libanesischen Familien zu tun. Dabei stellten meine Kollegen und ich nach etlichen Festnahmen und Ermittlungen in diesem Milieu fest: Das ist organisierte Kriminalität in Reinkultur!

Lauten Motto und Antrieb bei Sportlern »Immer weiter, höher und schneller«, so bei den Familienmitgliedern dieser Großclans offensichtlich »Immer frecher, skrupelloser, gewalttätiger und gieriger«! Sie führen ihre Taten mit einer schon an Größenwahn grenzenden kriminellen Energie durch, dass einem angst und bange werden kann.

Einbruch in ein Antiquitätengeschäft

Der Morgen dämmerte herauf und erste zarte Sonnenstrahlen begannen den neuen Tag zu erobern, während meine beiden Kollegen und ich langsam von träger Müdigkeit übermannt wurden. Wir waren seit 20 Uhr auf den Straßen Neuköllns unterwegs, und jetzt bewegten sich die Zeiger der Uhr geradewegs auf halb sechs zu. Da sah ich, leicht geblendet von der noch tiefstehenden Sonne, zwei Männer einen sehr langen, dick gerollten Teppich geschultert in ein Haus tragen. Sie liefen dabei stark gebeugt und sehr langsam, was auf das schwere Gewicht der Teppichrolle schließen ließ. Ausgeladen hatten sie ihn offensichtlich aus einem VW-Kleintransporter, der unmittelbar vor dem Wohnhaus am Fahrbahnrand parkte und dessen Seitentüren weit offen standen.

Nun gut, zunächst nichts wirklich Verdächtiges. Aber einen der Männer hatte ich erkannt. Er gehörte dem Clan der Familie R. an, der uns seit Jahren im Bereich der spektakulären Einbruchsdiebstähle viel Kummer bereitete. Mir war zudem bekannt, dass drei Familienmitglieder dieser Sippe seit einiger Zeit im vierten Stockwerk dieses Hauses wohnten. Da wir aber über Funk keine Meldung über einen aktuellen Einbruch in ein Teppichgeschäft oder Ähnliches gehört hatten und eine sofortige Überprüfung der beiden nichts gebracht hätte, beschränkten wir uns zunächst auf die weitere Beobachtung. Aus Erfahrung mit diesen Intensivtätern wusste ich, dass sie nie irgendetwas Brauchbares aussagten, man wurde nur frech und munter angelogen.

Nachdem einer der Männer kurze Zeit später aus dem Haus gekommen, die Türen des Transporters geschlossen und dann wieder im Haus verschwunden war, brachen wir unsere Beobachtung ab, fuhren zurück zur Unterkunft und machten Feierabend.

Selbstverständlich ließ mir das Gesehene keine Ruhe. Als ich mittags erwachte, rief ich bei den zuständigen Lagediensten der einzelnen Polizeidirektionen an, in Berlin sind es sechs, und erkundigte mich, ob es in der zurückliegenden Nacht einen Einbruch gegeben hatte, bei dem auch Teppiche gestohlen wurden. Beim Lagedienst der Direktion 3 hatte ich Glück. Mitten in der City, direkt auf dem Kurfürstendamm, waren aus einem Antiquitätengeschäft vier große antike Teppiche im Gesamtwert von 350 000 Euro entwendet worden. Die Täter hatten schlicht und einfach die großen Fensterscheiben eingeschlagen, sich die teuersten Stücke herausgesucht und diese anschließend abtransportiert. Dumm war nur, dass einer der dreisten Einbrecher offensichtlich eine Terminkarte für seinen Zahnarzt verloren hatte. So war zumindest ein Tatverdächtiger namentlich bekannt.

Ich wollte jetzt natürlich unbedingt herausfinden, ob unsere Beobachtung am frühen Morgen etwas mit diesem Einbruch zu tun hatte. Bereits auf dem Weg zur Dienststelle fuhr ich an besagtem Wohnhaus vorbei und schaute mich dort genauer um. Dabei entdeckte ich eher zufällig einen am Straßenrand liegenden weißen kleinen Zettel, auf dem der Preis für ein Kopffragment aus dem 12. Jahrhundert verzeichnet war. Na, wenn der nicht aus dem Antiquitätengeschäft ist, dann fresse ich einen Besen, dachte ich und rief sofort den Inhaber des Ladens an, dessen Telefonnummer ich mir inzwischen besorgt hatte. Und tatsächlich, der Zettel stammte aus dem Geschäft, wie mir der Inhaber mit erregter, leicht zittriger Stimme bestätigte. Nun war in meinen Augen alles klar! Die Teppiche waren in diesem Haus, in der Wohnung zweier Brüder des Clans R.

Als nächstes rief ich beim Kommissariat für Kunstdiebstähle und Hehlerei im LKA an, um dort meine Beobachtungen und Schlussfolgerungen mitzuteilen. Der zuständige Sachbearbeiter war hocherfreut, weil bisher nur eine Spur bekannt war, nämlich die Zahnarzt-Terminkarte, ausgestellt auf einen Mitbürger mit einem türkischen Nachnamen. Allerdings war der Kollege der Meinung, dass die extrem großen und schweren Teppiche unmöglich in eine Wohnung im vierten Stockwerk getragen werden konnten. Nachdem ich ihm aber geschildert hatte, dass ich bereits mehrfach diesen ausgesprochen kräftigen Clanmitgliedern begegnet war, die ganze Bekleidungs- oder Elektronikgeschäfte binnen kürzester Zeit ausgeräumt hatten, zeigte er sich überzeugt. Wir verabredeten weitere Sofortmaßnahmen, wie das Einholen eines richterlichen Wohnungsdurchsuchungsbeschlusses und die sofortige Überwachung des Hauses, um zu verhindern, dass die Teppiche verschwanden, bevor unsere Durchsuchungsmaßnahmen überhaupt beginnen konnten.

Am nächsten Morgen, früh um 6 Uhr, war es so weit. Auf unser heftiges Klopfen öffnete einer der Brüder völlig verschlafen die Wohnungstür. Ihm wurde der richterliche Beschluss vorgelegt und die Wohnungsdurchsuchung begann. Von Teppichen in seiner Wohnung wollte er nichts wissen. Aha, Märchenstunde ist wieder angesagt, dachte ich und suchte weiter. Im Bettkasten und unter einer Couch, auf der der andere Bruder geschlafen hatte, bis er von uns unsanft geweckt worden war, fanden wir die vier wertvollen Teppiche. Die Freude war groß! Immerhin war der Wert dieser Beute erheblich. Als der Besitzer wenig später von unserem Fund erfuhr, konnte er sich vor Erleichterung nur räuspernd äußern, er hatte offensichtlich vor Aufregung einen Frosch im Hals.

Etwa ein Jahr später fand die Gerichtsverhandlung statt. Die Tatsache, dass nun der türkische Mittäter plötzlich sämtliche Schuld auf sich nahm, passte ins Bild und verwunderte mich keineswegs. Er gab sogar an, die Teppiche bloß bei den beiden arabischen Clanmitgliedern versteckt zu haben, um sie später zu verkaufen. Somit kamen diese empörenderweise mit geringen Bewährungsstrafen davon, während der angebliche Haupttäter eine mehrjährige Haftstrafe absitzen musste. Die Angst vor den Clans war einfach zu groß und spielt vor Gericht immer wieder eine Rolle.

Einbruch in einen Baumarkt

Wieder einmal hatte es in der Nacht einen aufsehenerregenden Einbruch in einen Baumarkt gegeben. Fast alle teuren Sanitärarmaturen waren durch ein in die Außenwand gestemmtes Loch nach draußen transportiert worden und dann spurlos verschwunden. Zeugen oder andere Täterhinweise: Fehlanzeige!

Die Ausführung des Einbruchs ließ uns aber sofort an unseren »sauberen« Familienclan denken und wir begannen deren engere Wohnumgebung abzusuchen, um eventuell Tatfahrzeuge aufzuspüren oder herauszubekommen, wo das Diebesgut abgesetzt wurde. Irgendwo mussten die Kisten mit Armaturen schließlich zwischengelagert oder schnellstmöglich verkauft werden.

Wir sollten Glück haben. Manu war mit seinem Team unterwegs und entdeckte mit wachem Blick einen blauen VW-Bus, der einsam und verlassen in einer Nebenstraße der Buschkrugallee am Fahrbahnrand parkte. Der Laderaum war bis zur Fahrzeugdecke mit Kartons vollgestellt, die eindeutig Sanitärbedarf aus dem Baumarkt enthielten.

Nun folgte eine Rund-um-die-Uhr-Überwachung des Fahrzeugs. Bereits am nächsten Tag gegen 16 Uhr näherten sich zwei Gestalten, schauten sich drei-, viermal um und schlossen dann die Seitentür des VW-Busses auf. Erkennbar begannen nun Verkaufsverhandlungen, denn beide nahmen mehrfach einige der Kartons in die Hände, schauten sie sich genauer an, debattierten lautstark, um sie dann wieder in den Laderaum zu stellen. Während sie damit beschäftigt waren, näherten sich unbemerkt vier Kollegen durch den benachbarten Park und überwältigen sie, ohne dass es zu Widerstandshandlungen kam. Nicht überrascht war ich, als Manu mir telefonisch mitteilte, dass ein polizeibekanntes Mitglied der Familie R. den VW-Bus aufgeschlossen hatte, die zweite Person war ein uns unbekannter türkischer Staatsangehöriger. Dieser erzählte freimütig, dass er angesprochen und gefragt worden sei, ob er einige Sanitärartikel günstig kaufen wolle. Das hatte ihn neugierig gemacht, und so war er mit zum Fahrzeug gelaufen, um sich die Sachen zunächst einmal anzusehen. Wer's glaubt …

Der VW-Bus selbst war erwartungsgemäß nicht auf jemanden aus der Familie R. zugelassen. Der eigentliche, unverdächtige Halter hatte den Bus einige Wochen zuvor verkauft, ohne dass dieser umgemeldet wurde. Und wie immer erzählte uns der mutmaßliche Hehler eine Geschichte aus »Tausend und einer Nacht«! Unverfroren und sich seiner Sache gewiss gab er an, den Fahrzeugschlüssel direkt am Bus gefunden und aufgrund der Ladung ein kleines Geschäft gewittert zu haben. Weitere Angaben machte er nicht. So mussten wir ihn bald wieder laufen lassen.

Da wir nun wussten, wie die Sore (das Diebesgut) aus dem Baumarkt abtransportiert worden war, entdeckten wir in den darauffolgenden Tagen tatsächlich zwei weitere VW-Busse, die ebenfalls vollbeladen mit Diebesgut in einer kleinen Nebenstraße standen. Auch hier begannen wir sofort mit der Observation der Fahrzeuge, was ich auch dem zuständigen Sachbearbeiter im Landeskriminalamt mitteilte. Dort war inzwischen eine Sonderkommission nur für Familie R. gegründet worden.

Unsere enge Zusammenarbeit hatte sich bereits mehrfach gut bewährt, sollte aber in diesem Fall nicht so gut funktionieren. Vermutlich durch einen Verständigungs- oder Übertragungsfehler ordnete dieser Sachbearbeiter ebenfalls eine Observation der beiden Fahrzeuge durch eine andere operative Einheit an, setzte uns davon allerdings nicht in Kenntnis. So beobachteten nun Kollegen von zwei verschiedenen Dienststellen mit jeweils sechs Leuten rund um die Uhr die beiden VW-Busse, ohne voneinander zu wissen.

Nach drei Überwachungstagen beschloss ich, mir vor Ort selbst ein Bild zu machen. Schon als ich in die Umgebung des Abstellortes kam, bemerkte ich, dass sich dort fremde Zivilkräfte aufhielten. Kurz darauf klärte sich das Missverständnis der doppelten Observation auf. Besonders misslich war dabei, dass wir zwar unsere Pappenheimer und deren Vorgehensweisen bestens kannten und uns dementsprechend verhalten und gut versteckt hatten, die fremden Observationskräfte dagegen mit diesen Eigenarten kaum vertraut waren. Ich ging davon aus, dass sie von Angehörigen der Familie R. längst bemerkt worden waren, ich hatte sie schließlich auch entdeckt. Es war also nicht verwunderlich, dass die Busse immer noch unberührt dort standen, wo sie abgestellt worden waren. Eine weitere Überwachung erschien überflüssig und wir stellten die Fahrzeuge sicher. So hatten wir zwar mit den drei Bussen zugleich das gesamte Diebesgut wiedergefunden, doch einen Tatnachweis konnten wir leider nicht liefern.

Dennoch gelang es uns und den Kollegen der Ermittlungsgruppe nach etlichen weiteren, teilweise spektakulären Einbruchs- und Bandendiebstahlstaten sieben Mitglieder dieses Clans endlich vor Gericht zu bringen. Die Freude war groß, denn in unserer Einbruchstatistik machte sich dieser Umstand deutlich bemerkbar. Alle warteten gespannt auf den Strafprozess.

Der Strafprozess

Zunächst einmal möchte ich betonen, dass dieser Prozess nicht so ablief, wie ich es von früheren Prozessen her gewohnt war, an denen ich als Zeuge teilgenommen hatte. Am Ende stellte sich dann auch heraus, dass der Vorsitzende Richter offensichtlich überfordert war. Aber der Reihe nach:

Verhandelt wurde gegen vier Brüder der libanesisch-kurdischen Sippe R. und drei ihrer Mittäter, die allesamt türkischer Herkunft waren, wegen diverser Einbruchs- und Diebstahlsdelikte. Meine Kollegen und ich standen also diesen sieben Angeklagten und vierzehn Verteidigern gegenüber. Jeder Angeklagte war mit zwei Verteidigern erschienen. Da mir einige dieser Top-Anwälte bereits von anderen Gerichtsterminen her bekannt waren, staunte ich nicht schlecht, wer mir da so gegenübersaß. Ich wusste, dass diese Anwälte ausgesprochen hohe Tagespauschalen in Rechnung stellten und zusätzlich immense Kosten für ihre Verteidigung verlangten. Die Tatsache, dass sich die Angeklagten eine solche Vielzahl höchst renommierter Rechtsanwälte leisten konnten, verblüffte mich, ärgerte mich aber auch. Rechtschaffend gearbeitet hatte von diesen sieben nicht einer, was übrigens auf alle Mitglieder ihrer Familien zutraf. Die meisten lebten seit Jahren von Transferleistungen des Staates. Mit ihrer Hände Arbeit hatten sie nicht einen Tag ihres Lebens »vergeudet«. Das waren, nebenbei bemerkt, nicht nur Erkenntnisse aus unseren umfangreichen Recherchen, nein, das bekannten die Kriminellen selbst, meist sogar mit stolzgeschwellter Brust.

Während der ersten Verhandlungstage wurden acht Kollegen und Kolleginnen meiner Dienststelle und einige Mitarbeiter des Landeskriminalamtes, die unserer gemeinsamen Ermittlungsgruppe angehörten, als Zeugen geladen. Schon die ersten drei schilderten uns hinterher die Situation im Gerichtssaal als bestürzend. Ihre Beschreibungen waren für andere so einschüchternd, dass sie sich daraufhin krankmeldeten oder Beruhigungstabletten nahmen, bevor sie als Zeugen aussagten.

Am achten Verhandlungstag war ich, als Leiter sämtlicher operativer Maßnahmen, an der Reihe und konnte mir selbst ein Bild machen. Die unerträgliche Atmosphäre, von der die Kollegen zuvor berichtet hatten, war sofort deutlich spürbar. Schon beim Betreten des Saals 700 musste ich feststellen, dass sich die Angeklagten mit ihren Angehörigen auf den Besucherbänken lautstark unterhielten, ja sogar umarmten und küssten. Auch wurden Medikamente und Handys ausgetauscht. Es herrschte ein Tohuwabohu, wie ich es noch bei keiner anderen Gerichtsverhandlung erlebt hatte. Nach gut fünfzehn Minuten hatte der Vorsitzende wenigstens so weit Ruhe hergestellt, dass meine Vernehmung beginnen konnte.

Zunächst einmal befragte mich der Richter etwa eineinhalb Stunden lang. Während ich die Gesamtumstände schilderte, kam es immer wieder zu Zwischenrufen der Angeklagten, aber auch der Verteidiger. Mal wurde ich als Menschenjäger tituliert, mal als Lügner und mal als Bulle, ohne dass der Vorsitzende diese Einwürfe unterband. Die Verteidiger fielen bei ihren Befragungen wie die Heuschrecken über mich her. Die vierzehn »Rechtsverdreher«, ein anderes Wort fällt mir für diese Anwälte nicht ein, hatten offensichtlich nur eines im Sinn: Sie wollten mich derart verunsichern, dass ich entweder als unglaubwürdig dastand oder gegen Dienstvorschriften verstieß, indem ich taktische Maßnahmen verriet, wozu ich eine Aussagegenehmigung meines Dienstherrn gebraucht hätte. Mein Eindruck war, dass es den Verteidigern nicht mehr um die Wahrheit ging, auf deren Ermittlung sie als Organ der Rechtspflege verpflichtet sind, sondern dass sie ausschließlich für die höchst zweifelhaften Interessen ihrer Mandanten eintraten. Als Höhepunkt dieses Verhandlungstages wurde ich auf Verlangen der Verteidiger während der Prozesspausen isoliert. Das heißt, ich wurde unter der Bewachung eines Justizwachtmeisters von allen anderen Zeugen abgeschirmt und durfte mit keinem sprechen.

Ich möchte hier noch einmal daran erinnern, worum es bei diesem Prozess ging: um sieben Schwerverbrecher, die die halbe Stadt terrorisiert hatten!

Auf die Schilderung der weiteren Befragungen möchte ich hier verzichten. Bemerkt werden muss allerdings noch, dass sich die Angeklagten beim Betreten und Verlassen des Gerichtsaals sichtbar über mich amüsierten, unter anderem, indem sie mir eindeutige arabische Ausdrücke zuriefen und mir den Mittelfinger zeigten. Der Respekt, den wir uns auf der Straße gerade bei diesen Tätern mühsam erstritten hatten, wurde hier innerhalb weniger Minuten wieder zunichtegemacht.

Die Angeklagten wurden nicht, wie von der Staatsanwaltschaft beantragt, zu mehr als zehn Jahre verurteilt. Der Haupttäter erhielt eine Freiheitsstrafe von sieben Jahren, alle anderen bekamen zwischen zwei und vier Jahre.

Nachdem der Prozess zu Ende war, bat ich den Vorsitzenden Richter um ein Gespräch. Wir trafen uns gemeinsam mit der Staatsanwältin und meinem Vorgesetzten. Der Richter ließ sich nun recht ausführlich über die angeblichen Aussagefehler meiner Kollegen und mir aus, ich argumentierte dagegen, indem ich mich auf die Gedächtnisprotokolle meiner Mitarbeiter berief, und schilderte deren Probleme mit der Art der Beweisführung des Gerichts, den vom Richter nicht geahndeten Attacken der Beschuldigten gegen die Zeugen sowie den an Beleidigung grenzenden Befragungen der Verteidiger. Letztendlich gestand der Richter ein, mit der Art des Auftretens dieser Großfamilie, der Verteidiger und auch der Angeklagten einfach nicht fertiggeworden zu sein.

Ich möchte hier keinesfalls Richterschelte betreiben, aber Fakt ist, dass diese hochgradig Kriminellen bereits in den Jahren zuvor auch mit Hilfe der Justiz hätten gestoppt werden können. Sie hatten niemals die Absicht, unser demokratisches Wertesystem zu übernehmen und sich an unsere Rechtsordnung zu halten. Jegliche Integrationsbemühungen mussten hier von vornherein scheitern. Warnzeichen gab es genug. Aus falsch verstandener Toleranz und fehlgeleiteter political correctness, die ohne Unterschied bei leisester Kritik sofort Ausländerfeindlichkeit unterstellt, wurde den Straftätern gegenüber eine Strategie der Schwäche entwickelt, die diese rigoros ausnutzten. Und das unter den Augen und mit Unterstützung von praktisch allen staatlichen Institutionen und der Politik. Konkrete Hinweise aus der Alltagspraxis der Polizeibeamten über die kriminelle Entwicklung dieser Gruppen wurden kleingeredet oder schlichtweg »übersehen«. Leider wurde die Ermittlungsgruppe »Ident« beim LKA aus heiterem Himmel eingestellt. Sie hatte erfolgreich die wahren Identitäten einiger dieser Großfamilienmitglieder ermittelt und nachgewiesen, dass es sich keineswegs um Bürgerkriegsflüchtlinge handelte, sondern um sogenannte arabische Mhallamiye-Kurden aus dem Südosten der Türkei. Politisch waren solche Erkenntnisse offensichtlich nicht erwünscht.

Einige dieser kurdisch-libanesischen Araber hatten, als sie Jahre zuvor in die Bundesrepublik einreisten, von vornherein in betrügerischer Absicht ihre Pässe weggeworfen und vorgegeben, Palästinenser zu sein, also aus einem Bürgerkriegsland zu kommen. So lief zunächst einmal ihr Asylverfahren an und sie holten ihre Familien nach. Als es dann in Einzelfällen gelang, nachzuweisen, woher diese Leute wirklich kamen, wurden sie in der Regel weder von der Türkei noch vom Libanon wieder aufgenommen, und dies bis zum heutigen Tage.

Obwohl es auch aktuell wie im geschilderten Fall hin und wieder zu Haftstrafen kommt, stört dies unsere Sippschaft wenig. Sie wissen, dass ihre Angehörigen gut durch die staatliche Alimentation (Harz IV, Sozialhilfe) leben können, und ein Wahlspruch untereinander heißt bei ihnen nicht umsonst: »Der Knast macht erst richtige Männer!« Auch haben sie durch ihre kriminellen Aktivitäten reichlich Vermögenswerte angeschafft, mit deren Hilfe sie die Zeit im Gefängnis komfortabel überbrücken können. So wird sowohl ihr kriminelles Handeln als auch ihr Auftreten auf der Straße und der Polizei gegenüber immer dreister, wie die folgenden Fälle zeigen.

Wem gehört der Kiez?

Ich fuhr Streife mit drei Dienstanfängern, die den Kiez kennenlernen und an die normalen Tätigkeiten eines Streifenpolizisten herangeführt werden sollten, als ich auf einmal vor uns ein mir wohlbekanntes Sippen-Oberhaupt erblickte – ein etwa drei Zentner schwerer, 1,90 Meter großer, obendrein höchst unangenehmer Zeitgenosse mit bekanntermaßen aufbrausendem Temperament.

Er stieg gerade mühsam aus einem protzigen Geländewagen, der mitten auf dem Bürgersteig parkte und diesen komplett versperrte. Der Fahrer, ein älterer Mann, war ebenfalls ausgestiegen und griff dem Hünen unter die Arme, um ihn beim Gehen zu stützen. Als beide ein Eckgeschäft betreten wollten, hielt ich unser Fahrzeug an und forderte meine Mitstreiter auf, diese Ordnungswidrigkeit zu ahnden. Natürlich sollte auch das rechtswidrig geparkte Auto schnellstens vom Bürgersteig entfernt werden. Ich selbst blieb im Fahrzeug sitzen und beobachtete den doch sehr herausfordernden Praxistest mit einer gewissen Spannung.

Erstaunt war ich darüber, dass sich unser Clan-Chef bereits wieder auf der Straße zeigte, denn er war erst drei Tage zuvor an einer Schießerei beteiligt gewesen und hatte dabei einen Schuss ins rechte Bein abbekommen. Der Grund der Auseinandersetzung zwischen arabisch aussehenden Männern, wie ein Zeuge sie vage beschrieben hatte, lag wie fast immer im Dunkeln. Fakt ist aber, dass es zwischen den einzelnen Clans häufig zu Streitereien und massiven Auseinandersetzungen kommt. Dabei werden nicht nur die Fäuste eingesetzt, vielmehr sind Messerstechereien und Schießereien zunehmend an der Tagesordnung. In Berlin gab es mehr als zwanzig Schießereien, an denen diese Clans nachweislich beteiligt waren. Die Dunkelziffer dürfte noch deutlich darüber liegen. Am Ende gibt es immer eine Handvoll Verletzter oder sogar Toter, die wir dann einsammeln müssen. Nur in Ausnahmefällen gelingt es uns, die wahren Hintergründe dieser Streitereien zu ermitteln oder gar Schuldige der Gerichtsbarkeit zuzuführen. Das Schweigekartell gegenüber den Ermittlungsbehörden funktioniert auch clanübergreifend hervorragend. Dass Unbeteiligte, die zufällig Zeugen dieser Gewalttaten werden, ebenfalls selten Aussagen machen, ist aus meiner Sicht nicht verwunderlich, denn die Angst vor diesen Straftätern ist einfach zu groß und die Gerichtsverhandlungen tun häufig ein Übriges … siehe oben.

Meine drei jungen Polizisten hatten unterdessen die beiden Verkehrsrüpel erreicht. Unmittelbar nachdem sie den Fahrer des Geländewagens angesprochen hatten, kam es, wie ich es geahnt hatte: Der Dreizentnermann richtete sich zur vollen Größe auf und schrie die Kollegen an: »Wisst ihr, wer ich bin? Ich bin Achmet, mir gehört der Kiez, was ist, was wollt ihr?« Noch drei weitere Male brüllte er diese Sätze meinen Kollegen ins Gesicht, dabei breitete er seine gut trainierten Arme aus, eine furchterregende Imponierpose einnehmend. Mit blassen Gesichtern und merklich geschockt wichen meine Mitarbeiter zurück. Jetzt beschloss ich, diesem bösen Spiel ein Ende zu bereiten, stieg aus und lief eilig auf die Gruppe zu.

Als mich Achmet bemerkte, wurde er merklich ruhiger. Ich hatte ihn schon viele Male festgenommen, seine Wohnung durchsucht und sogar einen von ihm betriebenen Imbiss, der von einem bulgarischen Strohmann geführt wurde, wegen Rauschgifthandels geschlossen. Damals hatte er vor Wut Tränen in den Augen gehabt. Jetzt bemühte er sich, zunächst einmal seine Aggressivität unter Kontrolle zu bekommen. Meine Ansage an ihn und den Fahrer war kurz, knapp und klar verständlich: »Das Auto wird sofort vom Bürgersteig gefahren, Sie zeigen ihre Personalpapiere, und sollten Sie weiter herumschreien, werden Sie uns zum Polizeiabschnitt begleiten. Dort führen wir dann alle weiteren Maßnahmen durch!«

Diese Ansage kam an. Da Achmet genau wusste, dass ich keine leeren Drohungen von mir gab, war es mit seiner Selbstherrlichkeit erst einmal vorbei. Ohne weitere Worte übergaben uns beide ihre

Personalpapiere und kurz darauf wurde der Geländewagen vom Bürgersteig herunter in eine Parklücke gefahren. Nach der Erteilung eines Ordnungsgeldes fuhren wir weiter.

Mir war natürlich bewusst, dass es nicht ganz fair gewesen war, meine jungen Kollegen in diese Situation hineinzuschicken, aber die Wirklichkeit auf den Straßen Berlins ist nun einmal kein Zuckerschlecken und je eher man damit konfrontiert wird, desto besser kommt man später damit klar.

Respektloses Verhalten gegenüber uns Polizisten ist mittlerweile gang und gäbe. Das habe ich ausführlich bereits in meinen Büchern »Kampfzone Straße« und »Nachtstreife« beschrieben. Unzählige Berichte von Kollegen und Kolleginnen aus ganz Deutschland bestätigen den Befund.

Um noch einmal zu verdeutlichen, was junge Polizisten und Polizistinnen in ihrem Berufsalltag erwartet, seien hier weitere Beispiele des alltäglichen Geschehens geschildert: Zwei Kollegen meiner Dienststelle fahren Zivilstreife und kommen zufällig an einer neunköpfigen Personengruppe vorbei, die sich vor einer Spielhalle aufhält. Als diese Gruppe, allesamt jugendliche Angehörige verschiedener uns bekannter Großfamilien, die Kollegen als Polizeibeamte erkennt, verhält sie sich ihnen gegenüber massiv beleidigend. Mein erfahrener Mitarbeiter Worle beschrieb die Situation anschließend mit folgenden Worten: »Da die Personengruppe äußerst aggressiv und gewaltbereit wirkte, haben wir zunächst Unterstützungskräfte abgewartet und dann jeden Einzelnen überprüft. Während unserer Maßnahmen erfolgte sogleich ein Zulauf von Gleichgesinnten, die sich ebenfalls herausfordernd und angriffslustig verhielten. Normale Gespräche und Belehrungen waren sinnlos und stießen wie auch in der Vergangenheit auf keinerlei Resonanz. Im Gegenteil! Bei den gezeigten Verhaltensweisen handelte es sich keinesfalls um einen Einzelfall, sondern, wie von anderen Beamten bestätigt, um Regelfälle, wonach schon vorbeifahrende Polizeifahrzeuge als ›Belästigung‹ empfunden werden. Teilweise werden anlässlich von Überprüfungen sogar Sachverhalte entgegen jedem Wahrheitsgehalt konstruiert, um die Polizeibeamten in Schwierigkeiten zu bringen. Dabei fungieren alle der Gruppe zugehörigen Personen als Zeugen. Diese Verhaltensweisen zeigen mehr als deutlich, dass hier ein ›eigenes‹ Rechtsempfinden vorherrscht!«

Kaum sind diese Zeilen geschrieben, ruft mich mein ehemaliger Kollege Normen an und beklagt, dass er und sein Streifenpartner nun schon zum dritten Mal mittels eines fingierten Anrufs in einen Hinterhalt gelockt wurden. Immer kam der Auftrag von der Funkbetriebszentrale, das heißt, eine unbekannte Person hatte über die Rufnummer 110 dort angerufen und ein Hilfeersuchen vorgetäuscht. Als sie mit ihrem Funkstreifenwagen am angegebenen Ort eintrafen, wurden sie sofort von zwanzig bis dreißig Personen mit Steinen und Flaschen beworfen. Bevor sie reagieren konnten, war der Spuk vorbei und ihr Funkwagen hatte ein paar Beulen mehr und einige Fensterscheiben weniger. Obwohl sich die feigen Randalierer sofort wieder entfernten, konnten Normen und sein Partner die meisten deutlich erkennen. Es waren bekannte jugendliche Straftäter aus den verschiedenen arabischen Clans.

»Macht, dass ihr wegkommt, das ist unser Kiez!«, hatten die Täter den Polizisten zugerufen, Worte, die dem Kollegen noch immer im Ohr hallen. »Kalle, was treiben die bloß, wann wird endlich effektiv gegen die vorgegangen? Meine Strafanzeige ist bisher ohne Resonanz geblieben. Meine Toleranzschwelle gegenüber diesen Burschen ist jedenfalls mittlerweile bei null. Ich bin nur noch stinkwütend!«, beendete er das Gespräch mit einem leicht resignierten Unterton in der Stimme.

Eine gezielte Provokation von grenzenloser Dreistigkeit stellt auch der folgende Fall dar, der immerhin zeigt, dass die Polizei in der Auseinandersetzung mit dieser Klientel nicht zwangsläufig klein beigeben muss. Vielleicht ein Tropfen auf dem heißen Stein …

Eine weitere Gerichtsverhandlung gegen kriminelle Clanmitglieder stand an. Gemeinsam fuhren drei Kollegen einer Fahndungseinheit zum Amtsgericht in die Turmstraße in Moabit, um dort als Zeugen auszusagen. Beim Einparken in einer Nebenstraße bemerkten sie die beiden Angeklagten und weitere drei sie begleitende Angehörige des Clans, die offensichtlich auf dem Weg zum Gericht waren, wo die Angeklagten sich für einige Körperverletzungen und Verkehrsstraftaten zu verantworten hatten.

Die Gerichtsverhandlung verlief erstaunlich normal. Doch als meine Kollegen zum Zivilwagen zurückkehrten, war das Beifahrerfenster eingeschlagen und die Funkgeräte, die Polizeikelle, Handschellen, Schutzwesten und viele weitere wichtige Utensilien waren gestohlen worden. »Das kann doch nicht wahr sein, wie rotzfrech sind die denn?«, entfuhr es den Kollegen, als sie diese Bescherung sahen. »Die wollen uns zeigen, dass sie hier machen können, was sie wollen«, ergänzte ein weiterer Mitarbeiter voller Abscheu, denn alle waren sich sicher, dass als Täter nur die drei Clanmitglieder infrage kommen konnten, die sie vor der Verhandlung zusammen mit den Angeklagten gesehen hatten. Der Gipfel von alldem war, dass zum Tatzeitpunkt mehrere Polizeifahrzeuge mit etlichen Kollegen besetzt zum Schutz des Gerichtes direkt gegenüber auf der anderen Straßenseite gestanden hatten. Der Diebstahl hatte sozusagen unter den Augen der Kollegen stattgefunden, die leider nichts davon bemerkten.

Als Antwort auf die Straftat führten wir sofort ständige Kontrollen und Überprüfungen im unmittelbaren Umfeld dieser Leute durch und machten dabei sehr deutlich, dass wir uns ihre Untaten nicht gefallen lassen. Da wir mit unserem Vorgehen ihre illegalen Geschäfte erheblich zu stören schienen, geschah, was durchaus unserer Absicht entsprach: Nur drei Tage später erhielten wir die anonyme Mitteilung, wo die gestohlenen Sachen zu finden seien. In einem Gebüsch, hinter Mülltonnen versteckt, lag dann wirklich das gesamte entwendete Gut. Offensichtlich war in diesem Fall unser ständiges Auf-die-Füße-Treten eine erfolgversprechende Methode der Verbrechensbekämpfung.

Fälle wie diese zeigen, wie frech und selbstherrlich kriminelle Angehörige dieser Großclans versuchen, den Rechtsstaat ad absurdum zu führen. Nur mühsam gelingt es uns als Polizei, das Heft des Handelns gegenüber diesen Sippen in der Hand zu behalten. Solche Verhältnisse finden sich nicht nur in Berlin, sondern in vielen Städten Deutschlands. Diese mehrere tausend Mitglieder umfassenden kurdisch-libanesischen Sippen beherrschen teilweise ganze Stadtviertel, wobei ich deutlich betonen möchte, dass selbstverständlich nicht alle von ihnen in kriminelle Machenschaften verwickelt sind. In manchen Gegenden braucht man nur die einschlägig bekannten Namen zu nennen und schon zuckt alles zusammen. Anwohner, Geschäftsleute, aber auch Sicherheitskräfte beschreiben diese Verhältnisse häufig als dramatisch. Wenn beispielsweise in Duisburg-Marxloh Polizeibeamte nur noch in Gruppenstärken eingesetzt werden, weil sie allein oder zu zweit Gefahr laufen, schon bei der Ahndung geringster Ordnungswidrigkeiten von einer Horde wildgewordener Clanmitglieder angefallen zu werden, dann sind das bereits rechtsfreie Räume. Wenn sich eine dieser verbrecherischen Großfamilien so ausgebreitet hat wie beispielsweise in Bremen, wo sich wiederholt von Diebstählen, Einbrüchen und Erpressungen heimgesuchte Geschäftsleute nicht mehr anders zu helfen wussten, als mit einem Brief an die Öffentlichkeit zu gehen und die Hilflosigkeit der Polizei anzuprangern, dann ist was faul im Staate!

Nicht nur bei einfachen Einbrüchen, sondern bei annähernd allen aufsehenerregenden Raubtaten der letzten Jahre in Berlin ebenso wie in Essen, Bremen, Duisburg und anderen Städten hatten wir es mit Mitgliedern dieser libanesisch-kurdischen Großfamilien zu tun. Die Art und Weise der unverfroren und äußerst brutal durchgeführten Verbrechen ist geradezu ein Synonym dieser Tätergruppe. Sie kennen keine Grenzen mehr! Oftmals ist es genau dieser Umstand, der die Ermittler auf ihre Spur führt. So war es mir, ebenso wie denjenigen, die sich mit diesen Kriminellen intensiv beschäftigen, fast immer sofort klar, wer hinter spektakulären Verbrechen in unserer Stadt steckte. Man brauchte meist nur noch dahinterkommen, aus welcher Sippe die Täter stammten. Schwierig genug! Wie bereits erwähnt, gibt es aus diesen Clans praktisch keine Aussteiger. Sie leben total abgeschottet gegenüber ihrer Umgebung, mit eigenen Regeln und eigenen Rechtsvorstellungen.

Schwerste Straftaten
Der 33-jährige Yassin A. sollte am 23. April 2003 von einem Spezialeinsatzkommando in seiner Wohnung in Neukölln aufgrund eines Haftbefehls festgenommen werden. Er eröffnete sofort das Feuer und verletzte dabei meinen Kollegen Roland Krüger tödlich, obwohl dieser eine Schutzausrüstung trug. Nach fünfmonatiger Verhandlung wurde der Angeklagte wegen Mordes zu einer lebenslangen Freiheitsstrafe verurteilt. Kurz vor Vollendung dieses Buches muss ich in einer Tageszeitung lesen, dass er wegen guter Führung bereits nach zwölf Jahren Haft in den offenen Vollzug entlassen wird. Das heißt, er wird in den nächsten drei Jahren nur zur Nachtzeit in die Vollzugsanstalt zurückkehren müssen, um danach endgültig das Gefängnis zu verlassen. Was bedeutet dies eigentlich für Rolands Familie und auch für seine Kollegen? Ich finde diese Entscheidung mehr als fragwürdig, sie macht mich regelrecht wütend.

Im März 2010 wird ein schwerer Raubüberfall auf das Hyatt-Hotel am Potsdamer Platz verübt. Mehrere Männer stürmen maskiert und mit Macheten, Maschinenpistolen und Handgranaten bewaffnet ein hochrangig besetztes internationales Pokerturnier, das gerade dort stattfindet. Sie erbeuten über 240 000 Euro. Das alles geschieht bei laufendem Betrieb, vor den Augen Hunderter Pokerspieler und etlicher Sicherheitsmitarbeiter. Nur durch das beherzte Eingreifen eines Sicherheitsmannes verlieren die Täter einen Großteil ihrer Beute von zunächst über 800 000 Euro. Sie gehen bei diesem Überfall ausgesprochen frech und hemmungslos vor, machen vor lauter Überheblichkeit allerdings Fehler und können einige Wochen später festgenommen werden. Es handelte sich bei allen beteiligten Tätern um einschlägig vorbestrafte Angehörige von bekannten Großfamilien.

Nicht überraschend ist, dass die Beute noch immer fehlt.

Im Oktober 2014, mitten in der Nacht, hebeln unbekannte Täter die Fenster einer Sparkassenfiliale in Berlin-Mariendorf auf, nachdem sie die Telefonleitung gekappt haben, an der die Alarmanlage hängt. Dann begeben sie sich in den Keller und öffnen dort gewaltsam

332 Wertschließfächer. Sie plündern mindestens 328 Fächer und machen fette Beute: Bargeld, Münzen, Schmuck und Goldbarren im Wert von etwa 9,8 Millionen Euro verschwinden und sind bis zum heutigen Tage nicht wieder aufgetaucht. Anschließend sprengen sie die Filiale in die Luft, um ihre Spuren zu verwischen. Dabei werden nicht nur die Mitbewohner des Mehrfamilienhauses, in dessen Erdgeschoss sich die Sparkasse befindet, erheblich gefährdet, nein, es entsteht auch ein Sachschaden in Millionenhöhe. Trotzdem gelingt es den Ermittlern, die Blutspur einer Person am Tatort zu sichern. Diese ist mir und meinen Mitarbeitern längst als Intensivtäter bekannt (siehe auch das Kapitel über den Teppichraub), der Mann gehört in dritter Generation zu einer arabischstämmigen Großfamilie, die ihren Lebensunterhalt seit Jahrzehnten durch Transferleistungen des Staates bestreitet, ergänzt durch den Erlös schwerster Straftaten – ein Musterbeispiel verfehlter Integration. Schon als Jugendlicher sticht er mit dem Messer auf einen Angehörigen eines verfeindeten verbrecherischen Clans ein und verletzt ihn schwer.

Nach dem Sparkasseneinbruch gelingt es ihm, seiner bevorstehenden Festnahme zu entkommen und in die Türkei zu flüchten. Dort lässt er offensichtlich seine Verletzungen behandeln, die er sich beim Sparkasseneinbruch zugezogen hat. Im Januar 2015 wird er auf einem italienischen Flughafen erkannt, festgenommen und nach Berlin ausgeliefert. Sein Gerichtsverfahren läuft.

Und weiter geht's: Vier Tage vor dem Weihnachtsfest 2014, mitten im vormittäglichen Einkaufstrubel, rast ein dunkler Audi A8 durch die Ansbacher Straße, hält vor dem KaDeWe, fünf maskierte Männer verlassen den Wagen und stürmen in den Seiteneingang des Luxuskaufhauses. Ihre Ziele befinden sich im Untergeschoss: zwei Juwelierläden, in denen sich hochpreisiger Schmuck und überaus wertvolle Uhren befinden. Brutal zerschlagen sie mit Äxten, Macheten und spitzen Vorschlaghämmern die mit Panzerglas gesicherten Vitrinen der Geschäfte. Ein im Wege stehendes junges Paar wird rücksichtslos mit Tränengas besprüht. Der ganze Spuk dauert nur etwas länger als eine Minute, dann rennen die Männer wieder hinaus, sie haben Schmuck und Uhren im Wert von mehr als 817 000 Euro erbeutet. Blitzschnell besteigen sie den Audi und rasen davon. Insgesamt werden neunzehn Personen durch das Tränengas verletzt, das sich durch die Klimaanlage im ganzen Haus verteilt hat. Das Kaufhaus muss deshalb für etliche Stunden geschlossen werden.

Mehrere Wochen später kommt den Ermittlern ein glücklicher Zufall zu Hilfe: Der Fahrer des Fluchtautos ist offensichtlich davon überzeugt, dass sein Fahrzeug nicht wiedererkannt werden kann, und lässt den Audi in einer Werkstatt in dem rheinischen Städtchen Hilden reparieren. Die auffällige Sonderausstattung macht die Kollegen in Nordrhein-Westfalen stutzig und sie geben den Berliner Ermittlern den entscheidenden Hinweis. Daraufhin wird der Halter festgenommen und zu zwei Jahren Haft auf Bewährung wegen Beihilfe zum Diebstahl verurteilt, nachdem er zuvor Namen von Komplizen genannt hat.

Entgegen den sonstigen Gepflogenheiten, keinerlei Angaben bei den Ermittlungsbehörden zu machen, verpfeift ein weiterer KaDeWe-Räuber, der wegen einer anderen Straftat (Schießerei in Neukölln) bereits in Haft sitzt, überraschend seine vier Mittäter beim Kaufhausraub, sie können wenig später verhaftet werden. Er selbst erhält durch seine Aussage den Status eines Kronzeugen und sichert sich auf diese Weise einen Strafnachlass. Erwartungsgemäß sind alle Täter einschlägig vorbelastet, sie haben wiederholt Einbrüche, Bandendiebstähle und Raubüberfälle begangen. Erstaunlich ist in diesem Fall bloß, dass es sich um Mitglieder zweier sonst konkurrierender Großfamilien handelt, die offensichtlich für ihren Überfall eine Friedenspfeife geraucht haben. Später kommt heraus, dass die Bande ihren »Super-Coup« noch am selben Abend mit einem rauschenden Fest in einem teuren Bordell feierte.

In der Zwischenzeit wurde der dreißigjährige Jehad Al-Z., aus Sicht der Richter die treibende Kraft des Überfalls, zu knapp sieben Jahren Haft verurteilt. Zwei weitere Urteile gegen die fünf Verdächtigen liegen ebenfalls vor: einmal drei Jahre und einmal zwei Jahre und neun Monate wegen besonders schweren Raubes und dreizehnfacher

Körperverletzung. Die beiden Zwanzigjährigen gaben an, weder an der Tatplanung beteiligt gewesen zu sein noch etwas von der Beute abbekommen zu haben. Tolle Aussagen zur Milderung der Strafen!

Dass der Schmuck und die Uhren bis heute nicht aufgefunden werden konnten, überrascht wiederum nicht besonders. Auf eine diesbezügliche Frage des Richters antwortete Jehad Al-Z. mit leisem Genuschel: »Es tut mir leid.« Ebenso wenig verwundert es, dass sich der anberaumte Prozess hinschleppt und bereits zwei der mutmaßlichen Täter wieder auf freiem Fuß sind. Der Grund: Höchst merkwürdige Erinnerungslücken von Zeugen!

Wer wie meine Kollegen und ich die Entwicklung dieser Straftäter über Jahrzehnte mitverfolgen konnte, dem wird klar, dass sie zunehmend grenzenlos agieren. Ihr Werdegang war, wenig erstaunlich, fast immer gleich. Als Jugendliche und Heranwachsende beschäftigten sie sich mit Diebstählen und Wohnungseinbrüchen, dann gingen sie dazu über, sogenannte Blitzeinbrüche zu begehen, indem sie mit herausgerissenen gusseisernen Gullydeckeln die Scheiben von Bekleidungsgeschäften und Zeitungsläden einwarfen. In der Folge fuhren sie sogar mit gestohlenen Fahrzeugen in die Schaufenster von Elektrogroßmärkten, die sie dann binnen Minuten ausräumten. Die Beute war dementsprechend groß. Dass sie dabei durch die engen Gänge der Einkaufszentren rasten, um an die günstig gelegenen Schaufenster dieser Märkte zu kommen, war im Nachhinein auf diversen Überwachungsvideos gut erkennbar. Die Sore machten sie sofort zu Geld und schmissen anschließend mit den Euros nur so um sich. Wenn wir diese großkotzigen Typen dann festnahmen, erzählten sie freimütig von ihren Taten, protzten mit ihren Besuchen in Luxus-Puffs und lachten uns aus, weil wir auf ehrliche Weise nur einen Bruchteil von dem verdienen, was sie bei ihren Einbrüchen erbeuteten. Originalton: »Wir haben Moneten ohne Ende, fahren mit Luxuslimousinen, können uns scharfe Frauen und Viagra leisten, um die ganze Nacht durchzubumsen! So sieht unser Traumleben aus! Auf keinen Fall arbeiten wir wie ihr, wie die Doofen!«

Da die Strafen für ihr rechtswidriges Tun fast immer lächerlich gering waren, wurden diese jungen Täter immer rotziger, die Delikte immer schwerwiegender. So rüsten Juweliere, Großmärkte und Kaufhäuser seit Jahren zwangsweise immer weiter auf. Kleinere Geschäfte müssen sogar manchmal schließen, weil keine Versicherung mehr für die Schäden aufkommt und sie selbst nicht in der Lage sind, sich hochwertige technische Sicherungsanlagen oder Sicherheitsleute zu leisten.

Aber auch die besten Sicherungsmaßnahmen reichen nicht immer aus, wie man am Beispiel der Einbrüche in Banken und Sparkassen sowie der beschriebenen Überfälle auf das KaDeWe und das Pokerturnier sicht.

Während sich einige der zwölf kriminellsten libanesisch-kurdischen Sippen unseres Landes auf Einbrüche, Bandendiebstähle und Raubüberfälle spezialisiert haben, sind andere im Rauschgifthandel, im Anabolika- und Medikamentenhandel, in der Schutzgelderpressung und im Bereich der Prostitution aktiv. Rasch verdrängten sie dort die übrig gebliebenen einheimischen Kriminellen mit massivster Gewalt und purer »Mannstärke«. Vereinzelt kommt es auch in den genannten Deliktbereichen noch zu Revierkämpfen mit wilden Schießereien und Messerangriffen. Meist reicht es zur Einschüchterung aber aus zu erwähnen, dass man Clanmitglied ist. Viele gestandene deutsche Luden oder andere Rechtsbrecher verlieren angesichts der brutalsten Vorgehensweisen dieser meist mehrere Hundert Leute umfassenden Sippen verständlicherweise ihren Mut und überlassen ihren mächtigen Konkurrenten freiwillig alteingesessene Rechte.

Solche Einschüchterungen spielen sich bereits unter Kindern und Jugendlichen auf einigen Schulhöfen ab, wie häufig von Lehrern berichtet und von uns selbst erlebt und angezeigt. Kommt es dort zu Streitigkeiten, braucht bloß einer der Streithähne zu erwähnen, dass er diesem oder jenem Clan angehört, dann gibt der Kontrahent ängstlich nach, lässt sich weiter terrorisieren oder zeigt Straftaten gar nicht erst an.

Um an lukrative Standorte für den Rauschgifthandel zu kommen, versuchen diese Gangster ferner, als sogenannte Rausschmeißer die Türen zu kontrollieren, also das Sicherheitspersonal in Diskotheken, Bars und Gaststätten zu stellen. Da werden die Eigentümer oder Pächter der gastronomischen Betriebe erpresst und genötigt, es werden schwere Schlägereien angezettelt und vieles mehr, bis das jeweilige Opfer entnervt zustimmt und diese »Sicherheitsleute« einstellt. Damit kommen sie vom Regen in die Traufe. Nicht selten passiert es, dass die Clans die Betriebe irgendwann selbst übernehmen.

Ein weiterer frecher Versuch, ihre eigene Macht auszudehnen, war das tatsächlich ernst gemeinte Angebot eines Clan-Chefs an den Bezirksbürgermeister von Neukölln, mit den eigenen Männern für die Sicherheit im öffentlichen Raum zu sorgen. So diente man sich an, die massiven Drogenprobleme auf dem Hermannplatz, einem zentralen Verkehrsknotenpunkt dieses Bezirks, für sehr viel Geld und mit eigenen Methoden zu beseitigen. Unfassbar, aber wahr. Glücklicherweise wurden wir als Polizei vor Übernahme dieses »gutgemeinten« Vorschlags gefragt und konnten das Desaster gerade noch abwenden.

Ganz so toll lief es im Landesamt für Gesundheit und Soziales Berlin (LaGeSo) nicht ab. Dort gelang es tatsächlich einigen der stadtbekannten Kriminellen, im Sicherheitsdienst bei der Überwachung von Flüchtlingsunterkünften mitzuarbeiten. Sie hatten auch Zugang zu sensiblen Daten der Flüchtlinge, bevor sie endlich erkannt wurden und man ihnen kündigte. Mehr als peinlich!

Wie weit die Abschottung gegenüber unserer Gesellschaft geht, zeigt sich an folgendem Fall: Der Anruf auf der Wache des Polizeiabschnitts 54 verheißt nichts Gutes. »Messerstecherei auf der Sonnenallee!«, schreit ein Unbekannter ins Telefon und legt sofort auf. Mit zwei Funkwagen rasen wir die Sonnenallee entlang und schon von Weitem sehen wir an der Ecke Pannierstraße eine Menschenansammlung von mindestens dreißig Männern. Beim Aussteigen bemerke ich einen Mann, der auf dem Boden liegt und von mehreren anderen umringt wird, während eine zweite Gruppe danebensteht und wild gestikuliert.

Wir, erkennbar durch unsere Uniformen, werden zwar wahrgenommen, aber ignoriert. Mühselig bahnen wir uns einen Weg durch das Gewühl zu dem am Boden Liegenden, der, wie wir nun sehen, aus einer Wunde am rechten Arm blutet. Plötzlich tritt ein älterer Mann auf mich zu, stellt sich höflich als Hassan Allouche vor und erklärt mir in ruhigem Ton, dass er Friedensrichter sei und hier vor Ort bereits alles geregelt habe. Er führt weiter aus, dass er die beiden streitenden Familien vertritt und dass eine einvernehmliche Lösung zwischen beiden Parteien gefunden wurde. Wir als Polizei könnten den Fall als erledigt ansehen, wir sparten Zeit und Geld. Er übergibt mir seine Visitenkarte und ergänzt, dass er jederzeit bereit sei, der Polizei bei Streitigkeiten zwischen den kurdisch-libanesischen Clans zu helfen.

Zunächst bleibt mir die Sprache weg. Mitten in Berlin, im 21. Jahrhundert, werde ich mit einem mittelalterlichen Ritus von Gerechtigkeitsfindung als einer Art Paralleljustiz konfrontiert, und das mit einer Selbstverständlichkeit, die erschreckt.

Nachdem weitere Unterstützungskräfte eingetroffen sind, führen wir unsere normalen polizeilichen Maßnahmen durch, dabei auf pures Unverständnis und keinerlei Aussagebereitschaft treffend. Wieder ein Fall von gefährlicher Körperverletzung, der weder durch den Geschädigten noch durch Zeugen und schon gar nicht durch den Verursacher geklärt werden kann. Wir treffen auf ein Kartell des Schweigens!

Der Friedensrichter gab aber nicht auf. Er erschien einige Monate später auf dem Polizeiabschnitt und bot erneut seine Dienste an. Natürlich lehnte ich dieses Angebot entschieden ab.

Erstaunt war ich aber darüber, dass es im Hinblick auf die Friedensrichter durchaus unterschiedliche Meinungen innerhalb der Behörden und auch der Politik gibt. Einige könnten sich durchaus vorstellen, dass bei Familienstreitigkeiten oder ähnlichen Auseinandersetzungen eine solche Art der Paralleljustiz Sinn machen würde. Sie sehen diese Friedensrichter als geeignete Mittler, die in bestimmten Kulturen ihre Berechtigung haben. Als Begründung führen sie an, dass diese selbsternannten oder durch ererbte Rechte berufenen Friedensrichter mehr Verständnis für eigene Sitten und Gebräuche mitbrächten, ihre Akzeptanz innerhalb der Clans unbestritten sei und ihr Einsatz zu einer Entlastung unserer Justiz führen könne.

Ich meine, das ist ausgesprochen naiv gedacht und steht unserem Grundgesetz diametral entgegen. Wie soll jemand, der mit einem hierarchischen Verständnis von Familienstrukturen sozialisiert wurde, etwa bei Streitfällen zwischen Mann und Frau die im Grundgesetz festgeschriebene Gleichberechtigung berücksichtigen? Nur ein Beispiel von vielen. Hinzu käme, dass es dann in unserem Land zweierlei Recht gäbe. Unfassbare Träumereien einiger Sozialromantiker!

Wie aber kann man der Parallelgesellschaft von kriminellen kurdisch-libanesischen Sippen beikommen? Wie kann man verhindern, dass diese Clans weiterhin unser Rechtssystem missbrauchen, bedrohen und ernsthaft beschädigen? Eine der Möglichkeiten habe ich bereits beschrieben: sie durch ständiges Auf-die-Füße-Treten stören. Eine weitere Initiative ist bereits angelaufen, gegründet wurde eine eigene Abteilung beim Landeskriminalamt, die sich intensiv um diese Straftäter kümmert. Hinzukommen müssten endlich: konsequent harte Strafen; ständiges Veröffentlichen ihrer Machenschaften; staatliche Erziehung für Kinder aus den kriminellen Clans; und schließlich rigoroses Einziehen von Vermögenswerten durch eine Umkehr der Beweispflicht ihrer Vermögen.

Denn woher haben sie das Geld für teure Autos, Häuser, Wohnungseinrichtungen usw., ohne dass sie auch nur eine Stunde in ihrem Leben gearbeitet haben? Eine Beweislastumkehr zur leichteren Vermögensabschöpfung ist also dringend gefordert! Es ist nicht hinnehmbar, dass Mitglieder dieser Sippen die teuersten Autos fahren, sich Rechtsanwälte leisten, die normale Menschen nicht bezahlen können, ganze Mehrfamilienhauszeilen bauen, die laut Grundbucheintrag einer Schneiderin aus dem Libanon gehören, und dass sie, wie es aktuell geschieht, sogar als Vermieter für Flüchtlingsunterkünfte auftreten und so Geldsummen von staatlicher Seite empfangen, die ihre illegalen Gewinne aus dem Rauschgifthandel, der Prostitution und vielem anderen weit übertreffen. Eine perfekte Methode der Geldwäsche.

Kollegen erzählten mir kürzlich, dass eine Einbrecherbande, bestehend aus Mitgliedern einer arabischen Großfamilie und Tätern vom Balkan, lukrativen Geschäften mit Flüchtlingen aus Syrien und anderen arabischen Staaten nachging. Ermittlungen anlässlich der Festnahme dieser Bande im Mai 2016 ergaben, dass sie vier recht heruntergekommene Häuser in Berlin gekauft oder gemietet hatten und dort eine Willkommenskultur der ganz eigenen Art betrieben. Nicht nur, dass sie einige dieser Menschen, die dort eingezogen waren, überredeten, für sie die Drecksarbeit bei kriminellen Geschäften zu übernehmen, nein, sie verkauften ihnen auch Handys, Bettzeug, Mobiliar und andere Gebrauchsgegenstände, die sie zuvor bei mehr als vierzig Einbrüchen in Möbelhäuser, Matratzen- und Bettengeschäfte, Großhandelsunternehmen, Unterhaltungselektronikgeschäfte usw. erbeutet hatten. Größtenteils statteten sie sowohl die Unterkünfte als auch ihre eigenen Wohnungen mit dem Diebesgut aus. Die verursachten Sach- und Entwendungsschäden liegen mit Sicherheit im Bereich von mehreren 100 000 Euro.

Dass uns die meisten dieser Täter sei Jahren bekannt sind, erstaunt mich schon lange nicht mehr. Diese Schwerstkriminellen haben wie erwähnt in den Jahren zuvor mehrfach wegen ähnlicher Delikte vor Gericht gestanden. Sie trafen aber auf eine regelrechte »Kuscheljustiz«!

Dirk Banse berichtet in der »Berliner Morgenpost« vom 30. Januar 2004 unter der Überschrift: »LKA-Beamter übt massive Kritik an der Justiz« über einen hochrangigen Beamten des Landeskriminalamtes Berlin, der in einem Schreiben an die Senatsinnenverwaltung die lasche Behandlung von Schwerstkriminellen durch die Justiz beklagt. Wörtlich heißt es in dem Brief: »In der jüngeren Vergangenheit sind hier Fallkonstellationen bekannt geworden, in denen zu langjährigen Haftstrafen verurteilte Gewalt- und OK-Straftäter dennoch Haftverschonung erhalten oder direkt, beziehungsweise zeitnah, in den offenen Vollzug gelangen. In einigen Fällen nutzten die Betroffenen sogar Freiräume zur erneuten Strafbegehung.«

Eines der in dem Brief genannten Beispiele befasst sich mit der von mir geschilderten Gerichtsverhandlung (siehe das Kapitel »Der Strafprozess«). Ich zitiere auszugsweise aus dem Artikel: »Kopfschütteln löst beim Landeskriminalamt auch der Fall der libanesisch-kurdischen Großfamilie R. aus Neukölln aus. Über diesen Clan schreibt der Polizist, dass er ›hinsichtlich seiner kriminellen Energie als einer der relevantesten in Berlin anzusehen ist‹. Am 8. November 2002 seien Angehörige dieses Clans wegen schweren Bandendiebstahls und anderen Delikten zu sieben Jahren (Adounise R.), beziehungsweise zwei Jahren und zwei Monaten Haft verurteilt worden. Mit Beschluss des Landgerichts Berlin ›vom gleichen Tag wurden sie unter Meldeauflagen vom Vollzug der UHaft verschont. Noch vor Weihnachten 2002 sollte eigentlich der Strafantritt erfolgen. Bereits in der Silvesternacht 2002/03 waren Adounise R. und weitere Familienmitglieder maßgeblich an einer gewaltsamen Auseinandersetzung beteiligt, die wenige Tage später in einem versuchten Tötungsdelikt gipfelte.‹ Der Beamte des LKA erklärt, dass die Mitglieder dieser Familie anhand zahlreicher Vorverurteilungen auch bei Gericht wohl bekannt seien. ›Die bislang gewährte Haftverschonung kann polizeilicherseits nicht nachvollzogen werden.‹«

In seinem Brief führt der Beamte des LKA noch weitere Beispiele auf, alle in Bezug auf libanesisch-kurdische Clans. Im Schlussabsatz seines Artikels schreibt Dirk Banse: »Der Vorsitzende der Gewerkschaft der Polizei, Eberhard Schönberg, sagte auf Anfrage der Berliner Morgenpost: ›Derartige Urteile feiern die Kriminellen als Sieg über den Rechtsstaat.‹«

Dieser Zeitungsartikel ist über vierzehn Jahre alt! Geändert hat sich seitdem nicht viel. Die gleichen Straftaten, dieselben Namen, dieselben Clans, erweitert lediglich um nachwachsende Generationen, und noch dreistere Vorgehensweisen.

Zum Ende dieses Kapitels eine Episode, über die man lachen müsste, wenn sie nicht so ernüchternd wäre: Der oben erwähnte

Clan-Chef mit der Schusswunde im Bein mietet (!) sich ein Einfamilienhaus direkt neben einer Polizeidienststelle. Wenig später beschwert er sich über die Einsatzwagen, die vom Gelände fahren und dabei häufig Blaulicht und Sirene benutzen. Er erscheint auf der Wache dieses Abschnitts und verkündet lautstark: »Ich fühle mich gestört, unterlassen Sie die Ruhestörungen, ich möchte Anzeige erstatten!«

Erstaunt lese ich nun in einem Wahlprogramm für 2016, dass den kriminellen Clans, der organisierten Kriminalität und der Paralleljustiz der Kampf angesagt werden soll. Ja, es wird sogar ein landesweites Anti-Clan-Konzept gefordert. Donnerwetter! Dies fordern wir als Praktiker der Polizei nun schon seit mehr als zwanzig Jahren!

Nicht vergessen möchte ich, dass uns bei Weitem nicht nur kurdisch-libanesische Clans das Leben schwermachen. Auch rumänische, russische, georgische, albanische, bulgarische, bosnische Banden, Clans usw. – die Aufzählung ist nicht vollständig – fühlen sich bei uns pudelwohl, treiben hier ihr Unwesen und bedienen, ganz im Sinne ihrer jeweiligen Fertigkeiten, die gesamte Palette des Strafgesetzbuches.

Nicht hilfreich für die polizeiliche und strafrechtliche Verfolgung ist hierbei mit Sicherheit auch die Möglichkeit der doppelten Staatsbürgerschaft. Mit zwei Pässen versehen kann man sich nach der Begehung einer schweren Straftat locker in sein Heimatland, z. B. den Libanon, absetzen und braucht nicht zu befürchten, nach Deutschland ausgeliefert zu werden. Auslieferungs- und Rechtshilfeabkommen bestehen zu etlichen Ländern der Erde mit Deutschland nicht oder nur sehr eingeschränkt. Eine weitere Methode, sich unserem Rechtsstaat zu entziehen, und das mit Hilfe der eigenen Behörden.

Wann wohl spielt man endlich auf der gesamten zur Verfügung stehenden Klaviatur der Sanktionsmöglichkeiten, um bei der Bekämpfung der organisierten Kriminalität zum Erfolg zu kommen?

13 Kindesmissbrauch IV

Das Telefon auf meinem Büroschreibtisch läutete dreimal schrill. »Polizeihauptkommissar Gaertner, 1. Dienstgruppe des Polizeiabschnitts 54«, meldete ich mich wie immer, nachdem ich den Hörer abgenommen hatte.

Die weibliche Anruferin kam ohne Umschweife zur Sache. Lautstark, aggressiv und oberlehrerhaft formulierte sie eine deutliche Anklage gegen meine Person: »Mein Name ist Ingeborg S., ich bin die Betreuerin von Tarek B., der hier vor mir sitzt und weinend Verwerfliches berichtet. Sie können ihn doch nicht dazu anhalten, sogar anstiften, auf den Strich zu gehen, damit sie Namen von Kinderschändern erhalten. Das ist unerhört, das ist verantwortungslos, ja, strafbar!«, kreischte sie mit schriller Stimme in mein rechtes Ohr.

»Sie sind also die neue Betreuerin von Tarek? Das ist nett, dass Sie anrufen. Ich werde gleich vorbeikommen, damit wir uns kennenlernen und die Vorwürfe klären«, erwiderte ich ruhig und gelassen. Da wir seit geraumer Zeit täglich von zwei geistig verwirrten Frauen unzählige Anrufe entgegennehmen mussten (siehe Kapitel »Psychisch gestörte Menschen«), war die Freisprechfunktion unserer Telefone angestellt, sodass mein Vertreter Bernd die Vorwürfe von Ingeborg S. mithörte. Er verstand sofort mein Handzeichen, alarmierte über sein Handy unsere Zivilstreife und schickte sie zur uns bekannten Dienststelle dieser Betreuerin.

Eine richtige Maßnahme, wie ich sogleich feststellte, denn mein Angebot, zu ihr zu kommen, lehnte sie mit der Begründung ab, dass ihre Sprechzeit gleich zu Ende sei und sie dringend etwas erledigen müsse. Auch meine Bitte, mir Tarek ans Telefon zu holen, wies sie als ganz unmöglich zurück. Daraufhin beendete ich das Gespräch mit dem Begehren, sie am nächsten Tag erneut sprechen zu können.

Da stimmte doch etwas nicht. Tarek war nach meinen Erfahrungen zu solch tränenreichen Gefühlsausbrüchen gar nicht fähig. Ich hatte ihn als ausgesprochen gerissen kennengelernt. Wahrscheinlicher schien es mir, dass er nach der Aktion mit seinem Bruder Luan und der Festnahme des Detlef P. auf die Idee gekommen war, dass wir als Polizei, und speziell ich, seine »Stricher-Tätigkeiten« zu sehr störten. Oder man hatte ihn angestiftet!

Klar war mir jedenfalls, dass seine aus er Luft gegriffenen Anschuldigungen unsere Ermittlungen behindern sollten. Trotz einer gewissen Bauernschläue war er naiv genug zu glauben, dass er uns so in Verruf bringen oder einschüchtern könne und wir ihn weiter ungestört agieren lassen würden. Ich rief Waldi an, der bereits mit weiteren Zivilfahndungskollegen in der Nähe der Betreuungseinrichtung von Ingeborg S. Aufstellung genommen hatte. Waldi, der um die Problematik dieser Pädophilenszene nicht nur wusste, sondern auch einige der Akteure kannte, bat ich darum, Tarek nach Verlassen der Einrichtung zu beobachten. Irgendetwas oder irgendwer musste hinter Tareks Handlung stecken, so vermutete ich.

Nur vierzig Minuten später rief Waldi an und berichtete Ungeheuerliches. Tatsächlich hatte Tarek, unmittelbar nachdem er das Haus der Betreuerin S. verlassen hatte, ein Auto bestiegen, in dem der schon erwähnte, uns bekannte Pädophile und selbsternannte »Familienbetreuer« Manfred saß. Nachdem beide lebhaft miteinander gesprochen und mehrfach herzlich gelacht hatten, wie Waldi durch sein Fernglas beobachten konnte, fuhr Manfred los und setzte Tarek kurz darauf vor dessen Wohnhaus ab. Er war sich offenbar sehr sicher, dass er überhaupt nichts befürchten musste, obwohl ihm bekannt war, dass Ermittlungen gegen ihn liefen.

Waldi war gerade mit seinem aufschlussreichen Bericht am Ende, da hielt mich nichts mehr im Büro, und zwanzig Minuten später traf ich bei der Betreuerin Ingeborg S. ein. Sie hatte ihre angeblich dringende Erledigung augenscheinlich nur vorgetäuscht, denn sie saß seelenruhig in ihrem Büro und trank Kaffee. Mich mühsam beherrschend erklärte ich, wer ich sei, und fragte sie, ob sie überhaupt wisse, was ihr Schützling so treibe. Ich machte sie explizit darauf aufmerksam, dass sie ihre Pflichten wahrzunehmen und sich auch darum zu kümmern habe, welchen Umgang Tarek pflegte. Immer noch ihre anmaßende und anschuldigende Art während des Telefonats im Hinterkopf, waren meine Ansagen vielleicht etwas heftig, aber nachvollziehbar, wie ich fand. Als ich ihr dann klarmachte, welchen Hintergrund mein Interesse an Tarek und seiner Familie hat, und ich ihr außerdem von den Beobachtungen erzählte, die meine Kollegen gemacht hatten, war es mit ihrer hochnäsigen Art vorbei. Erschrocken merkte sie, dass sie von Tarek hinterhältig »auf die Rolle geschoben«, also zum Narren gehalten worden war, um sie gegen uns als Ermittlungsbehörde aufzubringen. Ihr wurde bewusst, dass vermutlich der Kinderschänder Manfred dahintersteckte, gegen den wegen des Missbrauchs von Tarek und seinem Bruder Luan intensiv ermittelt wurde. Kleinlaut bat sie mich, mit uns zukünftig eng zusammenarbeiten zu können.

Damit war es in meinen Augen längst nicht getan. Dieses schmutzige und immer dreister werdende Geschäft des Missbrauchs von Kindern und Jugendlichen brachte mich zunehmend in Wut, es musste endlich etwas geschehen! Aber auch mein späteres Gespräch mit dem amtlichen Betreuer von Tareks Bruder Luan brachte mich nicht wesentlich weiter. Im Gegenteil! Ich musste feststellen, dass diesem beispielsweise bekannt war, dass Luan seiner Schulpflicht nicht nachkam. Er war bereits als sogenannter »Wanderpokal« auf vier verschiedenen Schulen eingeschult worden und hatte es dort jeweils nur wenige Tage ausgehalten. Des Weiteren war eine Heimunterbringung daran gescheitert, dass er sich, unmittelbar nachdem er dort untergebracht worden war, sofort wieder aus dem Staub gemacht hatte. Der Betreuer war mit seinem Latein am Ende und machte dies auch deutlich, indem er mir vermittelte, dass er keine effektiven Möglichkeiten mehr sah, für Luan eine ordnungsgemäße Schulbildung zu gewährleisten. Er betonte außerdem, dass die bereits durchgeführten Maßnahmen Unsummen von Geld verschlungen hätten und er sich auch um weitere Kinder kümmern müsse.

Diese Erklärungen musste ich notgedrungen erst einmal respektieren. Aufgeben kam aber nicht in Frage, dazu hatte mich die dreiste Art des Pädophilen Manfred zu sehr geärgert. Der muss in den Knast, dachte ich, wobei mir bewusst war, dass weder Tarek noch Luan gegen ihn aussagen würden.

Zunächst einmal nahmen mich andere Kriminalfälle in Anspruch, doch ich hätte zu diesem Zeitpunkt jede Wette angenommen, dass ich bald wieder etwas von den Brüdern hören würde …

14 Kleinsteinpflaster

Erschrocken riss ich meine Augen wieder auf, die Sekundenbruchteile zuvor überwältigt von Müdigkeit zugefallen waren. Es war 4 Uhr in der Nacht, wir waren seit vierzehn Stunden auf Streifenfahrt und es wurde Zeit, Feierabend zu machen. Worle, mein Partner in dieser dunklen, mondlosen Nacht, schien genau das Gleiche zu denken: »Kalle, in dieser Schicht reißen wir nichts mehr auf, lass uns zur Unterkunft fahren und eine Mütze voll Schlaf nehmen«, bekräftigte er unbewusst meinen Gedankengang.

»Du hast recht, es ist eine tote Schicht, fahr rein«, erwiderte ich gähnend. Schon gab Worle Gas und fuhr rasant durch die Pflügerstraße, eine Nebenstraße in Nord-Neukölln. Ich richtete mich auf meinem Beifahrersitz wieder etwas auf, holte tief Luft und blickte versonnen nach links durch das Fahrerfenster. »Worle, fahr mal bis zur Ecke und halte hinter dem dort parkenden Lastwagen an. Da haben sich auf der anderen Straßenseite gerade zwei Personen beim Vorbeifahren weggeduckt!« Plötzlich wieder hellwach, ergriff ich mein Fernglas, während Worle, schläfrig und leicht verdutzt, unser Fahrzeug hinter dem Lkw zum Stehen brachte und das Licht ausschaltete. Durch mein Fernglas, das besonders fürs nächtliche Sehen geeignet ist, konnte ich zwei dunkel gekleidete Gestalten erkennen, die sich langsam wieder aufrichteten, kurz nach rechts und links schauten und dann Kleinpflastersteine von einem großen Haufen nahmen, die sie auf die offene Ladefläche eines Anhängers warfen.

»Die klauen Steine von der Baustelle da hinten!«, ließ ich Worle wissen.

»Ach, lass die machen, die paar Steine wird keiner vermissen«, war seine müde Antwort.

Meine eigene Müdigkeit musste mit meiner Neugier einen kurzen Kampf ausfechten, dann siegte der kriminalistische Spürsinn. Jetzt erwachte auch Worle wieder zum Leben. Offensichtlich hatte sich mein plötzlicher Energieschub übertragen. Er startete und wendete unseren Zivilwagen, um kurz darauf am Anhänger zum Stehen zu kommen.

Die beiden Gestalten stellten sich als ein schon leicht betagtes Ehepaar heraus. Sie hatten die Ladefläche des Anhängers bereits mit einem großen Haufen Kleinpflastersteinen fast vollständig beladen. Ausgesprochen ruhig nahmen sie zur Kenntnis, dass wir Polizisten sind, und äußerten scheinheilig, dass ja die Steine hier so rumlägen und sie einige davon für die Pflasterung ihres Gartenweges bräuchten.

»Das ist Diebstahl, das ist doch erkennbar eine Baustelle hier und diese Steine gehören der Baufirma!«, versuchte Worle ihnen klarzumachen. Der Erfolg seiner Worte hielt sich ziemlich in Grenzen und unserer Aufforderung, ihren Anhänger wieder zu leeren, kamen sie nur schleppend nach. Aber immerhin, nach einer guten halben Stunde hatten sie wieder alle Steine zurück zur Baustelle gebracht.

Mein Glaube an ihre Naivität war inzwischen einem gesunden Misstrauen gewichen. Ich glaubte einfach nicht daran, dass diese beiden hier das erste Mal Steine stehlen wollten. Unterstrichen wurde meine Ahnung durch ein mir vertrautes Ziehen im Oberbauch, das auf Ungemach hindeutete. So machten wir uns gemeinsam auf, um ihre Wohnanschrift zu überprüfen, die nur drei Straßen entfernt lag. Worle war nicht gerade begeistert. Er meinte, dass es ausreiche, wenn die Steine wieder auf der Baustelle lägen und wir eine Anzeige schrieben. Kurz darauf wurde er eines Besseren belehrt, und zwar auf eine explosivere und gefährlichere Weise, als auch ich es mir vorgestellt hätte.

Zunächst einmal handelte es sich bei der Anschrift des Ehepaars um ein normales Wohnhaus und nicht um ein Gartengrundstück, wie von ihnen erklärt und von uns vermutet. Ihre Wohnung befand sich in der ersten Etage, und schon beim Aufschließen der Eingangstür machte Herr H. plötzlich einen sehr aufgeregten Eindruck. Kaum hatte er den Schlüssel umgedreht, riss er die Tür auf, sprang blitzartig in den Flur hinein und direkt auf ein Regal zu, das neben dem Eingang stand. Bevor er eine dort griffbereit liegende Pistole packen konnte, sprang ich ihn regelrecht von hinten an, versetzte ihm einen heftigen Schlag auf den Arm, drehte ihm den Arm auf den Rücken und brachte ihn zu Fall. Dann legte ich ihm Handschellen an. Glücklicherweise war mir seine Nervosität vorher aufgefallen und ich hatte mich innerlich auf eine mögliche Konfrontation eingestellt.

Unmittelbar nachdem ich ihn aufgerichtet hatte, erklärte er in unterwürfigem Ton, dass er mir die Waffe doch bloß hatte zeigen wollen. Eine tolle Ausrede!

Bei der darauf folgenden Wohnungsdurchsuchung kamen Worle und ich aus dem Staunen nicht mehr heraus. Sie beschäftigte uns glatte fünf Stunden, bis in den Vormittag hinein. Bei Herrn H. handelte es sich, wie wir feststellen mussten, um einen großen Waffennarren. Die Wohnung war mit Waffen jeglicher Art geradezu vollgestopft. Da lagen Gewehre, Maschinenpistolen, Revolver, Armbrüste, Zielfernrohre und anderes Kriegsgerät kreuz und quer verteilt in sämtlichen Zimmern herum. Schnell stellten wir fest, dass der Besitz dieser Waffen zum Großteil verboten war. Seine Frau zeigte uns zwar einen gültigen Waffenschein, der auf ihren Mann ausgestellt war, der galt aber nur für vier Waffen. Allein sieben waffenscheinfreie Revolver und Pistolen waren nachträglich zu scharfen Schusswaffen umgebaut worden.

Besonders erschreckte uns aber, dass dieser Waffennarr die Munition für seine Schusswaffen selbst herstellte. Zu diesem Zweck lagerte er große Mengen Schießpulver und anderes hoch entzündliche Material in einem zur Werkstatt umgebauten Zimmer. Und das mitten in einem vierstöckigen Wohnhaus!

Die Kollegen vom zuständigen Referat der polizeitechnischen Untersuchungsstelle, die von uns alarmiert wurden, sahen den Fall aber wesentlich gelassener als wir. »Packt mal alles zusammen, wir kommen so in zwei Stunden vorbei und gucken uns den ganzen Schmarrn mal an«, war ihre unaufgeregte Reaktion.

Aus später gefundenen Unterlagen ging dann hervor, dass dieser »harmlose« Waffennarr und Kleinpflasterdieb einen umfangreichen illegalen Waffenhandel betrieb. Wir hatten also einen Volltreffer gelandet. Seine Frau wollte im Übrigen von all dem nichts bemerkt haben, obwohl die gesamte Wohnung einer Waffenwerkstatt glich.

Worle, einer meiner zuverlässigsten Mitstreiter, kommentierte gerne und durchaus auch mit feiner Ironie zurückliegende Kriminalfälle. Diese Waffengeschichte hielt er mir lächelnd und kopfschüttelnd Jahre später mit den Worten vor: »Da wollen zwei angejahrte Eheleute mitten in der Nacht Kleinpflastersteine klauen, nicht gerade ein umwerfender Kriminalfall, du aber mit deinem Näschen bestehst auf eine Wohnungsdurchsuchung, und wat finden wir? – Ein Waffenlager vom Feinsten, ich kann das bis heute nicht fassen!«

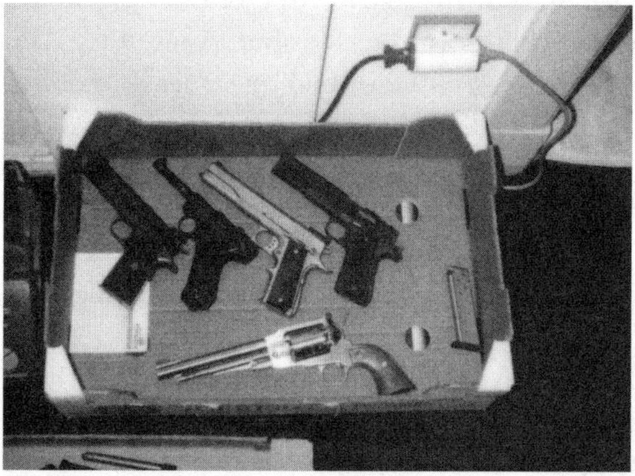

Pistolen

Revolver und weitere Pistolen

Dass diese Waffennarren sich meist auch als Waffenhändler betätigen, ist ein offenes Geheimnis. Wo sonst kann man sich für die unterschiedlichsten Straftaten eine Schusswaffe besorgen und ein Verbrechen begehen, wie das, von dem im nächsten Kapitel die Rede ist?

15 Hinrichtung

Wie schnell man als Polizeibeamter unerwartet in eine Situation gerät, in der ein einziger Fehler dazu führen kann, dass man selbst zum Opfer wird, zeigt der Hergang bei einer Kurierfahrt meines Mitarbeiters Erfi.

Erfi hatte an diesem Vormittag den banalen Auftrag, sieben Kollegen und Kolleginnen unseres Polizeiabschnitts in der Sonnenallee zum Dienstsport in die einige Kilometer entfernte Sporthalle in der Kreuzberger Friesenstraße zu bringen. Er selbst konnte an dieser wöchentlichen Körperertüchtigung nicht teilnehmen, weil das Gruppenfahrzeug, das dem Transport diente, für weitere dienstliche Maßnahmen dringend gebraucht wurde und deshalb zum Abschnitt zurückgefahren werden musste. Der chronische Mangel an Dienstkraftfahrzeugen ist seit Jahren ein Kümmernis für uns Polizisten und wurde von uns oft angemahnt. Letztlich ist er dem Sparkurs der Politik geschuldet, so wurde es uns immer wieder mitgeteilt.

Die Hinfahrt verlief ereignislos, außer dass sich unser Fahrer Erfi einige Spötteleien vom Rest der Gruppenwagenbesatzung gefallen lassen musste, der ihm unterstellte, den Fahrerjob nur übernommen zu haben, um selbst nicht sportlich aktiv werden zu müssen.

Erfis Rückfahrt gestaltete sich dann allerdings ganz und gar anders als geplant, nämlich hoch dramatisch, genauer wie folgt: Erfi fuhr also in Erwartung neuer dienstlicher Aufträge in Richtung des Polizeiabschnitts, als er in Höhe der Kreuzung Flughafenstraße/Mainzer Straße auf einen Mann aufmerksam wurde, der wild gestikulierend auf dem Gehweg stand. Offensichtlich wollte er Erfi dazu bringen, anzuhalten, was dieser auch tat. Quietschend bremste er ab, hielt an und stieg aus, um mit dem Mann zu reden. Doch bevor er klären konnte, was dieser von ihm wollte, sah er durch die Fenster einer gegenüberliegenden Bäckerei eine grell orangefarbene Flamme blitzartig aufleuchten. Gleichzeitig hörte er mehrmals ein lautes Knallen, Es war ihm augenblicklich klar, dass dort geschossen wurde. In dieser Situation handelte er, wie sich im Nachhinein herausstellte, ausgesprochen überlegt und taktisch klug.

Zuerst gab er über Funk seinen Standort durch und bat dringend um Unterstützung mit dem Zusatz: »Schießerei!« Gleichzeitig suchte er Deckung hinter dem Kotflügel seines Fahrzeugs, zog seine Waffe und behielt aufmerksam die Eingangstür der Bäckerei im Auge. Noch während er seine Meldung über das mobile Funkgerät absetzte und bevor er in Richtung der Bäckerei loslief, beobachtete er, dass ein Mann mit einer Pistole in der rechten Hand das Geschäft verließ. Vorsichtig seine Deckung verlassend und mit dem lauten Ruf: »Waffe fallen lassen, stehenbleiben, Polizei!«, versuchte er diesen Mann zu stoppen. Der ließ sich jedoch überhaupt nicht beirren, sondern rannte, die Pistole vor sich haltend, in Richtung Karl-Marx-Straße davon. Erfi nahm die Verfolgung auf und stellte dabei unter Beweis, dass an dem Kollegenspott über seine mangelnde Körperertüchtigung nichts dran war, denn sehr schnell verkürzte er den Vorsprung des Schützen. Dabei forderte er ihn erneut mehrmals lautstark auf stehenzubleiben und seine Waffe auf den Boden zu werfen. Und wirklich, der Kerl stoppte ab, drehte sich langsam um und senkte die Hand mit der Schusswaffe, als er erkannte, dass Erfi ihn mit der Waffe bedrohte und erneut unmissverständlich aufforderte, die eigene Pistole auf den Boden zu legen.

Zeitlupenartig kam er der Aufforderung Erfis nach, legte erst die Pistole und dann sich selbst bäuchlings mit weit vom Körper abgespreizten Armen auf den Bürgersteig. Aufmerksam sichernd bat Erfi einen mitgelaufenen Zeugen dem am Boden Liegenden Handfesseln anzulegen, die er aus seinem Gürtel zog und an den Zeugen überreichte. Erst als dies geschehen war, gab er seine Sicherungshaltung auf und schob mit dem Fuß die Pistole des Täters aus dessen Reichweite. Just in diesem Moment trafen die ersten Unterstützungskräfte ein und übernahmen sofort den am Boden fixierten Mann.

Der eigentliche Schock sollte für Erfi allerdings noch folgen. Der von ihm überwältigte Schütze hatte in der Bäckerei seine Ehefrau erbarmungslos mit mehreren Schüssen regelrecht hingerichtet und ihre Freundin schwer verletzt. Auch diese starb wenig später im Krankenhaus an den Folgen ihrer Schussverletzungen. Der Täter hatte ein grausiges Blutbad angerichtet. Später wurde festgestellt, dass dieser barbarische Verbrecher wahrscheinlich seine Waffe nur deshalb widerstandslos auf den Boden gelegt hatte, weil sie durch einen technischen Defekt Ladehemmungen hatte.

Ich war sehr froh, als ich kurz darauf von Erfis beispielhaftem Vorgehen bei der Festnahme dieses Gewaltverbrechers erfuhr. In solch einer Ausnahmesituation die Nerven zu behalten und die richtigen Maßnahmen zu ergreifen ist mehr als löblich. Dass Erfi kurz darauf seinen normalen Dienst wieder aufnahm, als sei nichts geschehen, nötigte mir zusätzlichen Respekt ab.

In diesem Zusammenhang wird mir immer wieder die Frage gestellt, wie leicht es für die Täter ist, sich Schusswaffen zu besorgen, um damit herumzuballern. Eine Teilantwort auf diese Frage gibt das vorige Kapitel. Es dürfte auch jedem klar sein, dass unsere mittlerweile offenen Grenzen nicht nur Vorteile mit sich bringen. Einer der Nachteile ist mit Sicherheit die Möglichkeit, Waffen aller Kaliber und in großer Zahl ins Land zu schmuggeln. Bekanntlich sind die Waffengesetze in einigen der uns umgebenden Länder bei Weitem nicht so streng wie bei uns und außerdem herrschte in mehreren von ihnen vor nicht allzu langer Zeit Krieg. Dass sich dort noch unzählige Waffen in Privatbesitz befinden, erklärt glaube ich alles. Wäre es nicht so einfach, an Schusswaffen zu gelangen – Uwe könnte vielleicht noch leben.

16 Mord an Uwe Lieschied

Es war der 18. März 2006, als ich mich gegen 7 Uhr fertig machte, um zum Dienst zu fahren. Wie immer hörte ich auch an diesem Morgen im Radio die Nachrichten, als mich folgende Worte augenblicklich aus meinem morgendlichen Dämmerzustand rissen: »In den Abendstunden des gestrigen Tages wurde in der Karlsgartenstraße ein 42-jähriger Zivilfahnder der Polizei bei dem Versuch, zwei Verdächtige zu überprüfen, niedergeschossen und schwer verletzt. Beide Tatverdächtige konnten flüchten. Der Polizist befindet sich in einem lebensbedrohlichen Zustand im Krankenhaus«, beendete die Sprecherin diese schreckliche Nachricht.

Aufgrund der genannten Gegend war mir sofort klar, dass dies nur ein Kollege meines Polizeiabschnitts in der Rollbergstraße sein konnte. Schlagartig fielen mir die furchtbaren Ereignisse wieder ein, bei denen Olaf durch den größenwahnsinnigen »Imperator« eine lebensgefährliche Schussverletzung erlitten hatte, und ich zwang mich, Ruhe zu bewahren. Dieses für mich emotional sehr bedrückende Geschehnis, das ich einige Jahre zuvor nur wenige Straßen entfernt hatte erleben müssen, war mir sofort wieder so präsent, als wäre es gestern geschehen (siehe das Kapitel »Versuchter Mord« in meinem Buch »Nachtstreife«).

Erregt und mit merkbar erhöhtem Pulsschlag fuhr ich eilig zu meiner Dienststelle. Bereits beim Betreten des Polizeiabschnitts 55, der sich mitten im Neuköllner Kiez befindet, begegneten mir die Kollegen in einer betroffenen und sehr aufgewühlten Stimmung. Hastig kam mein stellvertretender Dienstgruppenleiter auf mich zu und teilte mir mit, dass der Leiter unseres Zivilfahndungstrupps,

Uwe Lieschied, angeschossen worden war und im Krankenhaus um sein Leben kämpfte. Vom diensthabenden Wachleiter und in einer eilig zusammengerufenen Besprechung erfuhr ich dann Details zum furchtbaren Ablauf der Geschehnisse vom vorherigen Abend:

Demnach war Uwe gemeinsam mit zwei Kollegen seiner Zivileinheit wie üblich Streife im Abschnittsbereich gefahren. Sie befuhren um etwa 21.25 Uhr die Flughafenstraße in Richtung Columbiadamm, als Uwe zwei Männer bemerkte, die aus Richtung Weisestraße angerannt kamen, rasch die Flughafenstraße überquerten und weiter in Richtung Fontanestraße eilten.

Uwe handelte sofort nach dem Motto, das einen erfahrenen und erfolgreichen Zivilfahnder auszeichnet, nämlich: »Wer rennt, ist verdächtig!« Sie fuhren also den Rennenden hinterher, überholten sie und bogen nach rechts in die Karlsgartenstraße ein, wo sie anhielten. Uwe verließ als Erster das Fahrzeug und sein Streifenpartner Sven folgte gleich darauf, während der Kollege am Steuer zunächst weiterfuhr, um bei den Verdächtigen kein Misstrauen zu erregen. Diese hatten in der Zwischenzeit die Gehwegseite gewechselt und sprinteten jetzt am Jahnpark entlang. Uwe und Sven liefen leicht versetzt den Verdächtigen entgegen. Als Uwe etwa fünfzehn bis zwanzig Meter von ihnen entfernt war, rief er lautstark: »Jungs, bleibt mal stehen, Polizei!« Blitzartig, ohne erkennbaren Ansatz, zog in diesem Moment einer der Männer eine Pistole aus der Jacke und schoss erbarmungslos achtmal in Richtung der beiden Zivilfahnder. Während sich Sven durch einen Sprung hinter einen am Fahrbahnrand stehenden VW-Bus retten konnte, wurde Uwe, der keine Chance hatte, sich irgendwie in Deckung zu bringen, von einem der Schüsse in den Kopf direkt über dem linken Ohr getroffen und stürzte zu Boden. Die Flüchtenden rannten in den Jahnpark und verschwanden dort im Dunkel der Nacht.

Der sichtlich unter Schock stehende Sven kümmerte sich sofort um Uwe und rief Hilfe herbei, während der Fahrer des inzwischen eingeparkten Zivil-Pkw zunächst den beiden Flüchtigen in den dunklen Park hinterherjagte.

Ein Kollege, der unmittelbar darauf eintraf, schilderte betroffen, dass Uwe, der erkennbar schwer verletzt auf dem Kopfsteinpflaster lag, aufstehen wollte und dabei sagte, dass er nur Kopfschmerzen habe. Sekunden später verlor er das Bewusstsein.

Alarmierte Rettungskräfte der Feuerwehr transportierten ihn ins Neuköllner Krankenhaus, wo er nun auf der Intensivstation um sein Leben kämpfte. Alle Mitarbeiter seiner Zivileinheit, die sofort zum Dienst alarmiert wurden, begaben sich ebenfalls ins Krankenhaus.

Der Kollege, der die Unterstützungsmaßnahmen am Abend zuvor koordiniert hatte, beendete erschöpft und übermüdet seinen Bericht und verließ die Besprechung.

»Gegenwärtig laufen Durchsuchungsmaßnahmen im Jahnpark, um verlorene Gegenstände oder andere Beweismittel zu finden, welche die Täter eventuell verloren haben und die sie überführen könnten«, ergänzte der Wachhabende die Ausführungen seines Vorredners. Anschließend wurde die Besprechung zunächst einmal beendet.

In Gedanken versunken fiel mir ein Gespräch mit Uwe ein, das ich nur circa 36 Stunden zuvor mit ihm geführt hatte. Darin war es anlässlich einer Tagung mit höheren Polizeiführern um neue theoretische Vorgaben bei der Erstellung von Statistiken gegangen und wir hatten uns heimlich darüber lustig gemacht. Aus unserer Sicht wurde hier wieder einmal die praktische Arbeit, also unsere Arbeit auf der Straße, viel zu wenig berücksichtigt, ja sogar zeitlich eingeschränkt. Wir waren uns einig, dass dies nicht dem Wohle der Bürger dienen könne und hypothetischen Nonsens darstelle. Mit dem Bild des lächelnden Uwe im Kopf begab ich mich nachdenklich und sehr betroffen in mein Büro.

In den folgenden Morgenstunden wurden dann tatsächlich auf dem Fluchtweg der Täter ein Elektroschocker, ein Pfefferspray, ein paar Handschuhe mit Schmauchspuren und eine geraubte Handtasche gefunden. So konnte zunächst erst einmal geklärt werden, warum die beiden Tatverdächtigen wie die Wilden gerannt waren. Es stellte sich heraus, dass sie eine Frau, mit der sie zuvor in einer Gaststätte gezecht hatten, in einem Hausflur überfallen und misshandelt hatten. Die angetrunkene Frau hatte damit geprahlt, viel Geld zu besitzen. Dies war Grund genug für ihre Mitzecher, ihr auf dem Weg zu ihrer Wohnung in der Flughafenstraße hinterherzuschleichen. Im Hausflur, nach heftiger Gegenwehr ihrerseits, entrissen sie ihr die Handtasche und rannten davon. Die Frau hatte sich übrigens, wie sich später herausstellte, nicht wegen des Geldes in ihrer Handtasche gewehrt – es waren nur fünfzig Euro darin –, sondern sie wollte als Migrantin nur verhindern, dass ihr der Reisepass geraubt wird.

Auf der Handtasche und an den Handschuhen entdeckten die Kriminaltechniker des Landeskriminalamtes kurze Zeit später die DNA-Spuren des polizeibekannten Mehmet E. (40) und auf dem Elektroschocker sowie dem Spray die des ebenfalls aktenkundigen Yusuf K. (31). Beide wurden unmittelbar danach zur Fahndung ausgeschrieben.

Uwe kämpfte vier Tage lang um sein Leben. Immer umgeben von seinen engsten Kollegen des Zivilfahndungstrupps, die in einem extra Raum neben der Intensivstation rund um die Uhr Wache hielten. Am vierten Tag verlor Uwe seinen Kampf. Aufgrund seiner schweren Kopfverletzung bestand keine Hoffnung mehr, dass er aus dem Koma erwachen könnte, und so wurden die lebenserhaltenden Maschinen abgeschaltet.

Die Todesnachricht schockte nicht nur seine Frau und seine beiden Söhne. Durch die gesamte Kollegenschaft der Berliner Polizei und auch durch große Teile der Bevölkerung ging eine Welle der Anteilnahme. Zwei Tage später kam es zu einem Trauermarsch, an dem über 8000 Polizisten und Polizistinnen, Politiker und Politikerinnen aller Parteien und viele Menschen dieser Stadt teilnahmen.

Während die beiden Täter acht Tage nach der Tat dank eines anonymen Hinweises vom SEK festgenommen werden konnten, erfuhr Uwes Familie eine beispiellose Solidarität. Hagi, ein enger Weggefährte und Freund von Uwe, berichtete mir später detailliert davon. Unter anderem trugen sich im Kondolenzbuch, das auf dem Abschnitt auslag, erstaunlicherweise auch viele Kleinstkriminelle ein, die Uwe häufiger festgenommen hatte. Ihr Motiv lag darin, wie sie auf Nachfragen erklärten, dass Uwe sie immer menschlich behandelt hatte und sie fassungslos und traurig über seinen Tod waren.

Da Uwe ein großer Hertha-Fan war und seine zwei Söhne begeistert Fußball spielten, kamen seine Kollegen auf den Gedanken, ein Benefiz-Fußballspiel zu Ehren des Getöteten zu veranstalten. Mit beispielloser Energie machten sie sich an die Verwirklichung ihrer Idee. Hagi erzählte weiter, dass sie, egal wo sie hinkamen, eine enorme Solidarität und Unterstützung erfuhren. Und sie schafften es tatsächlich. Am 9. April fand dieses Fußballspiel vor über 6000 Zuschauern statt. Unendlich viele Menschen aus ganz Deutschland hatten an der Umsetzung des Projekts mitgewirkt.

Hagi bemerkte zum Ende unseres Gesprächs, dass er zwar eine unterschwellige Angst und mehr Respekt vor bedrohlichen Situationen auf der Straße verspüre, trotzdem aber weitermache, da dies mit Sicherheit auch in Uwes Sinne sei.

In Gedenken an und zu Ehren von Uwe Lieschied findet seitdem Jahr für Jahr am Tattag und am Tatort eine kleine Gedenkfeier statt. Zusätzlich veranstalten seine Kollegen ein Fußballturnier, das uns alle immer mit Uwe verbindet.

In tiefem Respekt vor Uwe!

17 Kindesmissbrauch V

Nach meinem letzten frustrierenden Kontakt mit den amtlichen Betreuern von Luan und Tarek wäre ich jede Wette eingegangen, dass ich bald von den beiden Jungen hören würde. Die Wette hätte ich gewonnen! Einige Wochen später klingelte mein Smartphone – wie so oft – während des sonntäglichen Mittagessens. Leicht verärgert schob ich meinen Teller mit den schmackhaften Bouletten zur Tischmitte, wobei mich meine Frau etwas verstimmt ansah. Aufstehen, sich vom Küchentisch entfernen und den Anruf annehmen war eins. Bevor ich aber überhaupt mein Handy am Ohr hatte, hörte ich schon eine lautstarke weibliche Stimme, die undeutlich und in schlechtem Deutsch Folgendes mitteilte: »Kannst du kommen, Tochter böse, Drogen, kaputt!«

Diese Stimme erkannte ich sofort. Es war die Mutter von Luan und Tarek. Ihr hatte ich ja vor einigen Wochen meine Handynummer gegeben. Ruhig versuchte ich ihr verständlich zu machen, dass ich nicht im Dienst sei, um aber auch herauszubekommen, wie dringend ihre Tochter Hilfe benötigte. Da ich sie nur bruchstückhaft verstehen konnte, dauerten meine Bemühungen um Aufklärung mehrere Minuten an. Irgendwann wurde klar, dass sie nur vermutete, dass ihre Tochter Drogen nimmt. So verabredeten wir, dass ich am nächsten Tag gegen 9 Uhr bei ihr vorbeikäme. Zurück am Esstisch verspeiste ich meine mittlerweile merklich abgekühlten Bouletten mit Genuss, war aber in Gedanken mit dem soeben Gehörten beschäftigt.

Am nächsten Morgen fuhr ich gemeinsam mit dem Kollegen Waldi zur Wohnung der Familie B. Die Szenerie im Wohnzimmer war im Vergleich zum letzten Mal fast unverändert: Der Vater kroch und schob sich auf dem Boden herum, Luan und die Mutter saßen auf der Couch, nur Tarek glänzte durch Abwesenheit. Verwundert stellte ich allerdings fest, dass die Tochter Edona, die eigentlich in einem Heim in Brandenburg lebte, wie ich inzwischen wusste, hier ebenfalls auf dem Sofa saß.

Adelina, so hatte sich mir die Mutter bereits das letzte Mal vorgestellt, wollte mich allein in der Küche sprechen. Ihre Tochter Edona, so konnte ich ihrem Bericht mit einigen Schwierigkeiten entnehmen, hatte am gestrigen Tag plötzlich vor der Wohnungstür gestanden, sich nur mit Mühe aufrecht haltend und wirres Zeug redend. Erst heute Morgen ging es ihr, nachdem sie auf der Couch geschlafen hatte, wieder etwas besser. Adelina erklärte stark gestikulierend, dass ihre Tochter sicher erneut in die Hände böser Leute gefallen sei. »Du, helfen!«, war ihre Bitte und gleichzeitige Forderung an mich.

Nachdem wir wieder das Wohnzimmer betreten hatten, unterrichtete ich zunächst Waldi. Gemeinsam redeten wir dann mit Edona. Erstaunlicherweise sprach das fünfzehnjährige Mädchen recht gut deutsch. Nachdem sie uns anfangs eine ganze Reihe von Kraftausdrücken, die weit unter der Gürtellinie lagen, entgegengeschleudert hatte, konnten wir ein relativ normales Gespräch führen. Ja, sie fasste sogar so etwas wie Vertrauen zu uns.

Edona war ein schlankes, 1,60 Meter großes, schwarzhaariges Mädchen mit einem runden Gesicht, dem man vergangenes Leid und erlittene Pein ungeachtet seiner Jugend schon ansah. Erstaunlich offen teilte sie uns mit, was sie in den letzten Jahren erlebt hatte. Ihren Erzählungen zufolge war die Familie vor einigen Jahren aus Albanien nach Berlin gekommen. Ein Bekannter aus ihrer Heimatstadt hatte sie für viel Geld bis nach Berlin gebracht. Als sie hier angekommen waren, hatte er sie rücksichtslos ihrem Schicksal überlassen. Das war besonders verwerflich, da sämtliche Familienmitglieder weder lesen noch schreiben konnten. Hinzu kam die unbekannte deutsche Sprache. Auf meine erstaunte Nachfrage bestätigte Edona nochmals, dass lediglich sie, als Einzige in der Familie, inzwischen etwas schreiben und lesen gelernt hatte, und das nur, weil sie seit mehreren Monaten im Heim lebte, wo man es ihr beigebracht hatte.

Kurze Zeit nachdem die Familie hilflos in Berlin gestrandet war, lernten sie Manfred kennen. Den hatte Tarek angeschleppt, woher, wusste Edona nicht. Manfred erwies sich anfangs als wahrer Segen für sie alle. Er leistete Hilfe bei sämtlichen Behördenangelegenheiten. Sie bekamen etwas Geld zum Unterhalt und eine Wohnung. Manfred füllte unzählige Formulare aus, las sie vor und übersetzte sie auch. Warum er so gut albanisch sprechen konnte, wusste Edona nicht. Immer war Manfred zur Stelle, wenn sie etwas brauchten. Auch verschaffte er dem Vater eine Hilfsarbeiterstelle auf dem Bau.

Der Bericht des Mädchens lautete ungefähr wie folgt: »Die Wohnung, die er uns besorgt hatte, befand sich im selben Haus wie seine eigene, nur zwei Etagen höher. Mir ist das erst viel später aufgefallen, ich glaube, das hat der genau so vorausgeplant. Immer häufiger fragte er nämlich nach, ob wir, Tarek, Luan und ich, bei ihm schlafen wollten. Tarek hatte sich schon damals stark verändert. Er machte auf cool, hatte meistens mehr Geld als wir, ging nicht zur Schule und hing eigentlich ständig bei Manfred herum. Eines Tages bin auch ich mit nach oben gegangen. Dort war alles so toll eingerichtet und wir konnten in die Glotze gucken, Videofilme sehen und am Computer spielen. Mich störte es anfangs nicht, dass Manfred fast völlig nackt herumlief und uns ständig überall betatschte. Auch Luan war mittlerweile immer dabei. Tarek führte das große Wort und überredete uns, bei Manfred zu übernachten und in dessen Bett zu schlafen. Meiner Mutter war das vollkommen egal, sie fand es gut, einen Freund wie Manfred zu haben.

Eines Tages hatte dann mein Vater diesen Unfall. Er wurde von einem Bus erfasst, als er eine Straße überquerte. Er lag lange im Krankenhaus, und als er wieder raus kam, war er ein Krüppel, der nicht mal mehr richtig sprechen konnte. Das sehen sie ja selbst. Von diesem Tag an wurde Manfred immer aufdringlicher. Wir sollten nun mit ihm gemeinsam baden. Er machte Fotos und Filme von uns, wenn wir nackt auf seinem Bett lagen, und viele versaute Dinge!«

Hier brach ihre Stimme und sie drehte sich schamhaft zur Seite. »Du brauchst keine Einzelheiten zu erzählen, dazu wird dich eine Frau vom Landeskriminalamt vernehmen, sage uns bloß noch, wie du ins Heim gekommen bist«, ermunterte ich sie weiterzusprechen. Leise und sichtlich angespannt nahm Edona den Faden wieder auf und redete weiter.

»Ich kam einfach nicht mehr klar mit Manfred und seinen Freunden, die mittlerweile ständig bei ihm auftauchten und mit uns Sachen machten, da könnte ich gleich kotzen, das war so eklig. Manchmal kann ich nicht einmal mehr darüber weinen. Zu dieser Zeit war ich in meiner Familie die Einzige, die fast regelmäßig zur Schule ging. Allerdings wurden meine Leistungen bald immer schlechter, ich prügelte mich auf dem Schulhof mit anderen Mädchen, hatte unendlichen Zoff mit den Lehrern und lernte Jungen kennen, mit denen ich rumhing und Rauschgift nahm. So kam es auch, dass ich mit dem Klauen anfing. Ich wurde immer krimineller, schlug meine Mutter und meine Brüder, hatte eine Abtreibung, ging nicht mehr zur Schule und griff sogar die Jugendamtsmitarbeiter an, die uns helfen wollten. Über das, was Manfred und die anderen Männer mit uns machten, konnte und wollte ich nichts erzählen. Einerseits hatte ich Angst vor denen, andererseits schämte ich mich unendlich. Dann landete ich im Erziehungsheim in Brandenburg, aus dem ich vorgestern abgehauen bin. Ich wollte einfach mal wieder in die Stadt«, beendete sie ihre unglaublichen Ausführungen.

Waldi und mir verschlug es die Sprache. Endlich fügten sich aber die Teile dieses Familienpuzzles zusammen und ich begriff, warum einiges so lief, wie es lief.

Zaghaft und selbst nicht total überzeugt von meinen Worten, versuchte ich Edona zu vermitteln, dass wir Mitarbeiter des Heims und ihren Betreuer anrufen müssten, damit diese sie hier wieder abholten. Mit hilflosem Schulterzucken und einem mich erschütternden leidvollen Gesichtsausdruck ergab sie sich in ihre Lage, ging ins Wohnzimmer zurück, setzte sich auf die Couch und zündete sich eine Zigarette an.

Für mich war es nur schwer nachvollziehbar, warum die Mitglieder dieses Pädophilen- und Päderastenrings nicht schon längst die ganze Härte des Gesetzes getroffen hatte und dieser Ring zerschlagen worden war. Einer der Gründe war sicherlich, wie in so vielen anderen Fällen, dass die missbrauchten Kinder und Jugendlichen einfach nicht bereit waren, bei den polizeilichen Ermittlungen und Gerichtsverhandlungen gegen ihre Peiniger auszusagen. Schon bei den schriftlichen Vernehmungen durch die Kollegen der Fachdienststellen im LKA und auch bei uns mauerten sie, logen, dass sich die Balken bogen, blockten ab oder erzählten harmloses Zeug.

Die Gründe dafür sind meistens erkennbar psychologischer Natur. Der Umstand, dass den Kindern Liebe, Zuneigung und Anerkennung vonseiten ihrer leiblichen Verwandten völlig fehlen und ihnen diese Gefühle in pervertierter Form von ihren Schindern vorgespielt werden, trägt erheblich zu einem solchen Aussageverhalten bei. Hinzu kommt die ausgesprochen gute Vernetzung der Täter untereinander, ihre Gewohnheit, sich nach außen total abzuschotten, und der Schutz durch das Vertrauen, das viele von ihnen durch ihre angesehenen Berufe innerhalb der Bevölkerung genießen und das sie über jeden Verdacht erhebt. Gesammelte Indizien, einschlägige Fotos und Filme sowie unsere Zeugenaussagen als Polizisten und Polizistinnen vor Gericht sind häufig das Einzige, was maßgeblich für die jeweilige Urteilsfindung ist oder diese überhaupt erst möglich macht. Meist jedoch reicht das für eine wirkungsvolle Verurteilung nicht aus und die Täter befinden sich schneller wieder auf freiem Fuß, als man denken kann.

Vor diesem Hintergrund beschloss ich, wenigstens dieser Familie ab und zu, im Rahmen meiner Möglichkeiten, zu helfen, und übergab erneut meine Handynummer. Zugleich wies ich ausdrücklich darauf hin, dass mich sämtliche Familienmitglieder jederzeit erreichen könnten, wenn irgendwo polizeilicher Schutz oder Hilfe benötigt würde. Ich versuchte aber auch, Tarek, Luan und Edona davon zu überzeugen, dass sie jeglichen Kontakt mit diesen Missbrauchstätern meiden und mir gegebenenfalls auch Hinweise auf diese Kriminellen zukommen lassen sollten. Vor allem müssten sie bei den Kollegen des zuständigen Kommissariats im LKA ihre Aussagen machen, forderte ich sie nachdrücklich auf.

In den folgenden Jahren wurde ich mindestens einmal im Monat angerufen. Dabei spielte es keine Rolle, ob ich im Dienst war oder nicht, ob am Wochenende oder spät abends, ja sogar in der Nacht. Meistens ging es um ganz banale Dinge des persönlichen Zusammenlebens. Bald war ich aber auch Ansprechpartner, wenn behördliche Schreiben vorgelesen und ausgefüllt werden mussten. Je näher und je öfter ich mit den einzelnen Familienmitgliedern in Kontakt kam, umso mehr wurde mir bewusst, welch niedrigen Bildungsstand sie hatten und wie wichtig schulisches Wissen ist, um im täglichen Leben bestehen zu können.

Tarek, der mich am häufigsten anrief und aufsuchte, wurde mit seinen nun mittelweile achtzehn Jahren widerspruchslos als Familienoberhaupt akzeptiert. Er taktierte weiterhin bauernschlau, häufig auch, um mich als Helfer auszunutzen. Seine Versuche, mich dazu zu bringen, mich für ihn einzusetzen, Kollegen zu beeinflussen oder Akten auszuspähen, wenn er wieder einmal kleinere Delikte begangen hatte, waren durchsichtig und scheiterten regelmäßig. Bald ermittelten wir, dass er seinen jüngeren Bruder Luan den Missbrauchstätern weiterempfahl, weil er selbst zu alt und dementsprechend nicht mehr gefragt war. Er war erschreckenderweise zum Zuhälter seines Bruders geworden. Hinzu kam eine gewisse Unberechenbarkeit. So setzte er eines Tages aus Liebeskummer und unter Drogeneinfluss die Familienwohnung in Brand, wofür er einige Monate im Gefängnis landete.

Luan war der verschlossene Typ, der zwar manchmal darüber sprach, wie er von diesen Kinderschändern missbraucht wurde, aber sonst keinerlei Gefühlsregungen zeigte. Die Angaben machte er immer nur mündlich, ohne etwas zu unterschreiben oder es vor Gericht zu wiederholen. Über Tarek verlor er nie ein Wort und wollte auch nie über ihn sprechen. Sämtliche Versuche von zuständigen Behörden und auch privaten Hilfsorganisationen, ihn aus dem Umfeld seines Bruders zu entfernen und einen geregelten Schulbesuch zu gewährleisten, scheiterten kläglich.

Edona war mittlerweile wieder im Heim und ich sah sie nie wieder.

Adelina, die Mutter, rief ebenfalls ständig bei mir an, um Hilfe zu erbitten und mir im Gegenzug von angeblichen geheimnisvollen Begebenheiten zu berichten. Meist waren dies völlig zusammenhanglose Nichtigkeiten oder sie wollte voller Neid andere Menschen aus ihrer Umgebung diffamieren, um Hilfe von mir in allerlei Lebensbereichen zu bekommen.

Viele Kollegen und Kolleginnen, die miterlebten, wie häufig uns diese Familienmitglieder aufsuchten, um irgendeine Unterstützung zu erhalten, fragten mich wiederholt, warum ich bzw. wir als Polizei uns dies antäten, das sei doch nicht unsere Aufgabe. Dann antwortete ich gebetsmühlenartig: »Wir sind einfach in der Pflicht, ihnen einen Austausch mit Menschen zumindest zu ermöglichen, die sich ihnen gegenüber korrekt verhalten, die sich ihre Sorgen anhören oder ihnen bei der Fertigung von Schriftstücken helfen. Sie, die hier auf ein besseres Leben gehofft hatten, wurden schändlich von perversen deutschen Männern missbraucht und erst dadurch in ihre jetzige Lage gebracht. Auch wenn es uns nicht gelingen sollte, sie aus diesem Umfeld zu lösen, müssen sie trotzdem immer wissen, dass ihnen von der Polizei geholfen wird!«

Hinzufügen möchte ich, dass ich in dieser Zeit, nachdem ich so oft und intensiv Kontakt mit dieser Familie hatte, ein gewisses Mitgefühl oder auch Verantwortungsgefühl vor allem deswegen entwickelt habe, weil hier gering Gebildete und wirtschaftlich schwach Gestellte rigoros von Schwerstkriminellen sexuell ausgebeutet wurden.

18 Psychisch gestörte Menschen

Womit ich überhaupt nicht gerechnet hatte, als ich meinen Beruf ergriff, war der Umstand, dass ich einer Vielzahl von seelisch kranken Menschen begegnen würde. Sehr häufig kamen wir mit ihnen in Kontakt, manche suchten uns fast täglich in der Dienststelle auf. In zwei Fällen ging es sogar so weit, dass sie mich bis in den privaten Bereich hinein bedrängten, belästigten, ein regelrechtes Stalking veranstalteten; das war nicht nur nervend, sondern manchmal auch bedrohlich.

Jeden Tag, um die Mittagszeit, betrat ein etwa zwei Meter großer Mann unseren Wachbereich, grüßte höflich und übergab uns einen Packen engbeschriebener DIN-A4-Blätter. »Die muss ich hier abgeben«, erklärte er leidenschaftslos, drehte sich sofort wieder um und verließ die Wache. Auf diesen Zetteln wurden in durchaus sehr säuberlicher und lesbarer Schrift zunächst zahlreiche normale Alltagssituationen beschrieben. Je weiter man allerdings las, desto wüster wurde der Inhalt. Wilde Anschuldigungen und Verschwörungstheorien wechselten sich mit Beleidigungen und Androhungen von Straftaten ab.

Etliche ärztliche Untersuchungen dieses Mannes hatten ergeben, dass er völlig harmlos war, allerdings unter dem Zwang litt, alles, was er so dachte, aufschreiben zu müssen. Eigentlich für meine Kollegen und mich kein großer Akt, diese Zettel entgegenzunehmen. Misslicher war es schon, dass wir jedes Mal erneut eine Anzeige schreiben und diese an die Staatsanwaltschaft weiterleiten mussten. Ein immenser Aufwand, praktisch für den Papierkorb.

Anders sah es bei Silvia aus. Silvia war aufgrund ihrer aggressiven Schübe bereits mehrfach in die Psychiatrie eingeliefert, aber immer wieder mit der Auflage entlassen worden, bestimmte Medikamente einzunehmen. Silvia hatte die unangenehme Angewohnheit, uns mehrmals am Tag anzurufen und dann zunächst locker mit uns zu plaudern. Diese Plaudereien hatten anfangs durchaus einen gewissen fachlichen Hintergrund und waren teilweise humorig, ohne dass man gleich daraus schließen konnte, dass sie geistig verwirrt sei. Sie kannte sogar jeden Beamten namentlich und dessen Funktion innerhalb der Polizeibehörde. Nach wenigen Minuten Redefluss änderte sich ihre Stimmung allerdings gravierend. Plötzlich wurde man aus heiterem Himmel aufs Übelste beschimpft. Auch begann sie wahllos Regierungsmitglieder oder irgendwelche Personen des öffentlichen Lebens gröbster Straftaten zu beschuldigen. Natürlich legten wir schnell wieder auf, wenn wir hörten, wer am anderen Ende der Leitung war. Dies nutzte nicht viel, weil sie reihum weitere Kollegen anrief. Ja, sie erschien sogar wiederholt auf der Wache, um dort nach kurzer Zeit zu randalieren. Mehrmals brachten wir sie zum Amtsarzt, was aber fast immer erfolglos blieb. Dass diese Anrufe eine erhebliche Belastung in der meist ohnehin schon hektischen Betriebsamkeit darstellten, versteht sich glaube ich von selbst. Damit müssten wir eben leben, wie uns von unseren Vorgesetzten klar gemacht wurde.

Ein Jahr nach meiner Pensionierung erhielt ich privat eine Mail, unterschrieben mit den »besten Grüßen von Silvia.«

Schlimmer traf es mich aber mit Monika, einer Stalkerin, deren Nachstellungen ich zunächst gar nicht so ernst genommen hatte. Der Übergang von leichter Belästigung zu regelrechtem Stalking ist manchmal schleichend, steigert sich dann aber regelrecht zur Qual. Stalking ist aber ein klar definierter Tatbestand, den das Strafgesetzbuch in dem Artikel § 238 StGB »Nachstellung« wie folgt regelt:

»Wer einem Menschen unbefugt nachstellt, indem er beharrlich

1. seine räumliche Nähe aufsucht,

2. unter Verwendung von Telekommunikationsmitteln oder sonstigen Mitteln der Kommunikation oder über Dritte Kontakt zu ihm herzustellen versucht,
3. unter missbräuchlicher Verwendung von dessen personenbezogenen Daten Bestellungen von Waren oder Dienstleistungen für ihn aufgibt oder Dritte veranlasst, mit diesem Kontakt aufzunehmen,
4. ihn mit der Verletzung von Leben, körperlicher Unversehrtheit, Gesundheit oder Freiheit seiner selbst oder einer ihm nahe stehenden Person bedroht oder
5. eine andere vergleichbare Handlung vornimmt

und dadurch seine Lebensgestaltung schwerwiegend beeinträchtigt, wird mit Freiheitsstrafe bis zu drei Jahren oder mit Geldstrafe bestraft.«

Monika, eine ehemalige Krankenschwester, war eines Tages auf dem Polizeiabschnitt erschienen und hatte eine Straftat angezeigt, bei der sie Zeugin geworden war. Wie üblich wurde sie höflich vernommen und ihr wurden einige Verhaltenstipps mit auf dem Weg gegeben. Die Straftat konnte durch ihre Aussage auch aufgeklärt werden und eigentlich war alles im Lot.

Es dauerte aber nur wenige Monate, bis Monika erneut bei uns erschien und von meinem Kollegen Uwe und mir vernommen werden wollte. Dabei stellten wir schnell fest, dass diese neuen Straftaten nur ihrer Fantasie entsprangen. Nachdem wir ihr das in rücksichtsvoller Weise zu verstehen gaben, hörte ich zunächst zwei Jahre nichts mehr von ihr. Dann ging es jedoch richtig los. Zunächst erhielt ich in regelmäßigen Abständen Briefe mit total verwirrenden Anschuldigungen. Die nächste Stufe bestand darin, dass mein Kollege und ich von Anrufen genervt wurden, die den Rahmen jeder menschlichen Kommunikation sprengten. Teilweise erhielten wir abwechselnd bis zu zwanzig Anrufe pro Tag und wurden mit unzähligen Schimpfwörtern bedacht, ein normales Gespräch war nicht mal mehr im Ansatz zu führen.

Da ich ja bereits reichlich Erfahrung mit Silvia gesammelt hatte, ignorierte ich die Telefonate und Briefe vollständig und war guter

Hoffnung, dass sie irgendwann einmal die Lust verlieren würde, mich und Uwe weiter zu terrorisieren. Da sollte ich mich aber irren. Plötzlich beschuldigte sie mich schwerster Straftaten und schickte ihre Briefe auch an die Staatsanwaltschaft. Schlussendlich ging sie so weit, dass sie bei mir zu Hause anrief und meine Frau sowie meine Kinder über angebliche Verfehlungen meinerseits aufklären wollte, sie ebenfalls anfeindete und beleidigte. Woher sie meine private Telefonnummer hatte, wurde nicht geklärt.

Dieses massive Stalking konnte ich nur beenden, indem ich mehrere Strafanzeigen gegen sie stellte und mir letztendlich einen Beschluss des Familiengerichts holte, der ihr verbot, mit mir weiterhin in Kontakt zu treten. Ein Prozess, der aufwendig und recht lange dauerte.

Was uns und mich allein diese beiden Frauen an Zeit und Nerven kosteten, kann sich ein Außenstehender kaum vorstellen.

Dass es Privatleute mitunter noch heftiger trifft und wie schwer es ist, sich gegen Stalking zu wehren, soll dieses Geschehen aufzeigen:

Ein Mann mittleren Alters suchte uns auf und gab zu Protokoll, dass er seit etlichen Wochen von seiner Nachbarin belästigt werde. Immer wieder kippte sie ihm Müll vor die Wohnungstür, sprach ihn im Treppenhaus anzüglich an, spielte nachts laute Musik und hämmerte gegen die Wände. Nachdem wir seine Anzeige aufgenommen hatten, kümmerten wir uns darum und stellten fest, dass seine Nachbarin bereits mehrfach in psychologischer Behandlung gewesen war, aber, wie so häufig, als harmlos galt. Daraufhin schickte ich meinen Kontaktbereichsbeamten zur Adresse der Frau, um eine Beruhigung der Lage vor Ort zu erreichen, sie sollte endlich ihren Nachbarn in Ruhe lassen.

Als er zurückkehrte, berichtete er leicht verblüfft Folgendes: »Ich klingelte und kurz darauf öffnete diese Frau die Wohnungstür. Allerdings in einer ungewohnten Aufmachung. Sie trug einen Pullover, aber ihr Unterkörper war völlig nackt. So stand sie vor mir und erzählte mir ruhig und wie selbstverständlich, dass ihr Nachbar eigentlich derjenige sei, der sie sexuell belästige und sie ficken möchte. Als ich sie darum bat, sich etwas anzuziehen, ließ sie mich einfach stehen und verschwand in ihrer Wohnung, ohne ihre Tür zu schließen.«

Nach diesem Vorfall wollte er nicht mehr allein zu der »netten« Nachbarin geschickt werden.

In der Folgezeit erschien der betroffene Nachbar immer wieder bei uns, erstattete Anzeige und bat uns, endlich etwas zu unternehmen. Aber sämtliche Bemühungen unsererseits scheiterten. Immer wieder wurde von den dafür zuständigen Institutionen erklärt, dass es sich um eine harmlos verwirrte Frau handele, die keine Gefahr für die Umwelt darstelle und man damit leben müsse.

In meiner Dienstgruppe kümmerte sich bereits ein eigener Sachbearbeiter um diese Frau, denn sie bombardierte uns inzwischen mit Dutzenden ungerechtfertigten, erkennbar verwirrten Anzeigen. Schlimm daran war, wie bereits erwähnt, dass wir sämtliche Sachverhalte aufnehmen und an die Staatsanwaltschaft weiterschicken mussten, wo dann entschieden wurde, ob weitere Ermittlungen notwendig wären. Ein immenser Arbeitsaufwand! Obwohl ich diese unhaltbare Situation mehrfach den zuständigen Staatsanwälten mitteilte, verlangten diese, dass wir ihnen die Anzeigen weiterhin zuleiten sollten. Mittlerweile standen schon vier volle DIN-A4-Ordner mit den Anzeigen dieser Frau im Schrank – wiederum alles für den Papierkorb.

Ein knappes halbes Jahr später erschien der genervte Nachbar zum letzten Mal bei uns und zeigte einen Einbruch in seiner Wohnung an. Außer sich vor Wut erklärte er, dass er, von einem Kurzurlaub in sein Heim zurückgekehrt, feststellte, dass die Wohnungstür offenstand. Vorsichtig betrat er den Flur und öffnete kurz darauf die Schlafzimmertür. Geschockt sah er sich dieser Situation gegenüber: In seinem Bett lag nackt seine Nachbarin und schrie ihn an, dass er sofort *ihr* Schlafzimmer verlassen solle. Dies sei ihre Wohnung, er solle machen, dass er rauskomme. Immer noch sehr blass im Gesicht beendete er seine Schilderung mit den Worten: »Ich bin sofort aus meiner Wohnung ausgezogen und habe mir in Spandau eine neue gesucht. Nervlich bin ich am Ende. Dass so etwas in unserer Stadt möglich ist, hätte ich nicht gedacht, das ist doch nicht normal!«

Da konnte ich ihm allerdings nur noch leise zustimmen, bin mir aber auch nicht sicher, wie man solche geistig kranken Menschen besser behandeln könnte. Wichtig wäre es, dass es zunächst gelingen müsste, eine intensivere Betreuung zu gewährleisten. Doch dazu müsste man Geld in die Hand nehmen und geschultes Personal einstellen – im reichen Deutschland eigentlich kein Problem, oder?

Dass psychisch gestörte Menschen auch auf ganz andere Weise für Polizistinnen und Polizisten gefährlich werden können, zeigt folgender Fall.

19 Hilfeschrei … oder wie eine Staatsanwältin ihre Hilfsbeamten im Stich lässt

»Hilfe, Hilfe, Mami hilf!« Diese Worte hallten laut durch die abendliche Dämmerung. Schreiend rannte die 29-jährige Claudia D., nachdem sie eine Treppenhausscheibe eingeschlagen hatte, meiner Kollegin Shirley davon. Ein zunächst »normaler« Funkwageneinsatz mit dem Auftrag »Randalierende Person im Treppenhaus der Kienitzer Str. 111« entwickelte eine unerwartete Dramatik.

Auf ihrer Flucht vor Shirley und deren Streifenbegleiter schlug diese offenbar psychisch gestörte junge Frau mit ihrem rechten Arm die Fensterscheibe einer Parterrewohnung ein und zog sich dabei Schnittwunden an der Hand zu. Schnell wurde sie eingeholt und Shirley versuchte sie zu beruhigen, indem sie sachte auf sie einsprach. Das misslang, denn die völlig Durchgedrehte ging zum Angriff über. Dabei spuckte sie Shirley mitten ins Gesicht, schlug und trat nach ihr, traf sie in der rechten Gesichtshälfte und verletzte sie mit einer Kratzwunde am rechten Arm. Erst als die randalierende Frau mit einem Festhaltegriff fixiert werden konnte, um ihr die Handfessel anzulegen, war es möglich, sie zum Polizeiabschnitt zu transportieren.

Erst dort bemerkte Shirley beim Säubern ihrer Kleidung, dass ihr Unterarm mit dem Blut und dem Speichel der Beschuldigten verunreinigt war und sie eine blutende Wunde davongetragen hatte. Ein Schreck fuhr ihr durch alle Glieder. Neben einer starken Übelkeit überkam sie ein fast unerträgliches Unsicherheits- und Angstgefühl, denn sie hatte inzwischen erfahren, dass die soeben festgenommene

Claudia als Konsumentin von Heroin und anderen harten Drogen bereits vor Jahren polizeilich in Erscheinung getreten war. Eine Ansteckung mit HIV-Viren oder Hepatitis erschien Shirley durchaus möglich, was sich verständlicherweise massiv auf ihren Gemütszustand auswirkte. Von diesem Sachverhalt wusste ich zunächst nichts, als sie am darauffolgenden Morgen mein Büro betrat.

Ein verstörtes, unsicheres und leises »Guten Morgen« ließ mich aufmerken, und als ich die Schreibarbeiten unterbrach und den Kopf hob, blickte ich in Shirleys bleiches Gesicht. So kannte ich meine fast immer freundlich lächelnde und aufgeschlossene Mitarbeiterin nicht. Übergangslos sprudelte sie mit ihrer Geschichte und ihren Ängsten heraus. Schließlich berichtete sie, dass sie sofort nach der Spätschicht zu ihrem Arzt gegangen war. Der hatte ihr Blut abgenommen und ihr mitgeteilt, dass man erst nach etwa einem Jahr und unzähligen weiteren Blutuntersuchungen feststellen könne, ob sie sich wirklich angesteckt habe. Von weiteren Unannehmlichkeiten, wie etwa geschütztem Geschlechtsverkehr und anderen Sicherungsmaßnahmen ihrerseits ganz zu schweigen.

Was nun? Fest stand für mich, dass diese unerträgliche psychische Belastung so nicht weiter Bestand haben durfte. Da eine Blutentnahme bei Claudia D. zur Feststellung eines wahrscheinlichen Alkoholkonsums erfolgt war, erschien es mir nur folgerichtig, einen richterlichen Beschluss zu erwirken, um diese Blutprobe auch auf HIV und Hepatitis zu untersuchen. Leichter gesagt als getan. Was nun folgte, glich eigentlich eher einem Trauerspiel als einer effektiven vertrauensvollen Zusammenarbeit zwischen der Staatsanwaltschaft und ihren Hilfsbeamten, also der Polizei.

Aufgrund der geschilderten Gemütslage Shirleys war Eile geboten und ich telefonierte sofort nach unserem Gespräch mit einem Oberstaatsanwalt. Nach ausführlicher Schilderung des Sachverhalts entschied dieser freundlich und bestimmt: »Die Staatsanwaltschaft ist nicht zuständig, rufen Sie mal den Oberamtsanwalt an, der wird Ihnen helfen.«

Erneute umfassende Sachverhaltsschilderung: »Ja, wir sind zuständig, fertigen Sie Kopien vom Vorgang und, damit es schneller geht, einen Sondervorgang zur Durchführung einer Blutuntersuchung. Dann bringen Sie alles her.«

Ich also mit dem Sondervorgang und den weiteren Unterlagen zum Amtsgericht in die Kirchstraße. Dort zur Kanzlei. Ausfertigung eines Aktendeckels mit Gerichtsaktenzeichen und ab zu der nun zuständigen Amtsanwältin.

»Na, schildern Sie mal den Sachverhalt, das geht schneller, als wenn ich alles lese«, werde ich etwas mürrisch aufgefordert.

Ausführliche Schilderung, fällt mir inzwischen leicht, da bereits fast auswendig gelernt. Überraschende Antwort: »Tut mir leid, Herr Gaertner, dafür sind wir nicht zuständig, Widerstand ist das Ursprungsdelikt, da hat sich mein Chef geirrt, warten Sie mal, der kommt gleich!«

Es erscheint der Oberamtsanwalt und versichert glaubhaft, dass er nicht richtig lag mit seiner Einschätzung, aber zuversichtlich sei, dass die Staatsanwaltschaft die Ausfertigung eines Beschlusses noch vor Feierabend eines Richters hinbekomme. Zurück zum Gericht in der Turmstraße. Endlose Gänge entlanghetzend, Zimmer des Oberstaatsanwalts gefunden und hinein: »Hallo, schildern Sie doch bitte den Sachverhalt.«

Nach meinen ersten Sätzen, erklärt er lakonisch: »Kommt mir irgendwie bekannt vor.«

»Kann ich nur bestätigen, da wir bereits vor einigen Stunden am Telefon darüber gesprochen haben und Sie der Meinung waren, dies sei eine Angelegenheit der AA (Amtsanwaltschaft)!«, erwidere ich.

»Ja, Herr Gaertner, da habe ich Sie wohl falsch verstanden, ich werde Ihnen eine Staatsanwältin zuteilen und dann klappt alles ganz schnell, laufen Sie mal in der Zwischenzeit zur Kanzlei.«

In der Kanzlei: Dieses Aktenzeichen von der Amtsanwaltschaft kann bei uns nicht verwendet werden und unsere Computer sind defekt. Was machen wir denn jetzt? Viertelstündige Beratung, Anruf beim Oberstaatsanwalt, wiederum Sachverhaltsschilderung, dann die Anweisung: »Erst mal das Aktenzeichen von der AA verwenden!«

Staatsanwältin Frau Dr. Z. betritt den Raum und erfährt, dass sie sich meiner annehmen soll. Ihr abweisender Blick und eine über zwanzigminütige Aktensuche in anderer Sache verursachen bei mir bereits ein leichtes Ziehen in der Magengegend. Auf dem Weg zu ihrem Zimmer bittet sie um eine Sachverhaltsschilderung. Nach einem Blick auf ihre Uhr: »Ob ich das heute noch hinkriege, glaube ich nicht. Es ist ja schon 15 Uhr, da werden Sie gar keinen Richter mehr erreichen.«

Ankunft vor ihrem Büro: »Warten Sie mal hier draußen!«

Vierzehn Minuten vergehen, Frau Dr. Z. erscheint und erklärt mir, dass sie überhaupt nicht anfangen könne zu arbeiten, ohne dass sie die Vorgangsoriginale in den Händen halte. Trotz meines Einwurfes, dass der Amtsanwaltschaft der extra gefertigte Sondervorgang genüge, werde ich mit Bestimmtheit darauf hingewiesen, dass der ihr nicht ausreiche.

Unverrichteter Dinge verlasse ich diese ungastliche Stätte. Bei der Rückfahrt zur Dienststelle fallen mir spontan zwei Dinge ein:

1. der Film »Asterix und Obelix erobern Rom«, in dem die beiden Helden im Haus der Verrückten eine Aufgabe lösen müssen, um einen Passierschein A 38 zu beantragen, und
2. ein Lied des Liedermachers Reinhard Mey mit dem Titel: »Einen Antrag auf Erteilung eines Antragsformulars«.

Der Film ebenso wie das Lied beschreiben ziemlich genau, wie ich mich bei dem Versuch fühlte, diese Blutuntersuchung genehmigt zu bekommen.

Zwei Tage später. Mit viel Mühe ist es Shirley gelungen, den bereits auf dem Aktenweg befindlichen Originalvorgang zurückzuholen. Frisch gestählt begebe ich mich erneut mit den Akten zur Staatsanwaltschaft. Abgabe bei Frau Dr. Z., die mich mit einem kurzen, genervten Einwurf abfertigt: »Ich rufe Sie an, wenn der Beschluss fertig ist.«

Zwei weitere Tage vergehen, Frau Dr. Z. am Telefon: »Ja, es tut mir leid, Herr Gaertner, aber ich habe mich mit meinen Kollegen beraten und wir sind der Meinung, dass hier ein Beschluss zur Blutuntersuchung der Beschuldigten nicht gerechtfertigt ist. Dieser dient nicht der Beweissicherung, sondern lediglich zur Beruhigung Ihrer Kollegin. Dazu sind wir nicht da!«

So viel menschliches Mitgefühl macht mich platt und wütend. Jetzt bleibt uns nur der Weg zur Täterin, um ihr Einverständnis zur Blutuntersuchung zu erhalten.

Das schier Unmögliche geschieht. Die Beschuldigte selbst wird nicht angetroffen, aber sie steht unter Vormundschaft. Der Vormund zögert keinen Augenblick und stellt die so sehnlichst erwartete Bescheinigung aus. Und nun geht es tatsächlich ganz schnell. Der ärztliche Dienst übernimmt die Kosten und schon eine Woche später kann Shirley wieder lachen, denn das Ergebnis der Blutuntersuchung ist negativ.

Dass diese überarbeitete Staatsanwältin keinesfalls richtig mit ihrer Entscheidung lag, geht aus § 81a Absatz 1 StPO hervor. Dort heißt es, dass die körperliche Untersuchung, hier die Blutentnahme zum Nachweis einer eventuellen Übertragung mit HIV, zulässig ist, sofern sie der Feststellung einer verfahrenserheblichen Tatsache dient. Da Shirley von der Claudia D. am Arm verletzt wurde, die sich gleichzeitig ihrer Festnahme widersetzte, lag strafrechtlich gesehen ein Widerstand gegen Vollstreckungsbeamte und eine Körperverletzung vor. So wäre es mit Sicherheit im Gerichtsverfahren relevant gewesen, ob sich Shirley mit HIV angesteckt hatte, schon um festzustellen, welche gesundheitlichen Folgen für sie durch die Körperverletzung entstanden sind.

Einen Abdruck dieses Paragrafen und meinen »ausdrücklichen Dank für Ihr einfühlsames und helfendes Verhalten« schickte ich der Staatsanwältin umgehend zu. Gleichzeitig wurde die Angelegenheit zum Thema in einer gemeinsamen Sitzung von Vermittlern der Gerichte und der Polizei.

Manchmal scheint einigen Theoretikern einfach die Praxis zu fehlen, um die Arbeit der Polizei vor Ort lebensnah beurteilen zu können. Oder liegt es vielleicht an den tristen Orten der Arbeitsverrichtung in den Gerichten?

20 Gewalt gegen »das Schweinesystem«

Dass man als Polizeibeamter mit Gewalt in psychischer wie in physischer Hinsicht nicht nur konfrontiert, sondern auch selbst von ihr betroffen wird, muss jedem, der diesen Beruf ergreift, klar sein. Die Gewalt gegen Polizeibeamte nimmt sogar seit Jahren stetig zu. Das belegen Untersuchungen und Statistiken aus allen Bundesländern nachhaltig. Fast täglich wird darüber in den Medien berichtet.

Ich versuchte mich darauf einzustellen, indem ich mich körperlich fit machte, unter anderem durch das Erlernen und stetige Trainieren einiger Kampfsportarten wie Ringen, Judo und Kickboxen. Zusätzlich nahm ich an Wettkämpfen teil, um mich mental zu stärken. Allerdings konnte ich mich auf bestimmte seelisch belastende Situationen, die später in einer ungeahnten Vielfalt auf mich einprasselten, weniger gut vorbereiten, was nicht überrascht, da dies weitgehend unmöglich ist. Erstaunt war ich allerdings über die Intensität der Gefühle und psychischen Zustände, mit der ich in einigen Fällen zurechtkommen musste.

Die unzähligen Widerstandshandlungen mit teilweise massiven Angriffen auf meine körperliche Unversehrtheit, meist bei Festnahmen von Gesetzesbrechern auf frischer Tat, machten mir relativ wenig aus, die waren zu erwarten, auf die war ich eingestellt und konnte dagegen Vorsichtsmaßnahmen treffen. Dabei war unter anderem das Eigensicherungstraining ausgesprochen hilfreich.

Schlimmer waren da schon die Attacken, die aus heiterem Himmel erfolgten, also die, mit denen man nicht rechnen konnte. Eigentlich wollte man helfen oder beschützen, aber der- oder diejenigen, um die es ging, hatten das Gegenteil im Sinn. Oft wurde ich von ihnen mit übelsten Schimpfworten beleidigt oder, noch unfassbarer, massiv und hinterhältig angegriffen. Richtige Schwierigkeiten bekam ich bei der Verarbeitung von Ereignissen, bei denen ich hilflos zusehen musste, wie Menschen schwer verletzt wurden oder sogar zu Tode kamen, ohne dass ich helfen konnte.

In den vorausgehenden Kapiteln habe ich verschiedene Fälle der Gewaltausübung gegenüber Polizisten und Polizistinnen geschildert. Fast alle zeichneten sich dadurch aus, dass die Gewalt spontan angewandt wurde, etwa in Situationen der Flucht oder des Widerstands gegen die Festnahme. Im Folgenden berichte ich über Gewalt, die seit Jahrzehnten gezielt gegen Polizeikräfte als Vertreter des Staates ausgeübt wird. Die Brutalität und die Gewaltexzesse, die ich in dieser Hinsicht erleben musste, gehören zu den schlimmsten Erlebnissen meiner Laufbahn. Was besonders erschütterte: Zwischen Gewalt gegen Sachen und Gewalt gegen Menschen schien manchmal überhaupt kein Unterschied mehr zu bestehen, weil wir Polizisten offensichtlich gar nicht mehr als Menschen angesehen wurden, sondern nur noch als seelenlose Repräsentanten einer bekämpften Macht.

Gezielte Gewalt gegen Polizisten

Aktuell wird über die Einführung sogenannter Body Cams diskutiert. Diese Kamera soll der Polizeibeamte, die Polizeibeamtin am Körper tragen und bei erkennbar gewalttätigen Auseinandersetzungen einschalten, um so den Angriff und die Aggressivität des Gegenübers beweissicher zu dokumentieren. Erste Erkenntnisse im Bundesland Hessen, wo diese Body Cams bereits eingesetzt werden, zeigen, dass die Widerstandshandlungen gegenüber den Kollegen und Kolleginnen deutlich zurückgegangen sind. Ausschlaggebend scheint dafür zu sein, dass der Angreifer sich selbst bei seiner Aktion im Display der Kamera sehen kann. Wenngleich hiermit eine Art Beweislastumkehr erfolgt – die Polizisten und Polizistinnen müssen beweisen, dass sie angegriffen wurden –, scheint mir diese Body Cam durchaus geeignet, für mehr körperliche Unversehrtheit unter den

Kollegen und Kolleginnen zu sorgen. Vielleicht wären nachfolgende Geschehnisse mit Einsatz einer Body Cam glimpflicher abgegangen.

Wir fuhren gemeinsam mit neun Kollegen und Kolleginnen eine sogenannte Gruppenstreife, als uns folgender Funkauftrag erreichte: »Mit Sonderrechten für Kreuzberg; zur Messerstecherei in die Stresemannstraße!«

Da unser Standort recht günstig war, meldeten wir uns an und trafen kurz darauf in der Stresemannstraße ein. Die Kollegen der Feuerwehr waren schon vor Ort und teilten uns mit, dass ein junger Mann in dem bei linksalternativen Jugendlichen sehr beliebten Lokal »Kuckuck« von einem Unbekannten mit einem Messer schwer verletzt worden war und nun um sein Leben kämpfte. Das Geschehen sollte sich in diesem großen Tanzpalast abgespielt haben, der sich im dritten Stockwerk eines alten Fabrikgebäudes im Hinterhof befand. Der Täter war unbekannt, es musste aber davon ausgegangen werden, dass er sich noch im »Kuckuck« aufhielt.

Manne, unser Zugführer, zeigte sich unter dem Eindruck dieser schweren Tat stehend tief betroffen und verkündete: »Wir werden das Tanzlokal aufsuchen und probieren, den Messerstecher festzunehmen oder wenigstens Zeugen für diese feige Tat zu ermitteln!« Meinen Einwand, dass sich dort bestimmt 200 Leute aufhielten, die der Polizei nicht sonderlich kooperativ gegenüberstünden, wischte er in seiner gutgläubigen und hilfsbereiten Art vom Tisch, indem er argumentierte, dass sie mit Sicherheit auch daran interessiert seien, uns zu helfen, diesen gemeinen Verbrecher zu finden, der einen aus ihrer Mitte erstochen hatte. Während wir noch debattierten, kam die schreckliche Meldung, dass der Verletzte nicht überlebt hatte. Nun war es zwingend, den Tanzschuppen aufzusuchen, um Beweise zu sichern oder Zeugen zu ermitteln.

Bereits als wir die steilen Treppen des alten Fabrikgebäudes hinaufliefen, wurden wir wiederholt von den meist sehr jungen Menschen, die uns entgegenkamen, böse angeschaut und mit Schimpfwörtern bedacht. Nun gut, die Stimmung war zu dieser Zeit und an diesem Ort mitten in Kreuzberg nun einmal geprägt von einer gewissen Anarchie gegenüber jeglicher staatlicher Autorität oder Ordnung. Wir waren daran gewöhnt, aber dachten oder hofften zumindest, dass wir in diesem Fall Unterstützung bekämen. Während Manne sich dessen immer noch sicher war, weil er vor allem das Gute im Menschen sehen wollte, war ich nicht sonderlich von seiner, in meinen Augen leicht naiven, etwas zu positiven Einstellung überzeugt. Leider sollte ich Recht behalten.

Nach dem Betreten des Tanzsaals, der total überfüllt war, gelang es uns nur sehr langsam, bis zur Bühne vorzudringen. Mühselig schoben wir uns durch ein Meer von wild umherzappelnden jungen Leuten bis an die Bühne heran und von dort zum Discjockey. Eine Verständigung war zunächst unmöglich, denn die Musik, ein wilder Techno-Rhythmus, dröhnte so laut in den Ohren, dass ich dachte, meine Schädeldecke hebt sich vom Kopf. Aber irgendwie schaffte Manne es, dem Discjockey verständlich zu machen, dass er die Musik ausstellen und das Mikrofon für eine Durchsage an ihn übergeben solle.

Urplötzlich war es mucksmäuschenstill. Ruhig und sachlich sprach Manne die Anwesenden an, teilte ihnen das schreckliche Geschehen mit und bat um Unterstützung bei der Aufklärung. Ich stand mit den anderen Kollegen mittlerweile neben ihm auf der Bühne und konnte beobachten, dass sich der Großteil der Tanzwütigen vor allem sehr überrascht darüber zeigte, dass sich in ihrer »heiligen Halle« Polizisten, die verhassten Bullen, aufhielten. Während Manne besonnen weitere Fragen stellte, waren die ersten Buh-Rufe zu hören und kurz darauf flogen Bierflaschen in unsere Richtung. Ich schaute derweil in völlig hassverzerrte Gesichter und die nun aufkommende Aggression ließ mich das Schlimmste befürchten.

Rasch verständigte ich mich mit den anderen Kollegen, zog Manne vom Mikrofonständer weg und gemeinsam versuchten wir uns zum Treppenhaus durchzukämpfen. »Durchkämpfen« war dafür der richtige Ausdruck. Von allen Seiten wurden Bierflaschen auf uns geworfen und prasselten Schläge und Tritte auf uns ein. Unsere Mützen wurden uns brutal vom Kopf gerissen, ich bekam Hiebe am ganzen Körper ab und war inzwischen dazu übergegangen, mit der einen Hand den konsternierten Manne hinter mir herzuziehen und mit der rechten Faust selbst Schläge auszuteilen, um überhaupt zum Ausgang zu gelangen.

Nach endlosen Minuten erreichten wir schließlich das Treppenhaus. Dort zählten wir kurz durch, ob es alle Kollegen geschafft hatten, dieser Hölle zu entkommen, und dann rannten wir schon die Treppen hinunter. Noch im Treppenhaus und bei der Durchquerung des Hinterhofes wurden wir immer wieder mit Flaschen beworfen und direkt angegriffen. Dabei gelang es einem schwarzgekleideten Kerl, Manne zu Fall zu bringen, indem er ihm ein Bein stellte und auf ihn einschlug. Mit einer gezielten rechten Gerade machte ich diesem Angriff ein Ende, half Manne auf die Beine und es gelang uns, zu unserem Fahrzeug zu rennen, das auf der Straße stand. Erst hier konnten wir verschnaufen, stiegen ein und fuhren ab.

Nun hieß es Wunden lecken. Abbekommen hatte jeder etwas. Glücklicherweise war niemand schwer verletzt worden. Neben Schnittwunden, Prellungen und Verstauchungen fehlten etliche Mützen und einige Uniformen waren ebenfalls kaum noch brauchbar. Der Alptraum von einem Einsatz. Gut gemeint, etwas naiv vorbereitet, eigentlich nur vom Gedanken getrieben zu helfen, um einen brutalen Messerstecher zu ermitteln.

Ein zweiter Einsatz, ähnlich dem zuvor geschilderten, endete für mich allerdings im Krankenhaus:

Wiederholt kam es durch in ihrer Ruhe gestörte Nachbarn zu Anrufen bei der Funkbetriebszentrale mit der Bitte, den phonstarken Lärm, der aus einem alten Fabrikgebäude in der Schlesischen Straße erschallte, endlich zu beenden. Der Auftrag traf unsere Gruppenstreife um 3 Uhr in der Nacht. Schon während der Anfahrt war uns klar, dass die Ruhestörung von einem Fabrikgebäude ausging, wo es jedes Wochenende zu erheblichen Schwierigkeiten mit der dort anwesenden Klientel kam.

Kurze Zeit später standen wir im ersten Stock dieses Gebäudes vor verrammelter Tür. Obwohl wir lautstark klopften und klingelten, rührte sich nichts. Während wir überlegten, wie wir die Tür gewaltsam öffnen könnten, erschien der zuständige Polizeirat vom

Dienst und übernahm die Führung vor Ort. Mit zwei Brechstangen wurde nun die Tür aufgebrochen und sieben Leute meiner Gruppe erhielten den Auftrag, hineinzugehen und den Verantwortlichen zum Eingang zu holen. Kein guter Einfall. Bereits nach den ersten Schritten ins dunkle Innere dieses dröhnenden Infernos wurden die Kollegen regelrecht überfallen. Dutzende der dort anwesenden Chaoten fielen über sie her, prügelten und traten auf sie ein. Ein sofortiger Rückzug war zwingend und geschah auch. Allerdings schafften es zwei Kollegen nicht. Beide gingen zu Boden und wurden von der grölenden Menge übel traktiert.

Der überforderte Polizeirat schrie nun mich und fünf weitere Mitstreiter an, unsere Leute dort rauszuholen, was überflüssig war, denn wir waren schon auf dem Weg. Mit gezielten Tritten und unter Zuhilfenahme meines Schlagstockes trat und schlug ich mich brutal zu den am Boden Liegenden durch. Gemeinsam mit den sich ebenso vorkämpfenden Kollegen schafften wir es, einen kleinen Kreis um sie zu bilden. So konnten sie hinausgezogen werden.

Während ich den Rückzug zu sichern versuchte, bemerkte ich nicht, dass ich selbst plötzlich allein dastand und von allen Seiten eingekreist war. Die Übermacht war zu groß. Von allen Seiten hagelte es Schläge, ich ging zu Boden und wurde jetzt erst recht zusammengetreten. Kurz bevor ich das Bewusstsein verlor, gelang es den Kollegen, auch mich ins Treppenhaus zu ziehen. Bewegungsunfähig wurde ich ins Krankenhaus Sankt Joseph transportiert und verblieb dort einige Tage. Die erlittenen Verletzungen, gerade im Rückenbereich, machen mir heute noch, Jahre später, zu schaffen.

Neben solchen Erlebnissen – ich möchte es bei der Schilderung dieser beiden belassen – waren ausufernde Gewaltexzesse bei den massenhaft miterlebten Demonstrationseinsätzen auch nicht gerade ein Kinderspiel. Natürlich verliefen die meisten Demos friedlich, aber eben nicht alle. Mit der – zweifellos immer wieder verbesserten – Schutzbekleidung aggressiv menschenverachtenden Steinewerfern gegenüberzustehen und zu versuchen, die Straftäter beweissicher festzunehmen oder zu vertreiben, ist mental kein leichtes Unterfangen und erfordert Mut. Dies führte einige Male sogar dazu, dass mir nur ein Teil meiner Kollegen folgte, wenn es galt, einem Hagel von Steinen entgegenzulaufen. Obendrein trugen die Steinwürfe auf unsere Gruppenfahrzeuge nicht unbedingt zur Verbesserung der Stimmung bei. Interessant war, dass Politiker, die diese Situationen einmal persönlich erleben wollten, sehr blass um die Nase wurden, wenn Kollegen zu Übungszwecken lediglich Holzklötzchen gegen die Außenwände der Fahrzeuge warfen. Meist stimmten unsere Besucher anschließend etwas hilflos weiteren Schutzmaßnahmen zu.

Steine und Mollis

Das Demonstrationsrecht ist in unserer Demokratie ein elementares Recht, um seine Meinung kundzutun, andere Menschen von eigenen Argumenten zu überzeugen und politische Entscheidungen zu beeinflussen. Zweifellos teilen meine Kollegen und Kolleginnen wie ich auch durchaus den einen oder anderen Standpunkt, der auf Demos vertreten wird. Unsere Aufgabe als Polizei besteht aber ohne Wenn und Aber darin, neutral zu bleiben und Demonstrationen zu schützen. Um welche kruden Themen es auch immer gehen mag: Sofern sie weder verfassungsfeindlich noch anderweitig strafbar sind, hat die Polizei die Pflicht, diese Meinungsdarstellungen nach innen wie nach außen zu schützen.

Umso mehr machte es mich etliche Male ausgesprochen wütend, wenn ich Anliegen, etwa den Protest gegen die Spekulationsgeschäfte mit leerstehenden Wohnhäusern in unserer Stadt, berechtigt fand, aber miterleben musste, dass Demonstrationen dagegen häufig in übelste Gewaltorgien gegen uns als Vertreter des Staates mündeten. Meine Toleranz gegenüber friedlichen Demonstrationen ist ungebrochen, für gewalttätige Ausschreitungen habe ich dagegen keinerlei Verständnis. Mit welchem Recht projizieren die Gewalttäter ihren Hass auf den Staat, die Politik oder entgegenstehende Meinungen auf uns als Polizei? Warum müssen wir als Zielscheibe dienen und uns mit Steinen, Mollis (Molotowcocktails), Knallkörpern, Stahlzwillen, Leuchtspurmunition und vielen lebensgefährlichen Gegenständen mehr attackieren lassen oder unflätigste Beleidigungen hinnehmen? Offensichtlich haben diese angeblichen Demonstranten das normale menschliche Zusammenleben längst hinter sich gelassen! In ihrem Egoismus, selbst die einzige Wahrheit zu besitzen, haben sie erschreckenderweise alle Grenzen hinter sich gelassen.

Mit welch unendlichem Hass gegen das »Schweine-System« der Bundesrepublik Deutschland – stellvertretend dafür gegen die staatlichen Ordnungsorgane wie die Polizei – vorgegangen wird und wie heimtückisch und hinterhältig einige Angriffe sogenannter Autonomer auf uns erfolgten, zeigen diese Begebenheiten:

Wir bekamen den Auftrag, im Bereich des Heinrichplatzes, mitten im Kreuzberger Kiez, nach vorangegangenen unfriedlichen Aktionen der Hausbesetzerszene Aufklärung zu betreiben. Wir sollten also nach Personengruppen Ausschau halten, die augenscheinlich irgendetwas in dieser Art vorhatten.

Die Abenddämmerung hatte eingesetzt, während meine drei Mitstreiter und ich mit unserem Zivilwagen umherstreiften. Auf den Straßen hatte der übliche Feierabendverkehr begonnen, alles schien friedlich. An der Kreuzung Oranien-/Manteuffelstraße, also direkt auf dem Heinrichplatz, mussten wir anhalten, da die Ampel rotes Licht zeigte. Ich war gerade dabei, eine Meldung über unser Funkgerät abzusetzen, als ich aus dem Augenwinkel mehrere dunkel vermummte Gestalten hinter den auf der gegenüberliegenden Straßenseite parkenden Fahrzeugen auftauchen sah. Bevor ich überhaupt reagieren konnte, krachte es fürchterlich, die Scheiben unseres Golfs zerbarsten, Glassplitter und Kleinpflastersteine flogen mir um die Ohren. Ich schrie »Achtung!« und duckte mich im selben Moment nach vorne auf meine Knie. Auch meine drei Kollegen schrien irgendetwas, was aber nicht zu verstehen war, weil pausenlos Steine und Glas auf uns einprasselten. Lebensgefährliche gefühlte fünf Minuten später war es plötzlich vorbei. Mühsam richtete ich mich auf, betastete meinen Kopf und meinen Körper und stellte erleichtert fest, dass ich nur einige Steine an meinen Armen abbekommen hatte, die meinen Kopf geschützt hatten. Nachdem ich mich etwas gesammelt hatte, schüttelte ich erst einmal die Glassplitter ab, die mich von Kopf bis Fuß bedeckten. Dann öffnete ich die Beifahrertür, sprang aus dem Auto und suchte vorsichtig umherblickend die Gegend nach diesen feigen Steinewerfern ab. Sie waren jedoch wie vom Erdboden verschluckt.

Nach und nach stiegen auch meine Kollegen, die Splitter von ihrer Kleidung abstreifend und ihre Körperteile abtastend, aus dem Einsatzfahrzeug. Wie sich herausstellte, hatten die beiden Kollegen auf den hinteren Sitzen Treffer am Kopf erlitten, deutlich zu sehen an den jetzt langsam hervortretenden Beulen, während wir zwei auf den vorderen Sitzen mit Prellungen an den Armen und im Rückenbereich davongekommen waren. Schwer verletzt war keiner von uns, wie sich später im Krankenhaus herausstellte, was wirklich einem Wunder glich, denn an unserem Auto waren sämtliche Fenster zerstört worden und im Inneren sammelten wir nach und nach achtzehn Kleinpflastersteine auf. Bösartiger und heimtückischer ging es kaum noch, oder doch?

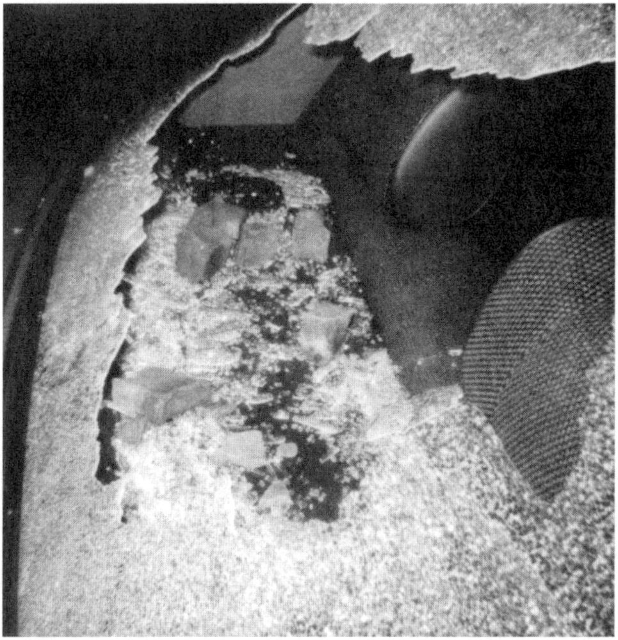

Ein Blick auf die zerstörte hintere Scheibe

Knapp zwei Jahre später sollte ich mir die Frage selbst beantworten. Erneut spielte sich das Geschehen auf dem Heinrichplatz ab. Mein Auftrag lautete diesmal, gemeinsam mit meiner Gruppe von neun Mitarbeitern und Mitarbeiterinnen einen sogenannten Stationspunkt zu besetzen. Wir sollten dort über mehrere Stunden stehen, um gemeinsam mit etlichen weiteren Streifen, die ebenfalls an wichtigen Verkehrsknotenpunkten im Kiez wachten, polizeiliche Präsenz zu zeigen. Hintergrund waren zuvor begangene Brandstiftungen und Sachbeschädigungen durch kleine, gewaltbereite Gruppen aus der Hausbesetzerszene. Wider Erwarten war das Einsatzgeschehen zunächst völlig ruhig und die Verkehrslage normal. Wir standen dort bereits dreieinhalb Stunden und die Nacht war hereingebrochen, der Heinrichplatz erschien im trüben Licht der Gaslaternen besonders dunkel. Manuela und Thorsten hatten den Auftrag, außerhalb des Gruppenwagens nach möglichen Störern Aussicht zu halten. Sie sicherten uns dementsprechend nach allen Seiten.

Ich saß wie fast immer auf dem Beifahrersitz und unterhielt mich mit meinen Kollegen, die im hinteren Teil des Gruppenwagens saßen. Auf einmal sah ich, nach links aus dem Auto herausschauend, auf der anderen Straßenseite direkt gegenüber etwas Brennendes hinter den parkenden Fahrzeugen aufflackern. Bevor ich überhaupt realisieren konnte, um was es sich handelte, wurde ich von grellen Lichtblitzen geblendet. Es folgte das Geräusch splitternder Glasflaschen, die auf der Fahrerseite gegen unser Fahrzeug prallten. Sofort breitete sich ein strenger Benzingeruch aus und mir war schlagartig klar, dass wir mit Mollis angegriffen wurden. Sekunden später stand die ganze linke Seite unseres Gruppenwagens in Flammen. Ich riss augenblicklich meine Beifahrertür auf und zog Manuela und Thorsten, die auf dieser Seite des Fahrzeugs Schutz gesucht hatten, auf meinen Sitz. Ohne weiter nachzudenken, ob durch die Flammen unser Wagen explodieren könnte, schrie ich den Fahrer an, sofort loszufahren, während weitere Mollis gegen das Auto flogen. Ich sah darin die einzige Chance, denn wenn wir das Fahrzeug verließen, wären wir diesen Brandflaschen völlig ungeschützt ausgeliefert. Heini, unser durch etliche Gefahrensituationen gestählter Fahrer, behielt die Nerven, startete und raste los. Unsere Rettung! Glücklicherweise wurde durch den Fahrtwind die anhaftende brennende Paste der Brandsätze gelöscht und wir konnten zwei Querstraßen weiter anhalten.

Jetzt hieß es erst einmal durchatmen und sich sammeln. Was war das denn für ein feiger Angriff auf uns, dachte ich bei mir. Manuela und Thorsten, die beide mehr schlecht als recht halb auf meinem Schoß hängend ausgeharrt hatten, entknoteten ihre Gliedmaßen und stiegen mit blassgrünen Gesichtern aus. Sie machten sich sofort Vorwürfe, dass sie diese Angreifer nicht gesehen hatten. Ich selbst war heilfroh, dass keinem etwas Ernsthaftes passiert war, sieht man mal von den seelischen Belastungen und den Lackschäden am Fahrzeug ab.

Anschließend suchten wir die Gegend nach diesen Irren ab – ohne Erfolg.

Auch folgendes Geschehen, das sich bei einer angekündigten friedlichen Demonstration gegen die Vereidigung von Rekruten der Bundeswehr ereignete, zeigt, wie leicht und unversehens wir als Polizeikräfte immer wieder in lebensbedrohliche Situationen geraten.

Meine Aufgabe war es, gemeinsam mit fünfzehn Leuten meiner Zivileinheit Aufklärung im unmittelbaren Nahbereich dieser Demonstration zu betreiben. Die Demonstrationsteilnehmer hatten sich in Rufweite der Vereidigung vor dem Platz am Roten Rathaus eingefunden und versuchten die Feierlichkeit mit lautem Getriller Hunderter Signalpfeifen und dem Werfen von Farbeiern zu stören. Da die Gefahr bestand, dass die aufgestellten Metallgitter, die die Demonstranten von den Teilnehmern der Gelöbnisfeier trennten, überstiegen würden, bekam ich die Order, mir die Situation direkt vor Ort näher anzusehen. Gemeinsam mit drei Kollegen begab ich mich in den inneren Bereich der Demonstration. Schnell konnte ich beobachten, dass die Gitter stabil standen und es keine Versuche gab, sie zu überklettern. Erstaunt stellte ich allerdings fest, dass ein bekannter Politiker der Grünen, einige Zeit später sogar Minister dieser Republik, mitten unter denen stand, die munter Farbeier in Richtung des Gelöbnisses warfen.

Noch etwas verwundert machte ich mich gemeinsam mit den drei anderen auf den Rückweg zu unserem Ausgangspunkt, als plötzlich eine männliche Person lautstark »Zivis, Zivis« schrie und auf mich zeigte. Blitzschnell bildete sich ein Pulk von Personen, die aufgebracht in meine Richtung liefen. Meine drei Kollegen und ich näherten uns langsam einem ungefähr siebzig Meter entfernten Gruppenfahrzeug mit uniformierten Polizeibeamten, die von unserer Lage nichts mitbekommen hatten. Während wir uns vorsichtig rückwärts auf den Wagen zubewegten, kamen etwa fünfzig angriffslustige Leute wie an einer Schnur gezogen hinter uns her, brüllten auf uns ein, beleidigten uns und fingen an, Steine aufzuheben. Diejenigen, die bereits auf Körpernähe an uns herangekommen waren, traten mit den Füßen nach uns und einige boxten mit den Fäusten in unsere Richtung.

Die Situation wurde immer bedrohlicher und auch ich wehrte mich mittlerweile mit Tritten in Richtung der Verfolger. In diesem Moment, wie vom Himmel geschickt, traten die Kollegen Carlos, Höhle und Hoffi von der Seite kommend an uns heran und Carlos rief laut in Richtung der Verfolger: »Hier sind noch mehr Zivis, ihr feiges Pack!«

Diese Worte und dieser Mut verblüfften offensichtlich die Angreifer und sie blieben kurz stehen. Da ich festgestellt hatte, dass wir inzwischen nur noch etwa dreißig Meter vom Gruppenwagen entfernt standen, sagte ich leise zu meinen Mitstreitern: »Ich zähle bis drei, dann rennen wir zum Gruppenwagen und versuchen Hilfe zu bekommen!«

Gesagt, getan. Bei »drei« rannten wir wie von allen Teufeln gehetzt los, gerade rechtzeitig, denn einige Verfolger hatten sich bereits wieder in Bewegung gesetzt und ich bekam erste Schläge in den Rücken. Wir hatten den Gruppenwagen beinahe erreicht, da fuhr dieser an. Die Besatzung hatte, wie sich im Nachhinein herausstellte, die aggressive Menschenmasse von hinten auf sich zukommen sehen und wollte sich in Sicherheit bringen. Glücklicherweise gelang es Höhle, der als Erster am Wagen ankam, vor den Wagen zu laufen und auf die Stoßstange zu springen, um dem Fahrer seine Kripomarke durch die Frontscheibe zu zeigen. Der Fahrer hielt an, wir erreichten die hintere Fahrzeugtür, rissen sie auf und sprangen nacheinander hinein. Da prallten auch schon die ersten Steine gegen den Wagen. Während wir im Innern durcheinandertaumelten, gab der Fahrer Gas und einige Minuten später befanden wir uns außerhalb der Gefahrenzone. Das war mehr als knapp! Ich möchte mir nicht ausmalen, was passiert wäre, wenn wir das Fahrzeug nicht erreicht hätten. Vor allem aber möchte ich den wahrhaften Mut von Carlos, Höhle und Hoffi hervorheben, die uns ohne zu zögern zur Seite gesprungen sind und sich selbst damit in allerhöchste Gefahr begeben haben. Dafür werde ich ihnen immer dankbar sein, auf solche Kollegen kann man mehr als stolz sein!

Vielleicht zeigen diese Erlebnisse, die ich in beliebiger Zahl fortführen könnte, wie hemmungslos wir als Ordnungshüter dieses Rechtstaates immer wieder Opfer von Gewalttätern wurden und weiterhin werden, weil jene, die vor nichts, und ich meine hier wirklich vor gar nichts, zurückschrecken, zeigen wollen, was sie von diesem Staat halten. Häufig selbst alimentiert und sämtliche finanziellen Vorteile des Sozialstaates wahrnehmend, bekämpfen sie die Demokratie mit undemokratischen, menschenverachtenden Mitteln. Wir als Polizisten und Polizistinnen müssen stellvertretend einer solchen Intoleranz unseren Kopf hinhalten.

Die klammheimliche Freude einiger Milieus und auch einiger gewählter Politiker darüber, dass es den »Bullen« mal wieder richtig gezeigt wurde, und das vor dem Hintergrund stetig zunehmender Gewalttaten gegen Polizisten, ist ein Armutszeugnis und nicht hinnehmbar. Die traurige Realität ist: Die seit Jahrzehnten in Deutschland etablierte Gewalt von Linksextremen wird von Politikern, von den Medien und von Teilen der Bevölkerung nach einem kurzen Aufschrei bei besonders brutalen Attacken hingenommen, fast wie eine Naturgewalt. Bei rechtsextremer Gewalt sieht das historisch begründet erfreulicherweise anders aus. Hier erfolgt mittlerweile – auch angesichts der zunehmenden Gewalt gegen Flüchtlinge – schon bei kleinsten Vergehen ein kollektiver Aufschrei und es wird versucht, mit allen Mitteln des Rechtsstaates dagegen vorzugehen. Dass dies leider nicht immer gelingt, zeigt als erschreckendstes Beispiel der NSU-Fall, wo neun Menschen ihr Leben lassen mussten, bevor diese bestialische Mordserie ein Ende fand.

Es spielt aus meiner Sicht keine Rolle, ob man auf linksalternativer Seite in geradezu diktatorisch-aggressiver Besserwisserei Meinungsmache betreibt, um Entschuldigungen für Gewalt gegen Sachen zu rechtfertigen, oder ob man rechtsextremen Spinnereien nachhängt und versucht, sein irres Nazi-Weltbild mit dumpfer Propaganda in die Köpfe anderer einzuhämmern – beides hat mit demokratischen Spielregeln nichts zu tun. Meinungsfreiheit und Toleranz sehen anders aus! Deshalb ist es meiner Auffassung nach unbedingt erforderlich, die gleichen Bekämpfungsstrategien zu entwickeln und die gleichen Verurteilungen anzuwenden, um zu verhindern, dass sich die linken oder rechten Ränder unserer Gesellschaft weiter radikalisieren.

Dass heute übrigens, unter dem Eindruck islamistischer Terroranschläge, plötzlich auch von jenen eine Aufstockung der Polizeikräfte gefordert wird, die bis in die jüngste Zeit die Polizei als vermeintlich Hauptschuldige für die Eskalation linker Gewaltexzesse verunglimpften, wirkt befremdlich, wenn nicht sogar scheinheilig. Denn dieselben Leute hielten über Jahre hinweg die vielen Gewaltopfer aufseiten der Polizisten offensichtlich irgendwie für hinnehmbar.

Prinzipiell muss gelten: Mit seidenweichen und lauen Bekenntnissen zur Gewaltfreiheit ist es nicht getan, es muss auch entsprechend gehandelt werden. Gefordert ist eine lautstarke, ernstgemeinte und parteiübergreifende Verurteilung der Gewalttaten von Links wie von Rechts. Wer sich dies nicht zu eigen machen will, hat in einem demokratischen Gemeinwesen als politischer Funktionsträger nichts zu suchen. Er betätigt sich als Brandstifter, als Anheizer einer immer neuen Gewaltspirale

Ich meine, wer ein demokratisches Gemeinwesen will, der muss – ob Staat oder Bürger – jederzeit dafür einstehen und es offensiv verteidigen; ein Schulterschluss aller demokratischen Kräfte ist dringend geboten! Konsequente Bestrafungen, die Anwendung aller bestehenden Gesetze sowie im Einzelfall deren Verschärfung sind gleichfalls gefordert. Über einen eigenen Straftatbestand, der die Gewalt gegen Polizeibeamte und -beamtinnen umfasst und den § 113 StGB »Widerstand gegen Vollstreckungsbeamte« ergänzt bzw. verschärft, sollte ebenso nachgedacht werden wie über die Heraufstufung des § 224 StGB »Gefährliche Körperverletzung« zum Verbrechenstatbestand, der mit mindestens einem Jahr Freiheitsstrafe geahndet wird.

Interessant in diesem Zusammenhang ist, dass der Fraktionschef der CDU Volker Kauder am 28. August 2016 in einem Interview mit der »Bild am Sonntag« angesichts des drastischen Anstiegs von Wohnungseinbrüchen fordert, dass Einbruch ebenso wie Raub bestraft werden solle, also mit einer Mindeststrafe von einem Jahr. Er begründete dies unter anderem so, dass die Urteile von vornherein härter ausfallen würden, die Staatsanwaltschaften Verfahren dann nicht mehr wegen Geringfügigkeit einstellen könnten und dies ein starkes Signal wäre, die Zahl der Einbrüche zu senken. Diesem richtigen Ansatz ist aus meiner Sicht auch in Bezug auf die zunehmende Gewalt gegen Polizeibeamte und -beamtinnen nichts hinzuzufügen.

Baustellenbrände

Krankhafte Pyromanen sind stetige Begleiter polizeilicher Tätigkeit und stellen für die Öffentlichkeit eine immense Gefahr dar. Immer wieder begegneten mir Täter, die zwanghaft Feuer legten und die Löscharbeiten dann häufig aus der Ferne beobachteten. Es gelang meinen Kollegen und mir zwar mehrfach, Pyromanen zu stellen, die im Keller kokelten oder Kinderwagen in Hausfluren anzündeten, manchmal brannten aber auch ganze Wohnhäuser nieder und es gab Tote und Schwerstverletzte. Dies nehmen häufiger auch Versicherungsbetrüger in Kauf, wenn sie Häuser in Brand stecken, was umso verachtenswerter ist.

Wütend und verständnislos ließen mich allerdings vor allem jene Brandstiftungen zurück, bei denen verbohrte oder scheinbar politische Beweggründe als »Rechtfertigung« herhalten mussten.

Es regnete wie aus Kübeln. Stunde um Stunde verrann, ohne dass der Himmel ein Einsehen hatte. Achim, Litti und ich fuhren Zivilstreife in Kreuzberg, und da es bereits dunkle Nacht war – die Zeiger bewegten sich auf 1.30 Uhr zu –, ließ die Sicht aus dem Auto heraus zu wünschen übrig. Aber unser Auftrag war klar umrissen, wir sollten Brandstiftungen verhindern. Dies war auch dringend nötig, denn in den vorausgegangenen Nächten waren Baumaschinen, wie Bagger, Tieflader und allerlei andere Gerätschaften, auf Baustellen angezündet worden; ja, es brannte sogar das große Möbelhaus Hübner.

Wir hielten also im Wagen sitzend nach Verdächtigen Ausschau. Achim fuhr gerade die Görlitzer Straße entlang, direkt am Görlitzer Park, da bemerkte ich durch die beschlagenen Autoscheiben vor uns schemenhaft fünf Personen, die in Richtung Skalitzer Straße liefen. Eine von ihnen hastete vorneweg, in der Mitte folgten drei dicht zusammen laufend und eine lief hinterdrein.

»Achim, fahr mal um die Ecke und lass Litti und mich raus, die schauen wir uns näher an, die sind seltsam unterwegs, und das bei diesem Sauwetter!«, sagte ich zu meinen beiden Mitfahrern. Achim erhöhte die Geschwindigkeit, fuhr um die Ecke und stoppte. Bevor wir ausstiegen, verabredeten wir, dass er im Fahrzeug bleiben und unsere Funkmeldungen mithören solle, um gegebenenfalls weitere Maßnahmen zu ergreifen.

Litti und ich liefen zur Görlitzer Straße zurück und trennten uns, um diese fünf Gestalten von verschiedenen Standorten aus genauer in Augenschein zu nehmen. Der Regen peitschte mir ins Gesicht, während ich eilig den Gehweg hinüber zur Parkseite wechselte. Da sah ich die fünf wieder. Ich konnte nun erkennen, dass vorne eine Frau lief, im Abstand von etwa zehn Metern folgten drei Männer und wiederum im Abstand von circa zehn Metern dahinter eine weitere Frau. Mir war sofort klar, dass diese fünf zusammengehörten, die beiden Frauen schienen die in der Mitte Laufenden nach hinten und vorne hin konspirativ abzuschirmen. Hinzu kam, dass die drei Männer in der Mitte jeweils eine große Plastiktüte und einen Bastkorb trugen, aus dem ein grüner Benzinkanister ragte.

Sämtliche Alarmglocken in meinem Inneren schrillten. Wenn die nicht irgendeine Schweinerei vorhaben, dann fresse ich einen Besen, dachte ich und meldete meine Beobachtung über Funk an Achim weiter. Außerdem bat ich ihn, weitere Polizeikräfte anzufordern, die sich zunächst nur abgesetzt in der Umgebung aufhalten sollten, um nicht aufzufallen, uns aber erforderlichenfalls bei Festnahmen unterstützen könnten. Litti, der meine Meinung teilte, war unterdessen ebenfalls an den Personen dran und unser Plan war es, so lange zu warten, bis sie Vorbereitungen treffen oder Anstalten machen würden, einen Brand zu legen. Denn wer läuft schon mitten in der Nacht bei strömendem Regen mit mehreren Benzinkanistern herum, noch dazu so konspirativ? Da ich wusste, dass kurz vor der Skalitzer Straße gebaut wird, erschien mir die Baustelle dort als Brandanschlagsort in Frage zu kommen.

Der Regen wurde noch stärker und die fünf wechselten plötzlich die Straßenseite. Von dort verschwanden sie im Görlitzer Park, um gleich darauf wieder ohne Plastiktüten und Bastkorb in den Händen hervorzukommen. Danach begaben sie sich hastig in eine Eckkneipe in unmittelbarer Nähe. Was nun? Obwohl meine Kleidung klatschnass war und ich bereits erste Feuchtigkeit auf der Haut spürte, gab ich Litti zu verstehen, dass ich mir die abgestellten Behältnisse näher ansehen wolle, während er zum Fahrzeug zurückkehren solle, um gemeinsam mit Achim die Eckkneipe weiter zu beobachten.

Unmittelbar darauf erreichte ich die Stelle, an der die fünf kurz verschwunden waren. Und tatsächlich, versteckt hinter Büschen standen die Plastiktüten und der Bastkorb, je mit einem Benzinkanister gefüllt. Nachdem ich die Kanister angehoben und den ausströmenden Geruch wahrgenommen hatte, stand fest, sie waren bis zum Anschlag mit Benzin gefüllt. Nun lief auch ich zum Auto zurück, das Achim strategisch günstig so geparkt hatte, dass wir sehen konnten, wer die Kneipe verlässt oder betritt.

Im Funkverkehr war reichlich was los, stellte ich überraschend fest, nachdem ich ins Auto eingestiegen war. Von überall wurden Kräfte in unsere Richtung geschickt, und obwohl ich darum bat, Zurückhaltung zu üben, kamen alle direkt zu unserem Standort gefahren. Leider war der zuständige Polizeirat vom Dienst, unser Vorgesetzter, etwas eilfertig der Meinung, diese fünf Personen sofort festnehmen zu müssen. Aus meiner Sicht eine glatte Fehlentscheidung, denn bisher war denen eine Straftat noch gar nicht nachzuweisen. Aber mein Einspruch blieb erfolglos. Die politischen Vorgaben an die Polizeiführung, einen schnellen Ermittlungserfolg zu erreichen, um diese unsägliche Anschlagsserie zu beenden, waren offenbar einfach zu mächtig. Vermutlich fehlte unserem Vorgesetzten in diesem Fall auch das erforderliche Vertrauen in unsere Erfahrungen als erfolgreiche Zivilfahnder. Wir erhielten unmissverständlich den Auftrag, die Personen sofort festzunehmen. Also betraten wir die Kneipe und schnappten uns die fünf. Auf Widerstand oder großes Lamentieren trafen wir nicht, es ging alles ruhig und geordnet zu. Natürlich stellten wir auch die Behältnisse mit den Benzinkanistern sicher.

Was folgte, war ein Vernehmungsmarathon, den wir durch eine noch in der Nacht gegründete Ermittlungsgruppe von über zwanzig Kriminalbeamten über uns ergehen lassen mussten. Bis in die frühen Mittagsstunden hinein wurden wir immer wieder befragt. Dabei wurde uns indirekt auch vorgeworfen, zu früh zugegriffen zu haben. Dies wies ich aber scharf zurück, denn mit dem Funkprotokoll, das unter anderem deutlich meinen Einspruch gegen die Anweisung meines Vorgesetzten dokumentierte, lag ein eindeutiger Beweis für unsere Darstellung vor. Das Problem war nun, den fünf Festgenommenen nachzuweisen, dass sie für die Brandanschläge der vergangen Wochen verantwortlich waren. Sie sagten kein Wort. Lediglich die Benzinkanister und zwei Feuerzeuge, die einer von ihnen bei sich trug und die identisch mit denen waren, die am Brandort des Möbelhauses gefunden wurden, dienten als Indizien für ihre Tatbeteiligung.

Die Zeitungen am nächsten Tag waren voll mit den Ereignissen der letzten Nacht. Einige hatten die fünf Verdächtigen in voller Montur auf Doppelseiten abgebildet, um Hinweise zu bekommen, ob diese im Zusammenhang mit den vorhergehenden Brandstiftungen gesehen worden waren. Es nützte alles nichts, die Beweislage war zu dünn und die Verdächtigen wurden entlassen. Aber unsere Aktion war letztendlich doch ein Erfolg: Diese Serie von Brandstiftungen der gleichen Art hörten ab diesem Tage schlagartig auf. Warum bloß?

Wenig später konnten wir einer weiteren Gruppe von Brandstiftern das Handwerk legen. Ich hatte mit meinen Kollegen Björn und Prissi den Auftrag, Ausschau nach Personen zu halten, denen es offensichtlich Spaß machte, Brände zu legen. Das Einsatzgebiet war wieder einmal die Oranienstraße und Umgebung. Jede Nacht brannten dort irgendwo Papiercontainer, Autos, Baustellenabsperrungen und vieles mehr. Obwohl der Kräfteansatz von unserer Seite sehr groß war, konnte kein Täter namhaft gemacht werden. Da hatte Björn eine super Idee. Er schlug vor, dass wir uns auf dem Heinrichplatz aufstellen sollten, um die Straßenzüge im Auge zu behalten, die sternförmig von dem Platz in verschiedene Richtungen abgehen.

Kaum vorgeschlagen, schon standen wir da und beobachteten jeder eine Straße. Und das Glück sollte uns hold sein. Björn, der die Oranienstraße in Richtung Oranienplatz im Blick hatte, rief mich zu sich und zeigte aufgeregt in die Richtung, in der er soeben etwas Flammenartiges aufleuchten gesehen hatte. »Kalle, genau an dem Baugerüst, auf der linken Seite der Straße, dort wo diese fünf Punker stehen, da hat gerade jemand von denen etwas angezündet, kannst du es sehen?«, fragte er.

Da sah ich es auch. Einer dieser schwarzgekleideten Punker, er hatte einen roten Irokesenschnitt, hielt etwas Brennendes in der Hand und versuchte damit, eine hölzerne Gerüststange anzuzünden. Die anderen vier legten Pappe, Papier und kleinere Holzteile an dieser Stange ab und unmittelbar darauf fing der untere Teil des Baugerüstes Feuer. Damit hatten sie offensichtlich ihr Ziel erreicht, denn nun rannten sie mit lautem Hallo in unsere Richtung. Ich konnte gerade noch Prissi zurufen, dass er die Feuerwehr und weitere Polizeikräfte alarmieren solle, als drei von den Punkern schon direkt vor uns auftauchten. Björns und meine laut gerufene Ansage »Stehenbleiben, Polizei, Sie sind festgenommen!« ignorierten sie vollständig und gingen sofort zum Angriff über. Allerdings hatten sie nicht mit unserem ausgezeichneten Trainingszustand gerechnet. Ohne Schwierigkeiten wurden die fünf Angreifer von uns überwältigt und lagen schon kurze Zeit später gefesselt am Boden.

Da war auch schon die erste Feuerwehrsirene zu hören und unmittelbar darauf begannen die Löscharbeiten, was höchste Zeit war, denn das Baugerüst stand im unteren Bereich schon in Flammen. Zum Glück hatte das Feuer das Wohnhaus dahinter noch nicht erreicht.

Nachdem auch der erste Gruppenwagen eingetroffen war und wir die fünf Punker an die Kollegen übergeben hatten, schnaufte ich erleichtert durch, rieb meine schmerzenden Stellen, die ich bei der Auseinandersetzung abbekommen hatte, schlug Björn anerkennend auf die Schulter und sagte: »Das hast du super gemacht, Langer, ich nenne dich ab heute Häuptling Adlerauge!«

Allemal war ich froh, dass ich mit einem Kollegen unterwegs war, auf den ich mich hundertprozentig verlassen konnte. Eine zwingende Voraussetzung bei der Jagd nach Verbrechern!

Prissi, der immer noch sein Funkgerät am Ohr hielt, schaute uns ungläubig an und sagte kein Wort, er musste das Gesehene offensichtlich erst einmal verdauen. Aber er war ja heute auch das erste Mal mit uns Zivilstreife gefahren.

Uns war es gelungen, gefährliche Brandstifter festzunehmen und eine langanhaltende Serie zu beenden. Unser Erfolg sprach sich in Windeseile herum und wir wurden noch auf dem Weg zur Dienststelle über Funk vom Landesschutzpolizeidirektor herzlich beglückwünscht, was ja auch nicht alle Tage vorkam.

Einen triftigen Grund, weshalb sie diese lebensbedrohenden Brandstiftungen begangen hatten, konnten oder wollten die fünf Punker nicht nennen. Erschreckenderweise waren es offenbar Langeweile, Lust an der Zerstörung und erzieherische Defizite im Hinblick auf das menschliche Miteinander, die sie zu diesen Taten trieben, sicher auch eine eher diffuse Abneigung gegen »das System«.

1. Mai 1987

Der anstrengendste und gleichzeitig aufregendste Tag meiner polizeilichen Laufbahn war mit Sicherheit der 1. Mai 1987. Dieser Tag wird mir bis ans Lebensende in Erinnerung bleiben, denn er war von solchen Gewaltexzessen geprägt, wie ich sie auch in ihrer räumlichen

Ausdehnung weder zuvor noch in den Folgejahren erlebt habe. Immer, wenn ich an diesen Tag denke, dann kommen Bilder in mir hoch, die mich an Fernsehreportagen aus Bürgerkriegen in anderen Ländern erinnern. Aber der Reihe nach:

Dieser herrliche Frühlingstag hatte damit begonnen, dass meine Einheit, wie immer am Tag der Arbeit, die große Demonstration des Deutschen Gewerkschaftsbundes begleitete. Sie war ebenso wie in den Vorjahren mit mehreren Tausend Teilnehmern friedlich über die Bühne gegangen.

Dies sollte freilich kein Indiz für den weiteren Verlauf dieses Tages sein. Die allgemeine Stimmung in Berlin war seit Monaten gereizt, vielleicht sogar aufgeheizt. Zunächst einmal waren die Vorbereitungen für die Jubiläumsfeier zum 750-jährigen Bestehen Berlins in vollem Gange. Diese Feier stieß bei Autonomen und einigen alternativen Bevölkerungsgruppen auf Unverständnis und Widerstand. Zusätzlich war in den frühen Morgenstunden des Mai-Feiertages das sogenannte VoBo-Büro (Volkszählungsboykott-Büro) im Mehringhof durchsucht worden. Dort hatten sich jene versammelt und organisiert, die verhindern wollten, dass in Berlin eine Volkszählung durchgeführt wird. Nicht nur das VoBo-Büro, sondern der Mehringhof als solcher, der seit den 1980er-Jahren eng verknüpft mit der Hausbesetzerszene war und bereits seit etlichen Jahren als alternatives Kulturzentrum diente, besaß bei der linksalternativen Szene einen hohen Symbolwert.

Etwas unverständlich war es daher für mich, dass man, obwohl man diese Umstände kannte, einen Großteil der Polizeikräfte in den Mai-Feiertag entlassen hatte. Meine Kollegen und ich konnten diesen Tag dagegen nicht mit unseren Familien genießen, wir hatten ganz normal Dienst und machten uns bereit, unsere turnusmäßige 24-Stunden-Schicht zu übernehmen.

Nach einer stärkenden Mittagspause fuhren mein neuer Kollege Klaus und ich als Zivilstreife in Richtung Kreuzberg. Achim und Detlef folgten uns, hatten aber den Auftrag, ab 17 Uhr ein Gelände zu überwachen, in dem es in den vergangenen Tagen immer wieder gebrannt hatte. Die Sonne strahlte mittlerweile eine erhebliche Wärme ab, und so verabredete ich ein Treffen mit Achim und Detlef unter dem Hochbahnviadukt der U-Bahn Linie 1 (bekannt geworden durch das gleichnamige Musical im Grips-Theater) in der Skalitzer Straße. Dort wollten wir ein Eis essen und uns das Straßenfest ansehen, das auf dem Lausitzer Platz stattfand und von Autonomen, der Vorgängerpartei der Grünen in Berlin Alternative Liste (AL) sowie der Sozialistischen Einheitspartei Westberlins (SEW), dem damaligen Gegenstück zur SED, veranstaltet wurde.

Pünktlich um 16 Uhr trafen wir ein, holten uns ein Erdbeereis und begaben uns in den Schatten des Viadukts, genau unter der U-Bahnlinie, die hier als Hochbahn verläuft. Von dort aus beobachteten wir die Menschenmassen, die mittlerweile das Straßenfest überschwemmten. Donnerwetter, dachte ich bei mir, da ist ja ordentlich was los. Aber bei diesem herrlichen Wetter war das auch kein Wunder, und so standen wir vier da und ließen uns die leckeren Eiswaffeln schmecken. In diesem Moment fuhr ein Funkwagen genau bis zur Ecke Lausitzer Platz/Skalitzer Straße vor, parkte, die beiden Kollegen stiegen aus und begaben sich in die dortige Eckkneipe. Offensichtlich ein normaler Polizeieinsatz. Während ich noch darüber nachsann, was passiert sein könnte, sah ich auf einmal, völlig erstarrt und mit ungläubigem Staunen, wie etwa zwanzig dunkel vermummte Personen aus der Menschenmenge des Straßenfestes herausstürmten, auf den Funkwagen zurannten und diesen mit lautem Johlen umwarfen. Bevor wir überhaupt dazu kamen, dieses Geschehen richtig zu registrieren, lösten sich mehr und mehr Personen aus dem Festpublikum, maskierten sich und fingen an, wahllos Straßengitter, Balken, Bretter und andere Gegenstände auf die Fahrbahn der Skalitzer Straße zu ziehen und diese für den Fahrzeugverkehr zu blockieren.

Immer noch etwas apathisch vor Schreck gab ich über Funk eine erste Lagebeurteilung ab und bat dringendst um Unterstützung. Sehr schnell trafen erste uniformierte Polizeikräfte ein, die versuchten, unter Einsatz des Schlagstockes und mit Tränengas die mittlerweile auf mehrere Hundert Störer angewachsene Menge zurückzudrängen. Ergebnislos! Sie hatten keine Chance, da sie total in der Unterzahl waren. So mussten sie sich bald darauf zurückziehen.

In der Zwischenzeit verschärfte sich die Lage vor Ort immer mehr. Dutzende, ja ganze Meuten von ehemaligen Straßenfestbesuchern stürmten auf die umliegenden Fahrbahnen, rissen Verkehrsschilder um, schlugen auf parkende Fahrzeuge ein und warfen Flaschen sowie andere Gegenstände auf Autos, die in diesem Gewühl nicht mehr durchkamen. Meine Meldungen über Funk blieben zunächst wirkungslos, denn mir wurde mitgeteilt, dass weitere Polizeikräfte erst aus anderen Bezirken angefordert werden müssten, und das könne dauern.

Während Achim und sein Partner ihren Auftrag wahrnehmen mussten, wurde ich von der Funkbetriebszentrale gebeten, so viele Lagemeldungen wie möglich abzugeben, denn Klaus und ich waren zu diesem Zeitpunkt die einzige Zivilstreife im Kreuzberger Kiez. Da es keinen Sinn ergab, mit unserem Zivilfahrzeug herumzufahren – viele Straßen waren inzwischen durch das Verkehrschaos völlig dicht oder durch Hindernisse mit Baumaterialen und anderen Gegenstände blockiert –, beschlossen wir unser Auto am Schlesischen Tor abzustellen und mit der U-Bahn in das sich abzeichnende Chaos zu fahren.

Als wir mit der Hochbahn am Lausitzer Platz vorbeifuhren, konnte ich sehen, wie sich immer mehr Personen an den Krawallen beteiligten. Wegen der Menschenmassen war es sinnlos, bereits am Görlitzer Bahnhof auszusteigen, und so fuhren wir noch eine Station weiter bis zum Kottbusser Tor. Während der Fahrt kamen Erinnerungen an unzählige durchgemachte Gewaltsituationen bei anderen Demonstrationseinsätzen in mir hoch, die unfriedlich verlaufen waren und in denen ich selbst angegriffen und verletzt wurde. Einer gewaltbereiten Menge gegenüberzustehen und zu wissen, dass man sich nicht in Sicherheit bringen kann, weil zum Beispiel der Auftrag besteht, die Schaufenster des Kaufhauses Karstadt am Hermannplatz zu schützen, erfordert, wie schon erwähnt, erhebliche Überwindung und Nervenstärke. Damals hatten wir, nur mit einem runden Schild in der Hand und in einer Reihe mit Kollegen stehend, ausgeharrt, obwohl auf dem vor uns liegenden Platz Hunderte von Störern teilweise bis an die Nasenspitze an uns herankamen, uns traten und anspuckten. Das ging ganz dicht an die mentalen Belastungsgrenzen heran. Diese Gedanken, die mir beim Blick aus der Hochbahn durch den Kopf gingen, versuchte ich sogleich wieder zu verdrängen. Jetzt musste ich mich voll konzentrieren, um nicht selbst Gefahr zu laufen, Opfer dieser Krawalle zu werden. Zusätzlich musste ich auf meinen jungen Kollegen achten, der eine solche Situation mit Sicherheit noch nicht erlebt hatte.

Kaum hatten wir den U-Bahnhof verlassen und die Adalbertstraße betreten, kam es mir vor, als befände ich mich in einem Inferno. Uns bot sich folgendes Bild: In Höhe des Neuen Kreuzberger Zentrums, das einen riesigen Wohnblock mit einer Überbauung in der Adalbertstraße bildet, hatten Chaoten Baumaterialien, Bauwagen, Müllcontainer und anderen Sperrmüll auf die Fahrbahn gezogen und angesteckt. Die Flammen loderten längst bis zur Überbauung hoch und der gesamte Wohnblock drohte Feuer zu fangen. Ein Löschzug der Feuerwehr, der offenbar gerade eingetroffen war, versuchte der Flammen Herr zu werden.

Während ungefähr fünfzehn Feuerwehrleute gegen die Flammen kämpften, machten sich Dutzende von Randalierern offenkundig einen Spaß daraus, die Feuerwehrleute mit Steinen zu bewerfen. Sie versuchten sogar, mit einem Beil die Feuerwehrschläuche zu zerstören. Ich konnte es nicht fassen! Polizeieinheiten standen nicht zur Verfügung. Denn kurz zuvor hatte ich über Funk mitbekommen, dass Polizisten erst bei sich zu Hause alarmiert werden mussten, um die wenigen Kollegen vor Ort zu unterstützen.

Vorsichtig und langsam gingen Klaus und ich in Richtung der brennenden Barrikaden, wobei wir glücklicherweise in diesem Chaos gar nicht auffielen. Überall waren vermummte Straftäter dabei, weiteren Müll auf die Fahrbahnen zu ziehen, um den Kreisverkehr rund ums Kottbusser Tor lahmzulegen. Auch wurden unzählige Kleinpflastersteine aus den Bürgersteigen gebuddelt, die als Wurfgeschosse dienten. Dabei fiel mir besonders ein Bursche auf. Er war etwa 1,70 Meter groß, hatte eine stämmige Gestalt, lange ungepflegte schwarze Haare und war total in schwarz gekleidet. Dieser Chaot war eifrig dabei, Stein um Stein aus dem Gehsteig zu reißen und in Richtung der Feuerwehrleute zu schleudern. Diese benutzten ihre beiden Fahrzeuge, um vor den Steinwürfen in Deckung zu gehen. Die Löscharbeiten waren praktisch unmöglich geworden.

Jetzt beobachtete ich, dass dieser Steinewerfer andere animierte, mit ihm auf die gegenüberliegende Straßenseite zu laufen, um von dort aus die Feuerwehrleute noch besser unter Beschuss nehmen zu können. Tatsächlich rannten fünf weitere Randalierer mit auf diese Seite und ich sah, wie die ersten Feuerwehrleute von einem Steinhagel getroffen wurden. Krampfhaft überlegte ich, was wir tun könnten, um diese lebensbedrohlichen Handlungen zu stoppen, und hatte bereits die Hand an meiner Pistole. Reflexartig wollte ich sie ziehen, wobei mir gerade noch rechtzeitig in den Sinn kam, dass dies keine gute Idee war, denn die Wahnsinnigen hätten uns wahrscheinlich gelyncht, wenn sie uns als Polizisten erkannt hätten – und auf wen hätte ich schießen sollen in diesem Tohuwabohu?

Während ich noch fieberhaft über unsere Hilfsmöglichkeiten nachdachte, sah ich, dass sich die Feuerwehrleute inzwischen wehrten. Nicht nur, dass sie die Steine zurückwarfen, sondern sie richteten ihre Schläuche mit vollem Wasserdruck auf die Steinewerfer. Dies beruhigte die Lage etwas, aber einige Feuerwehrleute stiegen jetzt humpelnd und sich die verschiedensten Körperstellen haltend in ihre Fahrzeuge; sie hatten erkennbar Verletzungen davongetragen. Später hörte ich zum Beispiel, dass einer der Männer von einem Stein mitten im Gesicht getroffen worden war und zwei Zähne verlor.

Nun konzentrierte ich mich wieder auf den besagten Steinewerfer, der plötzlich in Richtung Skalitzer Straße lief. Er hatte nicht nur mehrfach die Löschfahrzeuge getroffen, sondern zusätzlich wie im Rausch andere dazu angestiftet, die Löschmannschaft zu bewerfen. Er selbst hatte vier Steine gezielt auf zwei Brandmeister geschleudert und diese am Rücken getroffen. Durch die Wucht des Aufpralls stürzte einer sogar zu Boden, wie ich genau beobachten konnte. Diesen verbrecherischen Gesellen wollte ich unbedingt festnehmen, und so verfolgten wir ihn.

Er lief nun parallel zur Hochbahn auf der Skalitzer Straße zurück in Richtung Lausitzer Platz. Auf dieser Strecke wimmelte es jetzt von Menschen. Unzählige Schaulustige, vor allem aber Horden von Krawallmachern prägten das Bild in den Straßenschluchten. Vermutlich von Funk und Fernsehen über die Krawalle informiert, trafen immer neue Menschenmassen ein. Polizeikräfte, die Klaus und mich bei der Festnahme dieses Steinwerfers in jenem Hexenkessel hätten unterstützen können, waren nicht erreichbar, und so liefen wir weiter hinter ihm her. Klaus, der nicht unbedingt von meinem Plan überzeugt war, den Straftäter an einer günstig gelegenen Stelle selbst festzunehmen, war auf meine Bitte hin damit beschäftigt, die Zeiten und Orte detailliert zu notieren, an denen er weitere Schandtaten verübte.

Wir hatten unterdessen die Kreuzung Wiener Straße/Skalitzer Straße erreicht, als unser Mann erneut mehrere schwarzgekleidete Randalierer ansprach, die gerade dabei waren, Absperrstangen von einer Baustelle auf die Mitte der Kreuzung zu ziehen. Mit wild umherrudernden Armen zeigte er in Richtung des Lausitzer Platzes. Und tatsächlich, kurz darauf folgten ihm einige dieser Leute. Wir liefen ihnen mit einem gewissen Abstand auf der gegenüberliegenden Straßenseite hinterher.

Was wir dann aber zu sehen bekamen und was ich Klaus, der etwas versetzt hinter mir herlief, detailliert schilderte, damit er es für die spätere Beweisführung genau notierte, machte mich fassungslos. Dieser militante Krawallmacher gab seinen neuen Kumpanen erkennbar Anweisungen, am Fahrbahnrand parkende Autos umzukippen und auf die Fahrbahn zu ziehen. Dann schlug er selbst die Seitenscheiben der auf dem Dach liegenden Autos mit einem Stein und einem knüppelähnlichen Stock ein. Urplötzlich loderten Flammen auf, und schon brannte das erste Fahrzeug lichterloh. Offensichtlich hantierte er mit Brandbeschleunigern, die er aus seiner Umhängetasche gezogen haben musste. Mit geradezu übermütigem Gehabe, im Schutze der Gleichgesinnten, zündete dieser Trupp weitere sechs Autos an, die sie zuvor ebenfalls umgekippt und auf die Fahrbahn gebracht hatten. Dabei tranken einige von ihnen Bier und schauten sich immer wieder befriedigt ihr zerstörerisches Werk an.

Mittlerweile brannte es entlang des gesamten Straßenzuges der Skalitzer Straße; von der Wiener Straße an bis fast zur Wrangelstraße. Ich hatte Angst, dass die Flammen auf die Hochbahn überspringen würden. Auch waren die Bäume am Straßenrand gefährdet, von wo aus der Funkenflug Wohnhäuser hätte erreichen können. Meine ständigen Lagemeldungen an die Funkbetriebszentrale mit der dringenden Bitte um Unterstützung wurden immer wieder mit dem Hinweis auf fehlende Kräfte negativ beschieden. Wie sollten wir zwei, Klaus und ich, in dieser Situation überhaupt irgendetwas ausrichten? Es war unmöglich. Ich war schon froh, dass wir bis dato unentdeckt geblieben waren. Während ich über unsere irrwitzige Lage grübelte, sah ich plötzlich, dass sich unser Brandstifter beim Umwerfen eines VW-Busses an der rechten Hand verletzt hatte, die stark blutete. Jetzt löste sich der militante Trupp auf und er lief allein bis zur Wrangelstraße weiter, wo er eilig eine Eckkneipe betrat.

»Klaus, renne schnell zum Schlesischen Tor und besetze unser Fahrzeug. Wenn ich dich über Funk rufe, dann komme eilig bis zur Ecke Wrangelstraße gefahren. Vielleicht gelingt es mir, diesen Chaoten festzunehmen, wenn er aus der Kneipe kommt«, verkündete ich meinen spontanen, mit heißer Nadel gestrickten Plan.

Tatsächlich erschien mir dieses Vorhaben zwar waghalsig, aber nicht unmöglich, denn die Wrangelstraße war relativ frei von Störern und in der Skalitzer Straße spielte sich das Szenario etwa fünfzig Meter entfernt ab. Ich begab mich also unter das Viadukt der Hochbahn und wartete ab, den Blick auf die Kneipe gerichtet. Klaus war inzwischen auf dem Weg zum Fahrzeug.

Es dauerte etwa zwanzig Minuten, da öffnete sich die Kneipentür und meine Zielperson erschien, einen weißen Verband um die rechte Hand gewickelt. Langsam kam er in meine Richtung gelaufen. Als er gerade wieder nach links in die Skalitzer Straße abbiegen wollte, winkte ich mit den Armen und rief: »Hey, hier sind unsere Jungs, da geht die Post ab!«

Tatsächlich, er fiel auf meinen Bluff herein, kam zu mir herübergerannt und begleitete mich sogar in den Abschnitt der Wrangelstraße, der auf meiner Seite von der Skalitzer Straße abzweigte. Kaum waren wir einige Meter gelaufen, bemerkte er, dass irgendetwas nicht stimmte, und wollte umkehren. Dazu kam er nicht.

»Polizei, Sie sind festgenommen!«, schrie ich und setzte gleichzeitig einen Judogriff an, aus dem er sich trotz heftiger Gegenwehr nicht befreien konnte. Dann rief ich über Funk nach Klaus, der nur Sekunden später mit dem Fahrzeug vorfuhr. Wir legten unserem Straftäter Handfesseln an und setzten ihn ins Fahrzeug. Über einen weiten Umweg fuhren wir zur Festnahmesammelstelle, übergaben ihn an die dortige Besatzung, fertigten unsere detaillierten Strafanzeigen und waren bereits zwei Stunden später, gegen 20.30 Uhr, wieder im Einsatzgebiet.

Mittlerweile hatte sich die Situation weiter verschärft. Die Oranienstraße, die praktisch eine Achse durch den Kreuzberger Kiez bildet, war nicht mehr befahrbar. Sämtliche Kreuzungen und Einmündungen wurden durch brennende Barrikaden versperrt, die unzählige Unruhestifter stetig mit neuem Brennmaterial versorgten. Den Polizeikräften war es bis dato nicht gelungen, die Barrikaden auch nur ansatzweise zu beseitigen und so Ordnung und Sicherheit wiederherzustellen. Es fehlten immer noch ausreichend Einsatzkräfte und auch Räumfahrzeuge. So war dieser Verkehrsraum völlig rechtsfrei.

Klaus und ich näherten uns diesmal vom Moritzplatz kommend dem Oranienplatz, wo eine Barrikade die gesamte Fahrbahn versperrte. Als ich darauf zulief, sah ich, dass Dutzende Personen dabei waren, Getränkekisten, Haushaltswaren und Lebensmittel aller Art aus dem an der Ecke befindlichen Plus-Supermarkt herauszutragen. Die Jalousien waren zwar heruntergelassen – der Laden hatte längst Feierabend gemacht und war geschlossen –, die Chaoten ließen sich davon aber nicht stören. Durch die herausgerissene und noch halb in der Tür hängende Jalousie und die zerstörte Scheibe der Eingangstür zwängten sich die Plünderer mit immer neuen Kisten, Flaschen und vollen Plastiktüten hindurch. Ein Anblick von totaler Anarchie.

Als wir uns langsam dem Platz näherten, bemerkte ich, dass mehrere Plünderer mit Bierkästen und vollen Spirituosenkartons beladen um die Ecke in die Naunynstraße liefen. Unmittelbar hinter der Ecke befand sich ein großzügig angelegter Spielplatz und wir konnten nun sehen, dass die entwendeten Kisten dort, verborgen hinter einem Gebüsch, aufgestapelt wurden. Vermutlich um sie später abzutransportieren. Während wir beide dieses dreiste Treiben beobachten, überlegte ich, was wir unternehmen könnten, um das weitere Plündern zu verhindern. Unterstützungskräfte, abermals von mir angefordert, standen immer noch nicht zur Verfügung.

Plötzlich bemerkte ich einen Mann mittleren Alters, der bereits zum zweiten Mal mit einer Nähmaschine in den Händen an uns vorbei und in ein Haus in der Naunynstraße rannte. Es dauerte nur wenige Minuten, da kam er bereits wieder heraus, sauste wie der Blitz zum Plus-Markt, zwängte sich durch die kaputte Eingangstür, wobei er andere, die sich ebenfalls dort hindurchdrängelten, rüde beiseiteschubste, verschwand im Innern des Geschäfts und kam kurz darauf mit einer weiteren Nähmaschine wieder heraus. Damit begab er sich erneut in Richtung des Hauses, in das wir ihn eben hatten verschwinden sehen. Wenig später erschien er wieder auf der Straße. Da erwachte ich aus meiner kurzen Erstarrung. Klaus und ich liefen zum Hauseingang und betraten den dunklen Flur. Etwas versteckt erwarteten wir den Plünderer, der tatsächlich wenige Minuten später, wiederum mit einer Nähmaschine in den Armen, den Hausflur betrat. Ohne viel Federlesen nahmen wir ihn fest, wobei wir darauf achteten, leise zu sein, um zu verhindern, dass andere Straftäter auf uns aufmerksam würden. Schnell stellte sich heraus, dass der Festgenommene im ersten Stockwerk dieses Hauses wohnte und tatsächlich bereits vier Nähmaschinen in seiner Wohnung gehortet hatte.

Ich fragte mich, was diesen Mann, der, wie wir bei nachfolgender Recherche feststellten, gut situiert in diesem Kiez wohnte, eine nette Frau und zwei Kinder hatte, von Beruf Maurer war und ansonsten eigentlich alles besaß, was das Leben lebenswert macht, was also diesen Mann dazu trieb, wie ein Gesetzloser skrupellos zu plündern und Nähmaschinen anzuhäufen. War es Gier, Freude an der Zerstörung, Hass auf den Staat? Ich weiß es bis heute nicht.

Über zwei Stunden blieben wir in der Wohnung, bis es uns gelang, eine ganze Polizeieinheit mit über hundert Einsatzkräften zu alarmieren, die uns gefahrlos aus diesem Kessel der Gewalt herausholen und mit unserem Festgenommenen abtransportieren konnte. Auch stellten wir die gehorteten Getränke auf dem Spielplatz sicher. Bald darauf war es auch möglich, zusätzlich Polizeikräfte abzustellen, um den Plus-Markt zu sichern, der allerdings mittlerweile fast leergeräumt war.

Nachdem wir unsere Schreibarbeiten auf der Gefangenensammelstelle erledigt hatten, begaben Klaus und ich uns erneut zurück in die nunmehr dunkle Nacht. Lodernde Feuer tauchten Straßenzüge, die von herausgerissenen Pflastersteinen, rotglühenden Überresten der Barrikaden, ausgekippten Müllcontainern und Glassplittern von zerstörten Fensterscheiben geplünderter Geschäfte übersät waren, in ein unheimliches Licht. An der Ecke Skalitzer-/Wienerstraße stand ein Bolle-Supermarkt in Flammen und brannte bis auf die Grundmauern nieder. Jahre später stellte sich heraus, dass ein Pyromane die Gunst der Stunde genutzt hatte, den Supermarkt anzuzünden und in Schutt und Asche zu legen. Die Wiener Straße war inzwischen auf gesamter Länge völlig im Dunkeln versunken. Sämtliche Laternen waren zerstört oder brannten nicht mehr. Insgesamt ein Bild der totalen Verwüstung.

Natürlich erlebten wir in dieser Nacht auch unzählige feige Angriffe auf unsere Kollegen, die mühsam versuchten, die Lage in den Griff zu bekommen. Die Gewalttäter prügelten mit Eisenstangen und Holzlatten brutal auf sie ein, ihnen flogen Steine, Gehwegplatten und sogar Zwillengeschosse entgegen. Auch wurden Krähenfüße verstreut, um die Reifen der Polizeifahrzeuge zu zerstören. Bis in die frühen Morgenstunden dauerten diese bürgerkriegsähnlichen Zustände an.

Noch früh um 9 Uhr nahmen Klaus und ich zwei Männer fest, die in einer bereits komplett zerstörten Telefonzelle den Münzbehälter des Telefons aufbrechen wollten. Völlig erschöpft und kaputt erreichten wir irgendwann am Vormittag unsere Unterkunft. Schlafen konnte ich trotzdem nicht, ich war einfach zu aufgewühlt von den Ereignissen dieser Nacht.

Diese Art der Krawalle, wenn auch etwas abgeschwächt, sollten mich in den nächsten Jahren immer am 1. Mai, aber auch bei sehr vielen anderen Demos bis zu meiner Pensionierung begleiten. Besonders ist mir auch noch der 14. November 1990 in Erinnerung, an dem dreizehn besetzte Häuser in der Mainzer Straße in Friedrichshain geräumt wurden. Es war einer der massivsten Polizeieinsätze, den diese gerade erst wiedervereinte Stadt Berlin erlebt hat. Dass es dort keine Toten als Folge brutalster Attacken der sogenannten Hausbesetzer zu beklagen gab, grenzt an ein Wunder. Wir wurden mit Leuchtspurmunition beschossen, Gehwegplatten und ganze Möbelstücke wurden von den Dächern auf uns geworfen und in den zu räumenden Häuser waren Fallen aufgebaut, die an Menschenverachtung kaum zu überbieten waren. Glücklicherweise ließ das Ausmaß der Gewaltszenarien und sinnlosen Zerstörungsorgien in den folgenden Jahren dank verschiedener polizeilicher Strategien erkennbar nach. Deeskalation, die sogenannte Berliner Linie, also konsequente Festnahme von Gewalttätern, sowie die größtmögliche Zurückhaltung von Polizeikräften befriedeten die Demos am 1. Mai zunehmend, auch die Veranstaltung eines Mai-Festes mitten auf dem Heinrichplatz und in sämtlichen angrenzenden Straßen taten ihre Wirkung.

Meine Kollegen und ich waren immer dabei, und obwohl es nie mehr so chaotisch war wie 1987 und 1990, erlebte ich es immer wieder mit, dass etliche meiner Mitstreiter erhebliche Verletzungen davontrugen, und das trotz der stetig verbesserten Schutzbekleidung.

Wie perfide wir auch seelisch unter Druck gesetzt werden sollten, zeigt das Plakat auf der nächsten Seite.

Die abgebildeten Personen sind Kollegen in ziviler Kleidung, ich selbst bin unten rechts zu sehen. Das Plakat, das einem Fahndungsplakat des BKA (Bundeskriminalamt) täuschend echt nachempfunden worden war, hing an unzähligen besetzten Häusern. Das Original zeigte gesuchte Gewalttäter der terroristischen Roten Armee Fraktion (RAF) und wurde in öffentlichen Gebäuden ausgehängt. Dass mich diese Art des Psychodrucks nicht unbedingt zu Freudentränen reizte, kann man vielleicht nachvollziehen; speziell meine Angehörigen machten sich große Sorgen, denn diese Plakate hingen auch in der unmittelbaren Umgebung meines Wohnortes.

Was ich mit Sicherheit bilanzieren kann, ist, dass mir diese Art der Polizeiarbeit nicht gefallen hat. Ich war uneingeschränkt froh, als ich nach über zwanzigjähriger Tätigkeit in diesen Bereitschaftspolizeieinheiten andere Aufgaben übertragen bekam.

Dem Kommentar von Katharina Metag in der BZ ist nichts hinzuzufügen:

»Berlin ist eine offene und tolerante Stadt. Doch gerade jene linken Gruppen, die pausenlos Verständnis und Offenheit predigen, leben Hass und Gewalt gegen Menschen, die in ihren Augen anders sind. Menschen, die mehr besitzen oder besser wohnen. Aber Brandsätze und Krähenfüße sind kein Mittel des politischen Protests! Sie sind Waffen, die Menschen schwer verletzen, sogar töten können. Vermeintlich tolerante Aktivisten nehmen das in Kauf. Für sie sind Familien mit Eigentumswohnungen und Polizisten keine Menschen.

Deshalb muss es empfindliche Strafen für diese Kiez-Terroristen geben. Keine Geldstrafe – sondern Knast!«

Ach, übrigens, kein Kommentar zum 1. Mai 1987, wenngleich viele ähnliche Artikel am Tag danach in etlichen Gazetten der Stadt zu lesen waren. Katharina Metag schrieb diesen Kommentar zum 30. Mai 2016, nachdem zum x-ten Mal vermummte Chaoten in den Bezirken Mitte und Kreuzberg randaliert hatten. Wieder einmal wurden Barrikaden gebaut und angezündet, Autos in Brand gesetzt, Teerbomben auf Häuserwände geschmissen, Pflastersteine in Wohnzimmer- und Bürofenster geworfen und Krähenfüße gestreut, um eine Verfolgung durch die Polizei zu erschweren. So geht das in dieser Stadt seit Jahrzehnten. Nur die so angeblich »edlen« Anlässe ändern sich.

Offensichtlich hat sich die Politik ebenso wie die Gesellschaft an diese Zustände gewöhnt. Ein kurzer Aufschrei, bei einigen, verbunden mit einem gewissen Verständnis für diese ach so toleranten, linken Streiter für eine angeblich gerechtere Gesellschaftsordnung, und schon geht der Alltag weiter.

So kann es Polizeibeamte und -beamtinnen nicht im Entferntesten zufriedenstellen, wenn zum wiederholten Male in der Öffentlichkeit verkündet wird, dass der 1. Mai friedlich wie nie über die Bühne ging. Kurz nach dem 1. Mai 2016 registrierte ich wütend erneut diese selbstgerechten Sprüche von einigen Politikern! Auch in verschiedenen Medien feierte man diesen »Erfolg«. Und das bei über fünfzig verletzten Kollegen und Kolleginnen!!!

Die jüngsten Entwicklungen auf dem Gebiet der politisch motivierten Gewalttaten von linksextremer Seite in Berlin stimmen ebenfalls nicht sonderlich optimistisch. Diese Gewalt »entzündet« sich buchstäblich nicht an besonders symbolträchtigen Daten oder Ereignissen, sie ist allgegenwärtig, kann zu jeder Zeit an jedem Ort auftauchen. Verschweigen sollte man allerdings auch nicht, dass sich neuerdings auch mutmaßlich rechtsextreme Kreise dieses Mittels »politischen Protests« bedienen. Von Versicherungsbetrugsdelikten, Racheakten oder purem Vandalismus, bei dem wahre Motive verschleiert werden sollen, ganz zu schweigen. Dies macht es nicht einfacher, politisch motivierte Gewalttaten, welcher Richtung auch immer, klar zu erkennen und zu bekämpfen.

Brennende Autos

Die Hochzeitsfeier näherte sich einem weiteren Höhepunkt. Meine Nichte Denise, wunderschön in ihrem prächtigen Hochzeitskleid, wurde von ihrem kurz zuvor angetrauten Ehegatten René zum Hochzeitswalzer gebeten. Die Gästeschar erhob sich und bildete zunächst einen Kreis um die Glücklichen, um dann nach und nach ebenfalls tänzerisches Können zu zeigen. Auch ich bemühte mich redlich, meine Frau mit schwungvollen Schritten über die Tanzfläche gleiten zu lassen, erkannte aber schnell, dass ich nicht unbedingt mit den Fähigkeiten eines Walzertänzers gesegnet bin. Also gab ich meine etwas unharmonischen Bemühungen bald auf und lief in Richtung Terrasse, um mir etwas Luft zu verschaffen. Ich freute mich auch auf den herrlichen Blick über die Spree in Richtung Oberbaumbrücke, den das Eventlokal bot. Plötzlich hörte ich einen Knall. Er kam zweifelsohne von draußen und ich beschleunigte meine Schritte. Da kam mir mein Bruder Burkhard entgegen und rief mir zu: „Die haben auf der anderen Seite des Spreeufers schon wieder ein Auto angezündet, sieh dir das mal an, hoffentlich zündeln die nicht auch auf unserer Seite!«

Beim Blick über die Spree sah ich es ebenfalls. Rot-gelb züngelten die Flammen des lichterloh brennenden Autos in den dunklen Abendhimmel, untermalt von den Sirenen der Feuerwehr, die sich dem Tatort näherte. Was ist nur aus dieser Stadt geworden, dachte ich bei mir.

Seit Jahren werden in Berlin Autos aus »politischen Gründen abgefackelt«, wie in den einschlägigen Bekennerschreiben nachzulesen ist. Seit 2012 wurden im Jahresdurchschnitt 250 Autos in Brand gesteckt oder beschädigt. In den Jahren zuvor lagen die Zahlen noch deutlich darüber. Allein am 6. Februar 2016, nur zwei Monate vor der Hochzeit, waren 28 Autos in der Flottwellstraße von Chaoten angezündet oder demoliert worden.

Als nicht sehr glücklich erlebte ich es vor einigen Jahren im Zusammenhang mit unzähligen Brandstiftungen, dass der damalige Polizeipräsident Dieter Glietsch die Empfehlung gab, keine Porsches mehr in Kreuzberg abzustellen. Eine vielleicht rationale Empfehlung, ich glaube aber nicht, dass dadurch das nachvollziehbare, massive Unsicherheitsgefühl der Besitzer von Kraftfahrzeugen und der Bewohner in bestimmten Kiezen auch nur annähernd gemindert wurde. Auch die berechtigte Wut der Besitzer dieser abgebrannten Autos dürfte anlässlich einer solchen Äußerung eher gestiegen sein. Kann das die Zukunftsstrategie der Polizei sein? Die Erwartungen der Bevölkerung an eine durchgreifende Polizeiarbeit dürften in eine andere Richtung gehen.

Fest steht, dass die Hochzeitsgäste, die unter anderem aus der Schweiz, aus Ungarn und aus Südamerika angereist waren, sich sehr überrascht und zugleich erschreckt darüber zeigten, welche Art von Rowdytum in der Hauptstadt Deutschlands herrscht. Ihre in den Tagen zuvor gemachten positiven Erlebnisse bei diversen Stadtbesichtigungen verblassten deutlich.

21 Kindesmissbrauch VI

Ein Blick zur Uhr verrät mir, dass ich den Kollegen des Referates Kindesmissbrauch beim Landeskriminalamt versprochen habe, Luan an seiner Wohnanschrift abzuholen und zu ihnen zu bringen. Der Junge soll, so hoffen sie, eine wichtige Zeugenaussage zu den von uns verfolgten Pädophilen machen. Da er allein diese Dienststelle nicht aufsuchen will, soll ich als eine ihm und seiner Familie bekannte Person helfen. Der relativ gute Zugang zu ihm, den ich monatelang hatte, verspricht einen Vernehmungserfolg. Also fahre ich zu Luans Adresse, hole ihn ab und bringe ihn zum LKA.

Zunächst verhält sich Luan noch recht locker, als aber die Vernehmung beginnt, gelingt es weder den sehr erfahrenen und engagierten LKA-Kollegen noch mir, ihn dazu zu bringen, dass er nennenswerte neue Erkenntnisse über die pädophilen Täter von sich gibt. Nur über die erduldeten Sexualpraktiken berichtet er recht freimütig, wobei er uns jedoch nicht anblickt, sondern schamhaft auf den Boden starrt. Es fällt auf, dass er, wie andere Opfer auch, sämtliche Varianten seiner extremen Missbräuche mit den Worten „Ist doch normal!« kommentiert – und dies fast nach jedem Satz. Die Vernehmung wird abgebrochen und nebenbei erfahre ich von den LKA-Kollegen, dass sie etwa fünfzig Kinder und Jugendliche betreuen, die auf diese Weise »anschaffen« gehen.

Abschließend bleibt festzustellen, dass es den Kollegen des LKA trotzdem gelingt, Teile des Verbrecherrings zu zerschlagen und zwei der Kinderschänder, nämlich Manfred und Detlef, für längere Zeit hinter Gitter zu bringen. Zu diesem Zeitpunkt haben jedoch längst andere ihre Plätze eingenommen.

Dazu fallen mir die Worte des Beauftragten für Fragen des sexuellen Kindesmissbrauchs der Bundesrepublik, Johannes-Wilhelm Rörig, ein. Im Februar 2016 führte er bei der Vorstellung der von ihm in Auftrag gegebenen Expertise „Häufigkeitsangaben von sexuellem Missbrauch« aus, der Kindesmissbrauch habe inzwischen das Ausmaß einer Volkskrankheit erreicht. Mehr als eine Million Kinder und Jugendliche werden Schätzungen zufolge Opfer dieser schrecklichen Gewalt!

22 Ein »ganz normaler« Arbeitstag auf dem Polizeiabschnitt

Es ist Mitte März und mein Dienst hat gegen 8 Uhr begonnen. Unmittelbar nachdem ich mich an den Schreibtisch gesetzt habe, betritt meine Mitarbeiterin Sandra den Raum und bittet darum, sie bei der Vernehmung einer Geschädigten zu unterstützen. Es geht um das sensible Thema der häuslichen Gewalt. Gemeinsam mit ihr begebe ich mich ins Vernehmungszimmer. Dort erwarten uns schon eine Dolmetscherin und eine hochgewachsene attraktive Frau, bekleidet mit kniehohen, schwarz glänzenden Lackstiefeln, großzügigem Blusenausschnitt und offener Lederjacke. Glatte schwarzschimmernde Haare, die ihr bis zur Hüfte reichen, ergänzen das auffällige Äußere ihrer Erscheinung. Mit dunkler, rauchiger Stimme erklärt sie im perfekten Oxford Englisch, das gerichtsfest von der angeforderten Dolmetscherin übersetzt wird: „Vor etwa drei Jahren lernte ich in meinem Heimatland Thailand einen deutschen Mann kennen und heiratete ihn vor einem Jahr hier in Berlin. Schon bald schlug er mich grundlos, würgte mich, schloss mich in unserer Wohnung ein und bedrohte mich wiederholt mit den Worten: ›Wenn du zur Polizei gehst, wirst du ausgewiesen!‹«

Kurz und gut, eine Geschichte, wie leider schon hundertmal gehört, angezeigt und ähnlich von uns aufgenommen, wobei man wissen sollte, dass häusliche Gewalt zu den häufigsten Delikten überhaupt zählt, die von der Polizei bearbeitet werden. Dementsprechend lautet mein Vorschlag: sofortige Trennung von ihrem gewalttätigen Ehemann und das Angebot von unserer Seite, ihr eine Schlafstätte in einem Frauenhaus zu suchen.

Jetzt erfolgt ihrerseits eine ungefähr dreißigminütige Überlegungspause mit verblüffender Wendung: »Ins Frauenhaus kann ich nicht gehen, ich bin transsexuell!«, sprudelt es aus ihr heraus.

Während die Dolmetscherin nervös auf ihrem Stuhl hin- und herrutscht, halte ich bereits telefonisch Rücksprache mit der Hotline der Berliner Initiative gegen Gewalt gegen Frauen (BIG). Ich schildere den Sachverhalt, worauf sich die Beraterin eine kurze Pause erbittet, um die richtige Betreuungsstelle zu finden.

Unterdessen werde ich in unser zweites Vernehmungszimmer gerufen. Dort sitzt eine bulgarische Frau mit ihrem Sohn und ihrer Tochter, die alle drei nur ihrer Landessprache mächtig sind. Ihr Anliegen kann erfreulicherweise von einem gerade anwesenden türkisch sprechenden Polizeianwärter, der auch die bulgarische Sprache beherrscht, übersetzt werden. Die fließend gedolmetschte Schilderung der Mutter übersteigt beinahe das Glaubhafte. Angeblich habe ihr Mann aus erster Ehe in Bulgarien ihren gemeinsamen, geistig behinderten Sohn jahrelang missbraucht. Nachdem sie sich von ihm getrennt habe und mit ihrem zweiten Mann nach Deutschland gekommen sei, missbrauchte dieser ebenfalls ihren Sohn und versuchte auch, seine Stieftochter zu vergewaltigen.

Ich gehe zurück in mein Büro und telefoniere mit einem Kollegen vom zuständigen Referat für sexuelle Missbräuche, um diesen doch sehr komplexen und speziellen Sachverhalt dort aufnehmen zu lassen. Mein Versuch wird zunächst zurückgewiesen mit dem Hinweis, doch bitte etwas mehr »Fleisch« an diese Geschehnisse zu bringen. Dies sei wichtig, um die Geschädigten gleich an das zuständige Fachkommissariat zu überstellen, wie er mir mitteilt.

Zunächst klingelt aber das Telefon in Sachen Frauenhaus. Am anderen Ende ein Mann von der Beratungsstelle BIG, der mich mit der Frage überrascht: »Fühlt sich der Transsexuelle wie eine Frau im Männerkörper oder wie ein Mann im Frauenkörper?«

»Habe weder nachgeschaut noch detailliert gefragt. Vom äußeren Anschein nach aber als Frau«, so meine spontane Antwort.

Offensichtlich nicht ganz zufriedengestellt erklärt der BIG-Mitarbeiter leicht brummig: »Bringt sie bitte um 14.30 Uhr zur Unterkunft in die …Straße!«

Erleichtert lege ich auf, da erscheint Sandra. Sie setzt mich über weitere Vernehmungsergebnisse der misshandelten thailändischen Frau in Kenntnis. Diese hat ergänzend ausgeführt, dass ihr Ehemann nicht nur eine zweite Frau sein Eheweib nennt, was sie monatelang durchaus akzeptierte, nein, er schläft offensichtlich auch noch mit Männern. Über die tolerierten sexuellen Praktiken und die ausschweifenden Gewaltakte, die sie zum Entsetzen der Dolmetscherin bis in alle Einzelheiten schilderte, decke ich hier den Mantel des Schweigens.

Wenig später begegne ich Roberto und Katrin, die unserem Team angehören. Sie haben die thailändische Transsexuelle zu deren Wohnung begleitet, wo sie Kleidung einpackte, und sie anschließend zur neuen Unterkunft ins Frauenhaus gefahren. Angewidert und sichtlich mitgenommen berichtet Katrin: »In der Wohnung trafen wir auf den widerlichen Ehemann, der entblößt vor seinem Computer saß und sich das Bild eines nackten Transsexuellen ansah. Es lagen diverse Sexspielzeuge im Zimmer herum. Als er meinen verwunderten Blick bemerkte, sagte er zu mir: ›Mein Sexualleben ist ganz normal, deins auch.‹ Danach wandte er sich von uns ab, um einen harten Pornofilm anzuschalten.«

Mir persönlich ist ja die sexuelle Präferenz eines jeden völlig egal, sie sollte aber mindestens dort enden, wo die Schamgrenze eines Unbeteiligten, in diesem Falle Katrin, erreicht ist, wie ich finde.

Viel Zeit, die geschilderten Vorgänge zu verarbeiten, bleibt nicht. Schon erfolgt ein weiterer Einsatz mit der harmlosen Bezeichnung: »Offenstehende Wohnungstür in der Elbestraße«. Erneut trifft es Katrin und den hinzugerufenen Enrico, sich darum zu kümmern, während Roberto den zuvor getätigten Einsatz zu Papier bringt.

Kurz vor Schichtende kommen Katrin und Enrico vom Einsatz zurück in die Dienststelle. Erschöpft und total geschockt, wie sie bekennen. Katrin kann immer noch nicht recht glauben, was sie mir nun berichtet:

»Nach dem Eintreffen in der Elbestraße hörten wir aus der offen stehenden Wohnung in der ersten Etage unmenschliche Schreie. Als wir die Wohnung vorsichtig betraten, stellten wir mit Erschrecken fest, dass in diesen total verdreckten, stromlosen, kalten und karg möblierten Zimmern ein in Leinentücher eingehülltes Etwas in der Ecke hockte – eine völlig abgemagerte Frau, die laute Schreie ausstieß und grauenerregend stöhnte. Beruhigen ließ sie sich nicht, und erst nachdem sie von der alarmierten Feuerwehr ins Krankenhaus und dort in die Psychiatrie gebracht worden war, erfuhren wir bei unseren Befragungen der Nachbarn Unglaubliches. Sie berichteten uns wie selbstverständlich, dass dieser Zustand schon seit etwa einem Jahr andauere. Ein Mann komme ab und zu vorbei und bringe der Frau etwas zu essen. Ansonsten sei es ganz normal, dass sie so schreie; meistens beruhige sie sich nach einiger Zeit wieder.«

Für heute reicht es eigentlich, dachte ich, nachdem Katrin ihre emotionale Schilderung beendet hatte und sich ausgepowert auf den Nachhauseweg machte. Ich sollte mich täuschen.

Ein Mitarbeiter des LKA rief wie versprochen zurück und teilte mit, dass die bulgarische Frau mit ihren missbrauchten Kindern inzwischen nun doch vom Polizeiabschnitt ins LKA-Gebäude gebracht und vernommen worden war. Dabei stellte sich heraus, dass die Missbrauchsvorwürfe zum Nachteil des behinderten Jungen und auch der Tochter der Fantasie der Mutter entsprangen, mit dem Ziel, in Deutschland Asyl zu erhalten. Die Tochter gehe allerdings in Berlin freiwillig der Prostitution nach. Dass diese drei anschließend von einer unbekannten männlichen Person in einem nagelneuen luxuriösen Geländewagen abgeholt wurden, wie er durch sein Bürofenster sah, passe irgendwie ins Bild und gehöre mittlerweile zur Normalität, meinte er.

Nach dieser Dienstschicht war es höchste Zeit für eine Entspannung meiner Nackenmuskeln. Also fuhr ich direkt nach Feierabend zu meinem Physiotherapeuten, der meine angeschlagene »Karosserie« wieder in Schuss bringen würde, wie ich wusste. Während dieser 1,95 Meter große Massagekünstler, immer freundlich und mit Witzen sämtlicher deutscher Comedians auf den Lippen, langsam für wohltuende Entspannung sorgte, ließ mich ein Gedanke nicht los:

Was ist eigentlich ganz NORMAL?

Als ich diese Frage dann auch an ihn richtete, schüttelte er nur bedächtig sein mit einer wildgelockten Haarpracht bedecktes Haupt, wobei er mich auffallend an den Komiker Atze Schröder erinnerte – nur etwa einen Meter größer gewachsen.

»Ich glaube, das kommt auf den Standpunkt an. Was der eine als normal empfindet, ist für den anderen schon völlig unnormal«, lautete sein salomonisches Urteil, dem ich mich im Rausche der völligen Entspannung anschloss.

Zwei Wochen später sitze ich in einem Lokal beim Glas Bier Bernd gegenüber. Bernd war lange Zeit mein Stellvertreter bei der Leitung der Abteilung FAO. Während unseres Gedankenaustausches berichte ich ihm von dem kürzlich erlebten »ganz normalen Wahnsinn«, der meinen Glauben an Toleranz auf den Kopf stellte und teilweise in Wut verwandelte.

»Kalle, ich kann dazu noch etwas beisteuern«, erwidert Bernd in entspanntem Ton und erzählt sofort weiter, wobei er leicht seinen Kopf hin- und herwiegt: »Vor drei Tagen erhielt unser Team den Auftrag, eine Parterrewohnung in einer Kreuzberger Wohnung zu überprüfen. Hausbewohner hatten sich darüber beschwert, dass sich vermutlich illegale Ausländer in dieser Wohnung aufhalten. Gemeinsam mit Jörg und Sven machte ich mich also auf den Weg, um dort nach dem Rechten zu schauen. Recherchen im Einwohnermelderegister hatten nichts Verwertbares ergeben, und so standen wir kurz darauf vor der Wohnungstür und klingelten bei ›Engel‹. Fast unmittelbar darauf wurde uns geöffnet. Ein Mann mittleren Alters stand im Eingang und begrüßte uns freundlich mit der Frage: ›Was kann ich für Sie tun?‹

Nachdem wir uns als Polizeibeamte ausgewiesen und unser Anliegen erklärt hatten, bat er uns herein und stellte sich als Mieter der

Wohnung vor. In diesem Moment sah ich, wie ein dunkelhaariger Mann eilig in einem Zimmer verschwand, das sich am anderen Ende des Flures befand. Ich bat nun den Mieter, uns dieses Zimmer zu zeigen, da der Verdacht des Aufenthalts illegaler Ausländer bestehe. Ohne zu zögern lief er vor uns her und öffnete die Zimmertür, sodass wir eintreten konnten. Zunächst mussten sich meine Augen an ein schwaches, rötlich schimmerndes Licht gewöhnen, das den Raum nur schemenhaft ausleuchtete. Bei dem, was ich dann zu sehen bekam, verschlug es mir die Sprache. Mitten in dem sehr großen Zimmer stand ein riesiges rundes Sofa, auf dem sich nackte Menschen wälzten. Beim näheren Betrachten sah ich, dass eine jüngere und eine etwas ältere Frau, beide sehr attraktiv, schweißgebadet von vier Männern in allen möglichen Stellungen sexuell befriedigt wurden. Ringsherum standen vier weitere Kerle, die, teilweise mit nacktem Unterkörper, an ihren Geschlechtsteilen manipulierten. Ein Anblick, den auch meine Kollegen erst einmal verdauen mussten.

Ich forderte den Mieter auf, dieses ausschweifende Spiel zu beenden und die Anwesenden zu ersuchen sich anzuziehen und mir ihre Ausweise zu zeigen. Nach und nach klärte sich die etwas bizarre Art der sexuellen Lustbarkeit auf: Es handelte sich nach Aussagen des Mieters um eine ›ganz gewöhnliche‹ Sexparty. Mittels einer Zeitungsannonce waren die acht Männer aus Berlin und dem Umland darauf aufmerksam gemacht worden, dass man für 80 Euro an einer sogenannten Flatrate-Sexparty mit zwei Frauen teilnehmen kann; Dauer praktisch unbegrenzt. Die beiden Frauen, übrigens Mutter und Tochter, verkündeten, immer noch etwas außer Atem, aber freudestrahlend, dass sie gerne Sex mit vielen Männern hätten und dass dies völlig freiwillig geschehe. Im Gegenteil, sie seien nymphomanisch veranlagt und könnten gar nicht genug bekommen.

Unterdessen zeigten auch die bekleideten Männer wenig Verständnis für die Beendigung ihrer Lusterlebnisse. Während wir die Personalien überprüften und feststellten, dass Mutter und Tochter sowie der Wohnungsmieter identische Nachnamen hatten, gab Letzterer zu verstehen, dass es sich hier tatsächlich um ein einträgliches Familienunternehmen handele. Er als Vater und Ehemann kümmere sich um den ›ordentlichen‹ Ablauf dieser Partys und kassiere die Einnahmen, während die Tochter und seine Frau den Spaß daran hätten. Also eine völlig normale Sache, wie er betonte. Da wussten wir nicht mehr viel zu erwidern!«, beendete Bernd seinen Bericht.

Es ist hinzuzufügen, dass das Bürger- und Ordnungsamt einen Report über diese Wohnung der Lustbarkeiten erhielt und die Durchführung sogenannter »Gang-Bang-Partys« mittlerweile verboten ist.

Solange diese Art des sexuellen Verlustierens wirklich freiwillig geschieht, wie offensichtlich im oben geschilderten Fall, stellt sich allenfalls die Frage nach dem moralischen Empfinden. Die muss aus meiner Sicht in einer liberalen und toleranten Gesellschaft wie der unseren, wo die unterschiedlichsten Sexualpraktiken in diversen Clubs praktiziert werden – ich denke hier z. B. an sogenannte Swinger-Clubs oder den berühmt-berüchtigten KitKatClub in Berlin –, jeder für sich selbst beantworten. Im strafrechtlichen Sinne und somit aus Sicht der Polizei sind diese Clubs unproblematisch.

Ganz anders sieht es in den ungezählten sogenannten Wohnungsbordellen aus. Hier arbeiten meist Mädchen oder Frauen aus Südosteuropa, Asien und diversen Staaten des ehemaligen Ostblocks unter erbärmlichsten Bedingungen. Häufig aus ihrer armen Heimat mit dem Versprechen in die Stadt gelockt, hier gutes Geld mit anständiger Arbeit verdienen zu können, werden sie kurz nach ihrer Ankunft mit Zwang und körperlicher Gewalt in diesen Wohnungsbordellen untergebracht und müssen dort für »Peanuts« fast rund um die Uhr ihre Körper zur Verfügung stellen. Körperliche und seelische Gewalt gehören nun zu ihrem Alltag. Wie ich aus vielen Gesprächen mit wütenden Ermittlern und Kennern der Szene weiß, müssen fast alle diese staatlicherseits praktisch unkontrollierten Bordelle im erheblichen Umfang Schutzgelder entrichten. Auch hier sind einige arabische Großfamilien sowie Banden aus Osteuropa führend und verdienen sich eine goldene Nase.

Neben dem Rauschgifthandel ist dieses Rotlichtmilieu, zu dem auch die Prostitution der sogenannten Straßenstriche hinzugerechnet werden muss, die zweite große Säule der organisierten Kriminalität. Ein unendlicher Sumpf von Verzweiflung und Verrohung. Um diesen Sumpf endlich trockenzulegen, bräuchte es vonseiten der Politik eine uneingeschränkte Unterstützung polizeilicher Arbeit. Dazu gehören praktisch der Einsatz verdeckter Ermittler, die Anwerbung von Informanten und VP (Vertrauenspersonen), eine Erweiterung der Kronzeugenregelung und der Zeugenschutzprogramme sowie technische Ausrüstung in einem erheblich größeren Umfang als bisher. Vor allem aber Vertrauen in die Ermittler und deren nachhaltige Rückenstärkung.

Wenn ich aber allein die aktuelle Diskussion betrachte, in der von einigen Parlamentariern in Berlin die Abschaffung des Verfassungsschutzes gefordert wird, dann weiß ich, dass es auch die von den Ermittlern geforderte größere Unterstützung leider nicht geben wird.

23 Kindesmissbrauch VII

Mein Fazit im Zusammenhang mit der Betreuung von Luan und Tarek sowie deren Familie fällt durchwachsen aus. Ich musste feststellen, dass es außerordentlich schwierig, wenn nicht unmöglich ist, schon im frühen Alter missbrauchte Kinder ins normale Leben zurückzuführen. Die seelischen Wunden, die durch das Missbrauchsgeschehen aufgerissen wurden, heilen nur sehr schwer, vielleicht nie. In diesem speziellen Fall kam noch hinzu, dass die Hilflosigkeit der gesamten Familie infolge ihres Analphabetentums, der unbekannten Sprache, der neuen Gebräuche in einem fremden Land, der Behinderung des Vaters und auch ihrer mangelhaften Intelligenz von Kinderschändern brutal ausgenutzt wurde. Das machte es noch sehr viel schwerer, eine positive Entwicklung einzuleiten. Auch unzählige Hilfsangebote von praktisch allen zuständigen Behörden versandeten. Sie wurden einfach nicht angenommen oder falsch verstanden.

In einer offenen Gesellschaft wie der unseren ist es eben nicht möglich, Zwang auszuüben, um Menschen wie diesen, entgegen ihres erkennbaren Willens, effektive Hilfe zukommen zu lassen. Trotzdem bin ich der Meinung, dass einige Mitglieder dieser Familie zumindest ansatzweise erkannt haben, dass ihr Handeln falsch ist, und es durchaus auch Leute gibt, die ihnen ohne Gegenleistungen, speziell sexueller Art, helfend zur Seite stehen. Allein das wäre aus meiner Sicht ein Erfolg. Unbedingt erforderlich ist aber, dass die Sanktionsmöglichkeiten gegen die kriminellen Missbraucher schnellstens nachgebessert werden, um eine rigorose Trennung von ihren Opfern zu gewährleisten. Zusätzlich sollte der mögliche Strafrahmen endlich ausgeschöpft werden. Auch Therapiemöglichkeiten, in erster Linie für die Opfer, aber auch in präventiver Sicht für die Täter, sollten in ausreichender Zahl zur Verfügung gestellt werden. Erst durch konsequente Zusammenführung und Anwendung dieser Maßnahmen ist mit einer Abnahme dieser schändlichen Gewaltdelikte zu rechnen.

Eine letzte Bemerkung in diesem Zusammenhang: Männern, die aus anderen Kulturkreisen bei uns Zuflucht suchen und mit sogenannten Kinderbräuten verheiratet sind, ist aus meiner Sicht der Aufenthalt bei uns zu verwehren. Wenn ein erwachsener Mann mit einem Kind verheiratet ist, gilt dies nach unseren Gesetzen als Kindesmissbrauch!

24 Strafen

Meiner Ansicht nach ist es ganz entscheidend, dass Richter Strafen aussprechen, die dem Tatvorwurf angemessen und dem Gesetz nach möglich sind, sie also den gesamten gesetzlichen Spielraum nutzen. Unbestreitbar ist, dass wir ein überaus liberales Rechtssystem haben, das sich sehr stark der Persönlichkeit des Täters widmet, manchmal aber das Opfer und seine Leiden mehr oder minder in den Hintergrund geraten lässt. Nicht nur die Atmosphäre während einer Verhandlung, wie ich sie im Kapitel »Der Strafprozess« beschrieben habe, sondern auch der Umstand, dass durch massive Straftaten Geschädigte mehrfach Opfer desselben Täters werden, führt zu Frustrationen. Und das sind keineswegs Einzelfälle. Wir erlebten es oft, dass Jugendliche mehrmals vom selben Peiniger ausgeraubt und dabei auch verletzt wurden, ohne dass dieser hinter Gittern landete. Nicht gerade dienlich für ein gedeihliches Zusammenleben in unserer Gesellschaft, wie ich finde.

Dass nicht nur wir als Vertreter der Exekutive dies so sehen, sondern dass auch weite Teile der Bevölkerung diese Meinung teilen, ist vermutlich bekannt. Überrascht musste ich sogar feststellen, dass ein frühzeitiges, härteres Strafmaß bei nicht wenigen Straftätern selbst durchaus Unterstützung findet. Dies zeigte mir unter anderem ein Besuch in der Justizvollzugsanstalt Plötzensee, im Volksmund »Plötze« genannt. Zusammen mit meinem Freund und Mitautor Fadi Saad, mit dem ich gemeinsam das Buch »Kampfzone Straße« geschrieben habe, suchte ich die geschlossene Drogenabteilung des Gefängnisses auf. Eingeladen hatten uns die Sozialarbeiter mit der Bitte, den dort untergebrachten Jugendlichen und Heranwachsenden unser Buch vorzustellen, mit den Insassen zu diskutieren und ihre Fragen zu beantworten.

Nachdem wir eingetroffen waren, beschlich mich ein beklemmendes Gefühl. Nacheinander mussten wir drei dicke eiserne Tore passieren, um ins Innere des Gefängnisses zu kommen. Die Drogenabteilung befindet sich in einem Seitenflügel eines Uraltgebäudes, das im Jahre 1868 eingeweiht wurde. An der ersten Pforte mussten wir unsere Ausweise vorzeigen. An der dritten Pforte wurden uns sämtliche Gegenstände aus Metall, einschließlich unserer Handys, abgenommen, bevor uns eine sehr nette Sozialarbeiterin empfing. Sie führte uns durch lange Gänge, die zwar sauber, aber völlig abgenutzt und alt erschienen. Ein ziemlich deprimierender Eindruck! Bei der weiteren Besichtigung, besonders der engen dunklen Zellenräume, hätte ich am liebsten kehrtgemacht und diese ungastliche Stätte wieder verlassen.

Bald darauf betraten wir das Büro der Abteilungsleiterin. Ein karger Raum erwartete uns, möbliert mit lediglich einem abgenutzten Schreibtisch und einigen Stühlen. Auch dieser Raum machte mehr den Eindruck einer Zelle als den eines halbwegs angenehmen Büros. Die Abteilungsleiterin, die mir später erzählte, sich in diesem Büro durchaus sehr wohl zu fühlen, empfing uns kurz darauf ausgesprochen freundlich und interessiert. Gemeinsam bereiteten wir unseren Auftritt vor. Dann war es so weit. Wir begaben uns in einen größeren, ebenfalls völlig schmucklosen Raum, in dem lediglich einige sehr abgenutzte Stühle mit teilweise fleckigen Polstern standen. Nur ein Stück bunte Wandtapete, die einen Strand zeigte, lockerte die Tristesse ein wenig auf. Die Abteilungsleiterin bat uns diese Ausstattungssituation zu übersehen; Geld sei nicht vorhanden und vorgesehen, um hier etwas ins Positive zu verändern. Ich bin zwar keineswegs der Meinung, dass Straftäter wie in einem Hotel untergebracht werden müssen. Diese Art der Unterbringung, wie ich sie hier sah, entsprach aber auch nicht unbedingt meiner Vorstellung einer vernünftigen Resozialisierung ins künftige, hoffentlich straffreie Leben.

Sehr beeindruckt hat mich die kurdischstämmige Sozialarbeiterin, die uns begleitete. Man merkte ihr deutlich an, mit wie viel

Herzblut sie ihren schwierigen Beruf ausübt. Ihr Verhalten gegenüber den ehemaligen schwer Drogenabhängigen war geprägt von Respekt und einer von mir nicht erwarteten freundlichen Lockerheit. Mit Erstaunen stellte ich fest, dass sie einerseits ganz klare Grenzen setzte, wie etwa bei der Einhaltung des absoluten Drogenverbots, andererseits aber Ansprechpartnerin für die Insassen war, beispielsweise bei Problemen mit Ehefrauen oder Kindern außerhalb der Gefängnismauern. Aus meiner Sicht agierte sie ähnlich einer Mutter gegenüber ihren Kindern. Dabei schien sie augenscheinliche Defizite in der Erziehung dieser Straftäter mit viel Empathie auszugleichen und sie so auf ein straffreies Leben in Freiheit vorzubereiten. Wahrscheinlich der einzige erfolgversprechende Ansatz, ohne dass mir die Rückfallquoten bekannt geworden sind.

Dann erschienen Häftlinge, die sich freiwillig gemeldet hatten, um uns zuzuhören und mit uns zu diskutieren. Insgesamt waren es achtzehn Männer. Es begann eine fast zweieinhalbstündige, sehr disziplinierte Veranstaltung, in deren Verlauf viele Fragen gestellt wurden, die ich nicht erwartet hatte. Fadi und ich bemerkten darüber hinaus erfreut, dass unsere Zuhörer fast alle unsere Bücher gelesen hatten. Im Laufe der Diskussion zeigte sich dann nicht nur, dass mich zwei der Insassen als denjenigen erkannten, der sie mehrmals in Neukölln überprüft und festgenommen hatte, sondern auch, dass die meisten der Meinung waren, dass ihre Strafen am Anfang ihrer kriminellen Karrieren viel zu gering ausgefallen seien. Wenn sie bereits frühzeitig eine Strafe erhalten hätten, die sie selbst als echte Bestrafung hätten empfinden können, hätten ihre Biografien, davon waren sie überzeugt, einen anderen Verlauf genommen.

Fast alle erzählten, sie seien zunächst mit unzähligen, vermutlich gutgemeinten Bewährungsstrafen vor Gericht davongekommen, die aber keine Wirkung erzielt hätten. Im Gegenteil, sie hatten ihre kriminellen Laufbahnen munter fortgesetzt. Keiner von den achtzehn Strafgefangenen, die uns gegenübersaßen, hatte dies als Abschreckung empfunden, die ihn gezwungen oder nur veranlasst hätte, konkret über die Vorzüge einen straffreien Lebens nachzudenken. Speziell ihre Drogensucht nahm immer schlimmere Ausmaße an und ihre Straftaten wurden immer schwerer. Erst hier, im Drogenknast, wie sie ihn selbst bezeichneten, gelang es ihnen, von der Sucht einigermaßen loszukommen. Zusätzlich erhofften sie sich fast alle, nach diesen einschneidenden Knasterfahrungen in Freiheit wieder ein normales Leben führen zu können.

Diese Selbsteinschätzungen erstaunten mich schon ein wenig, wobei mir bewusst war und dies auch von den Gefängnismitarbeiterinnen bestätigt wurde, dass einige doch wieder hier landen würden.

Dennoch, es sollte darüber nachgedacht werden, ob die gängige Praxis, bei der Strafzumessung vor Gericht 18- bis 21-Jährigen fast immer einen Reife- und Entwicklungsprozess von Jugendlichen zu attestieren, richtig und vertretbar ist. Bei sämtlichen anderen verantwortlichen gesellschaftlichen Prozessen wird ein 18-Jähriger als vollwertiger Erwachsener behandelt, nur vor Gericht geschieht das selten. Selbstverständlich können höhere Strafen nicht das Allheilmittel gegen Kriminalität sein. Wenn sie aber dazu dienen, potenzielle Opfer vor ihren Peinigern zu schützen, sind sie allemal das richtige Mittel der Wahl!

Einen hoffnungsvollen Weg in der Bekämpfung der Jugendkriminalität hatte uns vor einigen Jahren die mir gut bekannte, leider verstorbene Jugendrichterin Kirsten Heisig aufgezeigt. Ihre Art der schnellen und auch konsequenten Verurteilung von Gewalttätern brachte ihr über die Grenzen Berlins hinaus viel Lob und Anerkennung. Vor allem aber zeigten sich die Gewalttäter selbst beeindruckt. Kirsten Heisigs beschleunigtes Jugendverfahren ist Vorbild für ein Pilotprojekt, das demnächst in Berlin, im Bezirk Neukölln, an den Start geht. Gerade bei Delikten, die sich wiederholt unter Jugendlichen abspielen, ist es ein neuer, guter Ansatz, dass sich Staatsanwaltschaft, Jugendamt, Schule, Polizei und Jugendgerichtshilfe eng vernetzen. Wenn dann noch der Staatsanwalt nach dem Wohnortprinzip ausgewählt wird statt nach der alphabetischen Reihenfolge der Täternamen, also ein Staatsanwalt einbezogen wird, der sich hervorragend im Kiez und mit seinen Pappenheimern auskennt, dann ist der erste Schritt zu einer erfolgreichen Bekämpfung der Jugendkriminalität getan. Ganz so neu ist dieses Vorhaben allerdings nicht. Wir als Praktiker auf der Straße haben es schon vor mehr als zehn Jahren formuliert und gefordert. Aber egal, Hauptsache es passiert etwas in dieser Richtung!

Vergessen werden sollte allerdings auch nicht, dass unsere Justiz insgesamt so ausgestattet werden muss, dass es ihr gelingt, schnellstmöglich Anklage zu erheben und damit Tätern, welchen Alters auch immer, ihr strafbares Tun sofort spüren zu lassen. Dass hochkomplexe Fälle wie Delikte auf dem Gebiet der Banden- oder Clankriminalität, der Wirtschafts- und Betrugskriminalität und einigen anderen Feldern nur angemessen zu ermitteln und anzuklagen sind, wenn die nötige »Manpower« und die technische Ausstattung vorhanden sind, dürfte ebenfalls nachzuvollziehen sein. Davon sind wir aber in den meisten Bereichen noch weit entfernt. Fakt ist, dass sich bei viel zu vielen Amts- und Staatsanwälten die unerledigten Aktenberge vom Fußboden bis zur Decke stapeln und vor sich hinstauben. Eine effektive Strafverfolgung sieht, so glaube ich, anders aus!

25 Abschlussbemerkungen

Die Sicherheitskräfte werden in Deutschland von Teilen der Bevölkerung und auch von einigen Politikern und Politikerinnen nicht gerade verhätschelt, um es vorsichtig zu formulieren. Praktisch täglich erleben es meine Kollegen und Kolleginnen, dass sie bei der Ausübung ihres Dienstes aus nichtigen Gründen angegriffen, übel beleidigt oder respektlos behandelt werden. Dieser Missstand wird erfreulicherweise nicht mehr nur leise von ihnen beklagt, sondern öffentlich gemacht, sodass man von den unsäglichen Übergriffen immer häufiger in den Medien lesen kann.

Manchmal frage ich mich, was in diesem Land los ist. Es muss doch möglich sein, in einem Polizisten oder einer Polizistin bei der Erfüllung der ihnen staatlicherseits übertragenen Aufgaben einen normalen Mann oder eine normale Frau zu sehen und ihnen so gegenüberzutreten, wie man selbst behandelt und respektiert werden möchte. Wenn es aber schon in der Bevölkerung Menschen gibt, die das nicht vermögen, dann ist es mehr als schändlich, dass sich sogar einige Politiker anmaßen, die polizeiliche Arbeit unmittelbar nach schweren Gewaltvorfällen als überzogen oder unverhältnismäßig hinzustellen, ohne auch nur die abschließenden Ermittlungen abzuwarten. Selbstprofilierung, Parteiengezänk und ein gewisses gestörtes Verhältnis zur Polizei scheinen hierfür der Grund zu sein. Beispiele hierfür, auch in den neuen Medien, wie bei Twitter oder Facebook, gibt es zuhauf. Eine gewisse Zurückhaltung wäre angebrachter. Politiker sollten schon aufgrund ihrer starken Medienpräsenz Vorbilder sein.

Auch wäre es sicher von Nutzen, wenn die alltäglichen Erfahrungen der Polizeikräfte mit einer sich rasant verändernden Gesellschaft schneller von Politikern und Politikerinnen berücksichtigt werden. Sie könnten rechtzeitiger intervenieren und so ihre politischen Vorhaben besser und effektiver umsetzen. Dabei darf es aus falsch verstandener Rücksichtnahme auf die verschiedenen religiösen und kulturellen Unterschiede in unserem Land keine Tabus im Hinblick auf die Sicherheit geben. Alles muss offen diskutiert werden.

Welchen Grad der Verrohung unsere Gesellschaft in den letzten Jahren auch jenseits klassischer Kriminalitätsfelder bereits erreicht hat, ist in vielen Bereichen sichtbar: ob es um den Einsatz von Security in Schulen, Geschäften und Schwimmbädern geht, um Gewalt gegen Schiedsrichter und gegen Rettungskräfte oder, wie jüngst, um die Überlegungen der Deutschen Bahn, das Zug- und Securitypersonal wegen zunehmender Gewaltattacken zum eigenen Schutz mit Pfefferspray und Schlagstöcken zu bewaffnen.

Das Ausmaß an Verrohung und mangelndem Anstand insbesondere bei Jugendlichen spiegelt sich auch darin wider, dass Polizisten und Polizistinnen das Fach »Gewaltprävention« inzwischen in jeder achten Klasse als Pflichtfach unterrichten. Oder dass in einer mir bekannten Gesamtschule aufgrund von Respektlosigkeiten, Stalking und sprachlicher Verrohung das Fach »Achtsamkeit« eingeführt werden musste.

Vielleicht überdeutlich zeigt sich der tägliche Irrsinn schließlich auf vielen Straßen unseres Landes. Wie dort einige Verkehrsteilnehmer rücksichtslos ihr vermeintliches Recht auf eigenes Vorankommen durchsetzen wollen, grenzt an das uralte Prinzip vom Recht des Stärkeren. Jeder ist sich selbst der Nächste! Diese Haltung wird auch sehr offensiv der Polizei gegenüber vertreten. So kommt es keineswegs selten vor, dass man als uniformierte Fußstreife von auf dem Gehweg Radelnden fast umgefahren wird und bei der Ahndung dieses verkehrswidrigen Verhaltens auf völliges Unverständnis stößt. Auch einige Fußgänger scheinen eine Konfrontation mit den Autofahrern oder uns, den Ordnungskräften, geradezu zu suchen, indem sie bewusst und provokant bei roten Ampeln über die Straße laufen, obwohl der Uniformierte neben ihnen oder gegenüber steht. Ganz zu schweigen von den Autofahrern, die es sich zum Motto auserkoren haben, ohne Rücksicht auf schwerste Verletzungen oder sogar der Tötung von Menschen Straßenrennen mit ihren meist hochmotorisierten Karossen durchzuführen.

Einzeln betrachtet scheinen dies oft nur Kleinigkeiten, sieht man von den Straßenrennen einmal ab, aber in der Masse gesehen ist es eine Entwicklung, die betrübt. Wir haben uns, meiner Ansicht nach, an eine stetig zunehmende Gewalttätigkeit in unserer Gesellschaft, an eine immer stärker werdende, latente Gereiztheit im öffentlichen Raum und an den um sich greifenden Mangel an Empathie viel zu sehr gewöhnt. Die sprachliche Verrohung, die Gewaltbereitschaft, der erschütternde Mangel an Rücksichtnahme ist übrigens über alle sozialen Klassen hinweg zu beobachten. Die sogenannten Stützen der Gesellschaft legen oftmals einen genau so rüden Umgang an den Tag wie die, die aus den angeblichen Problembezirken kommen. Allzu oft werden zudem die Opfer von Gewalt ignoriert und alleingelassen, sodass sich in bestimmten Gegenden ein Klima der Unsicherheit ausbreitet.

Fakt ist aber, dass eine freiheitliche Demokratie wie die unsere ohne eine angemessene Sicherheit nicht möglich ist. Deshalb sollten eine deutliche gesellschaftliche und politische Rückenstärkung der Sicherheitskräfte sowie eine entsprechende Ausstattung mit Personal und technischem Gerät, wie bereits im Bereich der Schutzgelderpressung gefordert, selbstverständlich sein.

Dies alles auch vor dem Hintergrund, dass der Polizei immer mehr und neue Aufgaben übertragen werden. Ich denke hier in erster Linie an die stetig wachsende Terrorgefahr, an die Bewältigung der Flüchtlingsströme, an die zunehmenden Demonstrationseinsätze, an die wachsende Eigentumskriminalität, an die Gewalt von Jugendlichen und an die Präventionsarbeit in Schulen.

Aufgrund brutaler menschenverachtender Terroranschläge in Frankreich, Belgien, der Türkei und bei uns wird berechtigterweise laut nach schärferen Sicherheitsmaßnahmen und mehr Polizei gerufen. So setzt beim Umgang mit den Sicherheitskräften jetzt offensichtlich ein Umdenken ein. Hoffentlich gilt dies nicht nur so lange, wie diese

Terrorattacken andauern und in den Medien präsent sind. Wobei Angst aus meiner Sicht kein guter Ratgeber ist. Der von mir wiederholt angemahnte gesellschaftliche und politische Rückhalt der Polizei ist gerade im täglichen Einerlei unseres Zusammenlebens von entscheidender Bedeutung. Denn genau dort, wo es um die Sicherheit jedes Einzelnen geht, wo Hab und Gut bedroht sind, wo körperliche Unversehrtheit gewahrt werden muss, ist eine grundlegende Solidarität seitens der Bürger, der Politik und der Medien für die Polizei gefordert!

Die Frage, ob es unter diesen Umständen immer noch richtig ist, dass man – hierin einem Urteil des Bundesverfassungsgerichts folgend – erlaubt, Polizisten und Polizistinnen in ihrer Gesamtheit abfällig zu beleidigen, indem man sie nun ungestraft öffentlich mit der Buchstabenkombination ACAB (»All cops are bastards«) betiteln darf, mag jeder Leser, jede Leserin, für sich beantworten.

Zu guter Letzt möchte ich betonen, dass ich meine Dienstzeit bei der Berliner Polizei, trotz aller Widrigkeiten, in sehr guter Erinnerung behalten werde. Diese Tätigkeit war für mich die Erfüllung meines Berufslebens. Die Kameradschaft untereinander, die gemeinsam bewältigten und glücklicherweise meist gut ausgegangenen Gefahrensituationen, die Dankbarkeit einiger Mitbürger, denen ich helfen konnte, und die Anerkennung durch manchen Vorgesetzten würden mich immer wieder dazu verleiten, diesen wichtigen und ausgesprochen interessanten Beruf zu ergreifen.

26 Nachtrag

Kurz nachdem ich mein Manuskript beim Verlag abgeliefert hatte, musste ich es nochmals zurückfordern, um es um diesen Nachtrag zu erweitern.

Geschockt lese ich Mitte November 2016 in den Berliner Morgenzeitungen, dass die Gedenktafel für Uwe Lieschied – ein von Verbrechern im März 2006 erschossener Polizist – mittels eines brennenden Autoreifens mutwillig beschädigt wurde. Auch die Straßenschilder, mit denen die Berliner Jugendrichterin Kirsten Heisig geehrt werden soll, wurden zerstört bzw. gestohlen. In einem »Bekennerschreiben«, das der Polizei vorliegt und das aus der linksradikalen Szene stammt, wird Uwe Lieschied als »Feind der Freiheit« bezeichnet. Den Gedenkort für Kirsten Heisig habe man ebenfalls gezielt »entweiht«. Das Bekennerschreiben schließt mit Worten, die an Rohheit nicht zu überbieten sind:

»Wir verhöhnen tote Polizisten und Richter. Freiheit für alle Gefangenen!«

Während der Staatschutz die Ermittlungen übernommen hat, haben Kollegen und Kolleginnen aus der Polizei bereits damit begonnen, eine neue Gedenktafel anzufertigen. Der Berliner Innensenator Frank Henkel (CDU) erklärte dazu: »Die mutmaßlichen linken Täter beschmutzen damit nicht nur das Ansehen von Lieschied, sondern von allen Polizistinnen und Polizisten, die sich täglich für die Sicherheit der Menschen in unserer Stadt einsetzen!«

27 Dank

Mein besonderer Dank gilt denen, die lange Zeit gemeinsam mit mir dem Verbrechen die Stirn geboten haben!

Sie sind in diesem Buch mit Vor- oder Spitznamen benannt:
Achim, Bernd, Björn, Barczi, Carlos, Claudi,
Detlef, Enrico, Eric, Erfi, Guido, Grille,
Hage, Hagi, Hajo, Heini, Helmut, Höhle, Hoffi,
Katrin, Klaus, Laui, Litti, Lobe, Manne, Manu, Manuela,
Normen, Oli, Petra, Prissi,
Sabine, Sandra, Schulle, Shirley, Stefan,
Thorsten, Uwe, Waldi, Worle, Yilmaz.

Aus Opfer- und Datenschutzgründen wurden teilweise die im Buch genannten Namen und Orte verändert.